To Amandine,

On the occasion of your baptism; may the grace of the Lord Jesus Christ, the Love of God and the fellowship of the Holy Spirit be with you in the days ahead.

With my prayers and best wishes,

Simon

15 January 2024

Force spirituelle

Bear Grylls

Force spirituelle

Réflexions d'un aventurier pour le quotidien

ÉDITIONS
OURANIA

Force spirituelle. Réflexions d'un aventurier pour le quotidien
Titre original en anglais: *Soul Fuel. A Daily Devotional*
First published in Great Britain in 2019 by Hodder & Stoughton
An Hachette UK company
Copyright © BGV Global Limited, 2019

© et édition française: Ourania, 2022
Case postale 31
1032 Romanel-sur-Lausanne, Suisse
Tous droits réservés.
E-mail: info@ourania.ch
Internet: http://www.ourania.ch

Traduction: Elodie Meribault

Sauf indication contraire, les textes bibliques sont tirés de la version Segond 21
© 2007 Société Biblique de Genève
http://www.universdelabible.net

Photo de Bear Grylls en couverture: © BGV
Couverture: Olivia Festal

ISBN édition imprimée 978-2-88913-070-2
ISBN format epub 978-2-88913-645-2

Imprimé en Tchéquie par Finidr

Quelques personnes toutes particulières, hommes et femmes, ont façonné ma vie et ma foi, et ce livre n'aurait pas pu exister sans elles.

Tout d'abord, de nombreuses histoires et anecdotes viennent de Nicky et Pippa Gumbel, qui se sont montrés de bons et loyaux amis tout au long d'une grande partie de mon parcours.

J'ai également puisé l'amitié et l'inspiration nécessaires à la rédaction de ce livre dans la personne de mon meilleur ami, Charlie Mackesy, dont la vie a toujours été marquée par la liberté, le courage et la bonté.

A Jim Hawkins, avec lequel je continue à faire une lecture journalière, chaque matin, par courriel. Tu es une personne loyale, amusante et sage que j'aime énormément.

A Chris Stanley-Smith, qui m'a amené à la foi alors que j'étais un adolescent agité et maladroit, en proie à de nombreuses luttes. Quel magnifique exemple d'homme tu as toujours été!

Finalement, à Shara et nos trois garçons qui me montrent jour après jour comment mettre la foi en action, avec amour, bonté, générosité, plaisir et loyauté.

TABLE DES MATIÈRES

Introduction 9

Là où tout a commencé 13

L'espérance 51

Sens et épanouissement 85

La détermination 119

Les relations 153

Une vision 189

La sagesse 225

La fidélité 263

Le courage 303

Le pardon 339

La liberté 377

Le risque 415

Conclusion 455

Concernant l'auteur 457

Réflexions personnelles 459

INTRODUCTION

Les choses que j'ai faites dans ma vie intriguent beaucoup. On m'interroge sur mon ascension du mont Everest, ma survie en pleine jungle ou ma traversée d'un océan; c'est-à-dire des choses que les gens considèrent comme des exploits. A mon sens, ces choses-là sont les moins intéressantes de mon histoire. Derrière chaque sommet, chaque récompense et chaque réussite qui me donnent droit à un beau titre dans le journal, il y a une belle lignée d'échecs. Ma vie ressemble plutôt à une série de luttes, de doutes et de peurs. Parfois je parviens à les surmonter, et parfois non.

Une bien meilleure question à me poser serait celle-ci: d'où me vient ma force?

Je vous répondrai honnêtement que bien souvent, je ne me sens pas fort du tout. La vie peut parfois être un combat. Qui n'a jamais eu ce sentiment? Le peu de force que j'ai, en tout cas, me vient de mes calmes moments, au début de ma journée, où je suis seul à genoux, où je passe un moment paisible avec Dieu.

Dieu. Pour beaucoup d'entre nous, c'est un mot difficile. Comme le sont les termes «Eglise» ou bien «Père». Certains les trouvent même douloureux ou très négatifs. Mais si nous prenons la peine de regarder au-delà de ces mots, nous voyons la force qu'ils renferment. Cette force, c'est l'amour. Rappelons-nous que si le Créateur est réellement ce qu'il dit être, alors il est bon. Il nous donne un foyer, et il y attire chacun d'entre nous, d'une manière toute particulière. Il est à nos côtés, à vos côtés. Il est toujours prêt à nous tendre la main, peu importe à quel point nous pensons avoir chuté.

Alors, Dieu est-il amour? Je pense que oui. C'est ce que Jésus a toujours cherché à transmettre, n'est-ce pas? L'amour. La force qu'il avait en lui était tout simplement la bonté personnifiée. Son amour a pour but de nous porter, nous guider, nous fortifier et nous sauver. Je sais que je peux me tourner vers cette puissance, peu importe à quel point je pense m'être éloigné.

Si je me tourne vers Dieu, ce n'est pas pour être un bon religieux. Pour être honnête, j'ai quelques difficultés avec le principe de la religion. Elle semble diviser les gens et ne servir qu'à leur imposer des règles. Ces deux aspects me rebutent profondément. L'Eglise se présente souvent comme parfaite et bien réglée. Or, la vie n'est aucune de ces deux choses. Si je plie le genou devant Dieu, c'est parce que c'est là que je trouve ma force. C'est ce que je m'efforcerai de décrire dans ce livre. L'idée de la force découlant de la faiblesse, des bonnes relations découlant de l'honnêteté et de la puissance découlant de l'humilité: tout cela est un voyage, et je ne suis pour ma part qu'au début du parcours. Mais je ne m'en écarte pas, car je sais en moi-même que c'est le bon.

J'ai toute une vie de foi derrière moi, et pourtant, la route est toujours aussi difficile. Mes erreurs se multiplient. Je me retrouve à tester les limites, bien plus souvent que vous ne pouvez l'imaginer. Pour moi, commencer ma journée avec Dieu est donc essentiel. C'est comme de la nourriture. C'est comme une huile qui fait brûler la flamme en nous.

C'est le but du livre *Force spirituelle*. Il est l'occasion, pour moi, de vous faire connaître le genre d'équipement avec lequel je fonctionne. Comme une pierre à feu ou une corde très solide, ma foi fait partie de l'arsenal nécessaire à ma survie. Mais elle est plus importante encore que n'importe quel outil. Elle est ma substance principale, le centre de tout: elle est la source de toute la force et de toute l'énergie que j'ai en moi.

Ce livre ne suit pas de calendrier. Il n'y a pas non plus de plan de lecture, et c'est intentionnel. *Force spirituelle* contient tout simplement 360 courtes réflexions, rassemblées autour de thèmes qui reviennent constamment dans ma vie: l'espérance, le sens de la vie et l'épanouissement, la détermination, les relations, la vision, la sagesse, la fidélité, le courage, le pardon, la liberté et le risque. Ce livre est loin de la perfection, et il y aurait beaucoup plus à dire, mais c'est déjà un début. J'espère de tout cœur qu'il vous encouragera à tenir fermement debout et à affronter la vie avec courage et bonté, appuyé(e) sur la certitude que vous êtes pleinement aimé(e) et libéré(e) en Christ.

Certains jours, vous n'aurez pas le courage d'ouvrir ce livre. Il se passera peut-être des semaines, des mois, voire des années sans que vous n'y touchiez. Peut-être cette couverture se couvrira-t-elle de poussière. Ce n'est pas grave. *Force spirituelle* est là pour vous aider, il n'y a aucune forme de condamnation au fil de ces pages. Nous sommes tous enlisés dans la boue, plus profondément encore que nous ne pouvons l'imaginer, mais nous regardons tous vers la même étoile. Et cette étoile est bonne.

Le plus important est de trouver le courage de tendre la main et de saisir ce qui se présente devant nous. De continuer à avancer vers la lumière, un pas après l'autre. Et de ne jamais abandonner.

La foi est un voyage, et comme tous les beaux voyages, elle est faite de petits pas de foi quotidiens.

Ce livre est alimenté par une source d'huile qui éclairera votre marche. Ne sous-estimez pas le pouvoir des paroles de la Bible! Très souvent, elles ont été une lumière sur mon chemin ténébreux et une force pour mon corps défaillant. Emmanuel Kant a dit: «La Bible est la fontaine inépuisable de toutes vérités. L'existence de la Bible en tant que livre destiné au peuple est le plus grand bienfait que la race humaine ait expérimenté.»[1]

- - - -

1 Cité d'après James Bell Jr et Stan Campbell, *The Complete Idiot's Guide to the Bible*, 2005

Ta parole est une lampe à mes pieds
et une lumière sur mon sentier.

Psaume 119.105

J'espère sincèrement que ce livre vous bénira, vous enrichira et vous fortifiera tous les jours.

LÀ OÙ TOUT A COMMENCÉ

J'avais 16 ans lorsque c'est arrivé. C'était un soir de semaine ordinaire. Alors que la lumière de la dernière pièce de la maison s'éteignait et que l'obscurité s'installait enfin, je me suis discrètement faufilé dehors par la fenêtre du rez-de-chaussée.

La lumière de la lune m'éclairait assez bien, néanmoins j'aurais tout aussi facilement pu retrouver mon chemin dans les plus sombres ténèbres ou dans le plus épais brouillard. Je l'avais fait des centaines de fois. Mais cette nuit-là, c'était différent. Je savais précisément où j'allais. Je rejoignais mon arbre favori, ma cachette secrète. J'avais toujours beaucoup aimé me percher dans des lieux très élevés, me retrouver dans les bras du ciel, à l'abri des regards, au-dessus des branches et des feuillages.

Stephen, mon parrain, était mort subitement et sans que rien ne permette de l'anticiper, d'une crise cardiaque. Il était le meilleur ami que mon père ait jamais eu, et il était comme un second père pour moi. Il était toujours présent lors de nos vacances familiales. Il m'avait appris à faire d'innombrables choses de mes propres mains. Il était toujours prêt à rire et ne me privait jamais d'un encouragement. A l'annonce de sa mort, j'avais eu l'impression que quelqu'un avait plongé la main dans ma poitrine pour m'en arracher le cœur.

Le choc de son soudain décès m'avait amené à me sentir en colère, incrédule et seul tout à la fois. C'était tout bonnement cruel, et c'était beaucoup trop tôt. En fait, je ne savais même plus vraiment ce que je devais ressentir. J'avais juste besoin de temps et d'un peu d'air, besoin d'être seul. C'était ce qui m'avait poussé à me sauver ce soir-là pour rejoindre cet arbre solitaire.

Je l'ai escaladé rapidement. L'écorce sous mes doigts, l'angle des branches, la manière dont elles se pliaient sous mon poids au fur et à mesure que j'atteignais le sommet: tout semblait familier. A environ 12 mètres de hauteur, lorsque j'ai atteint la branche que je savais être la dernière capable de supporter mon poids, je me suis arrêté.

Et les larmes ont coulé. La colère a grandi en moi. J'ai tenu ma tête entre mes mains. J'ai sangloté et tapé du poing sur le tronc. Certains diraient que je priais.

Il y avait des années que je n'avais pas parlé à Dieu. Lorsque j'étais jeune, la foi me semblait être une chose très naturelle, comme si j'étais en quelque sorte né avec et qu'elle était là, juste pour moi. Elle était pareille à une simple présence: silencieuse, jamais accusatrice et toujours bienveillante.

Mais adolescent, lorsque j'ai commencé à étudier ailleurs, j'ai été forcé de me visser sur le banc d'une église et d'assister à des cultes interminables. Et alors, ma foi a été condamnée à une lente mort. La mort par l'ennui. La mort par la religion. La mort par le non-sens. J'ai supposé qu'elle appartenait au passé; que grandir, c'était laisser derrière moi tout imaginaire de surnaturel. Tout ça, c'était pour les mômes.

La mort de Stephen a remué les braises endormies en moi, fait naître en elles une lueur, comme si la douleur était en train de les réveiller. Au milieu de toutes ces émotions, la présence apaisante de Dieu a soufflé doucement sur les restes refroidis de ma foi. Juché au sommet de mon arbre, je ne voulais rien d'autre que cette présence. Dès lors, ces braises ont commencé à luire du plus timide des flamboiements.

Ma colère s'est évanouie un court instant, et mes larmes ont commencé à sécher sur mes joues. Alors, j'ai prononcé la seule et unique prière qui compte réellement dans le cœur de tout être humain: «Jésus, si tu es réel, si tu es vraiment là, s'il te plaît, sois à mes côtés ce soir.»

1. Un véritable ami

Dieu souhaite-t-il que nous soyons forts? Non. Que nous lui en mettions plein la vue? Encore moins. Il n'a que faire de nos aptitudes. Il se rend là où il est accueilli avec joie et où l'on a besoin de lui. Ceux qu'il recherche, ce sont ceux qui lui adressent un «oui» silencieux dans leur cœur. Ceux qui comprennent que seuls, ils ne sont capables de rien. En effet, quand nous sommes vides, il peut nous remplir et travailler en nous.

Lorsque nous pensons tout avoir sous contrôle, il n'y a plus de place dans notre cœur pour lui et pour ses miracles.

Jésus a dit:

> Vous êtes mes amis. [...] Je ne vous appelle plus serviteurs [...] mais je vous ai appelés amis.
>
> Jean 15.14-15

Rien n'est plus rassurant (et il n'existe pas, du reste, de plus grand privilège) que d'être appelés amis du Tout-Puissant. Nous sommes aimés, pardonnés, restaurés et chéris dans une relation d'amitié avec lui.

2. La personne de Jésus

Madonna a dit un jour: «Lorsque j'étais enfant, Jésus-Christ était comme une star de cinéma, mon idole préférée entre tous.»[1]

- - - -

1 Scott Cohen, «Madonna: The 1985 'Like a Virgin' Cover Story», Spin, mai 1985. Utilisé avec permission préalable.

Napoléon Bonaparte allait encore plus loin: «Je connais les hommes et je vous dis que Jésus-Christ n'était pas un homme. Les esprits superficiels voient une ressemblance entre le Christ et les fondateurs des empires et les dieux des autres religions. Cette ressemblance n'existe pas. Il y a entre le christianisme et les autres religions la distance de l'infini.»[1]

Et puis, il y a l'auteur H.G. Wells: «Je suis historien, je ne suis pas croyant. Mais ce prédicateur sans le sou de Galilée est irrésistiblement le cœur de toute l'histoire de l'humanité.»

Personne, jamais, n'a égalé Jésus. Il nous dépasse en bonté et en bravoure, en impact et en influence sur les individus. Les plus grands artistes, les plus grandes personnes de pouvoir, les plus grands penseurs ne lui arrivent pas à la cheville.

Cependant, Jésus n'est pas venu nous impressionner. Il dit être venu pour nous sauver, en toute humilité, en tant que Dieu venant vers nous. S'il est celui qu'il dit être, et si l'Evangile est vrai, c'est une bien bonne nouvelle. Tout ce qu'il souhaite, c'est que nous apprenions à nous approcher de lui et à lui faire confiance, afin qu'il nous aide, nous calme, nous pardonne et nous restaure. C'est le premier pas d'une vie abondante et riche.

Peu importe, donc, où vous en êtes avec Dieu – que vous le cherchiez, que vous vouliez en apprendre plus sur lui ou que vous l'ayez abandonné et que vous lui tourniez le dos – le verset qui suit est la simple vérité:

> Le Fils de l'homme est venu chercher et sauver ce qui était perdu.
>
> Luc 19.10

- - - -
1 Dans *Testament religieux* de Napoléon Ier, sa profession de foi sur Dieu, sur Jésus-Christ et sur les principaux dogmes du christianisme, 1861

Rappelez-vous (ou apprenez-le, si vous l'ignoriez) que nous pouvons lui faire confiance et qu'il a le pouvoir de changer notre vie pour le meilleur. Pour ma part, j'apprends petit à petit qu'il est la clé de tout.

3. Un petit rappel qui fait du bien

J'emprunte le chemin de la peur très régulièrement. Nous le faisons tous: c'est le seul qui mène aux endroits qui comptent vraiment. J'ai appris, lorsque j'arpente ce chemin, à prier silencieusement dans mon cœur et à me tourner vers une personne plus grande, plus courageuse et plus forte que je ne le suis. Et ça a tout changé. Ne marchez pas seul(e). Placez votre main dans celle du Tout-Puissant. Il est là pour nous.

C'est ce que font les bons pères: ils tiennent la main de leur enfant. Les prières que je formule lorsque j'ai peur sont d'une simplicité primaire. (Elles ne ressemblent pas à celles que l'on m'a enseignées à l'école, mais ce sont de véritables prières.) Je montre à Dieu mes peurs les plus profondes et je lui demande d'être à mes côtés. Je lui demande de m'aider à avancer.

Nous tentons souvent de dissimuler nos craintes. Or, les enterrer est le meilleur moyen de les faire grandir; si nous les mettons en lumière, le plus souvent, elles s'évanouissent. Le problème, c'est que mettre le doigt dessus et en parler avec Dieu ou avec des personnes que l'on aime, cela demande beaucoup de courage.

Voyez donc ce que dit la Bible:

Ne t'ai-je pas ordonné: «Fortifie-toi et prends courage»? Ne sois pas effrayé ni épouvanté.

Josué 1.9a

Et comment prendre courage?

> [...] car l'Eternel, ton Dieu, est avec toi où que tu ailles.
>
> Josué 1.9b

Quelle que soit la situation dans laquelle nous nous trouvons, rappelons-nous ceci: nous n'avons pas à y faire face seuls. Le Créateur de l'univers est bon; il est à nos côtés, il est en nous et il est en notre faveur.

4. Ce que l'on apprend à genoux

La vie est dure. Parfois même, elle est cruelle. Elle peut être si souvent marquée par la souffrance, la perte d'êtres chers, le chagrin, les relations brisées ou une santé défaillante! Ces choses-là sont inévitables: elles font partie du voyage de la vie. Et nous ne serions pas humains si nous ne lancions pas parfois des appels au secours désespérés.

Ce qui est merveilleux, dans notre foi, c'est que ces périodes difficiles ne sont pas des moments où nous nous retrouvons sans espoir ou sans défense. En vérité, c'est même tout le contraire. Ce sont les moments où notre force est à son maximum. Seulement, nous ne le savons pas ou, du moins, nous n'en avons pas l'impression.

Mais lisez donc ceci:

> Heureux ceux qui reconnaissent leur pauvreté spirituelle,
> car le royaume des cieux leur appartient!
>
> Matthieu 5.3

Force spirituelle

Lorsque notre propre «force» ne nous permet plus de tenir debout, nous n'avons pas d'autre choix que celui de nous agenouiller et d'appeler à l'aide. Si nous sommes des personnes de foi, nous ne sommes jamais aussi grands que lorsque nous sommes à genoux. Moins de nous, plus de lui.

Vous rappelez-vous le fameux poème sur les pas dans le sable? Son auteure se demande pour quelle raison, aux moments les plus difficiles de sa vie, elle ne voit les traces de pas que d'une seule personne sur le sable. Alors, Jésus lui répond: «Là où une seule personne a marqué le sable de ses pas, c'était moi qui te portais.»[1]

Dans les moments où nous nous rendons compte que nous avons désespérément besoin de Dieu, il est présent. Juste à côté de nous. Et il n'est jamais aussi proche que lorsque nous avons le plus besoin de lui.

5. Être reconnaissants

Exprimez votre reconnaissance en toute circonstance, car c'est la volonté de Dieu pour vous en Jésus-Christ.

1 Thessaloniciens 5.18

Ce verset est intrigant et très difficile à vivre, parce que ce n'est pas du tout ce qui nous vient à l'esprit lorsque le pire se produit! Trop souvent, nous avons tendance à nous écrouler et à perdre tout espoir lorsque les choses se passent mal. Mais Dieu nous propose une solution bien meilleure et plus productive: il nous demande d'être en toutes circonstances reconnaissants. Au lieu de chercher

- - - -
1 «Des pas dans le sable», Margaret Fishback Powers, 1964

qui est le coupable ou de nous plaindre, il nous demande de le remercier pour toutes les bonnes choses de notre vie. C'est une manière de vivre assez extrême.

Le premier sujet de reconnaissance, c'est l'assurance que nous sommes aimés de Dieu et qu'une éternité nous est promise avec lui. C'est déjà en soi une bonne nouvelle des plus fabuleuses.

En outre, d'innombrables études prouvent que pour mener une vie abondante et épanouie ici-bas, pratiquer la reconnaissance est essentiel, car cela améliore notre manière de penser. Faisons donc de la gratitude notre mot d'ordre quotidien et notre style de vie: soyons toujours reconnaissants pour les bénédictions qui nous sont accordées, telles que la nourriture, la santé, les biens, les relations, les loisirs, la famille ou, tout simplement, les promesses de Dieu pour l'avenir.

Paul lui-même le savait bien:

Enfin, frères et sœurs, portez vos pensées sur tout ce qui est vrai, tout ce qui est honorable, tout ce qui est juste, tout ce qui est pur, tout ce qui est digne d'être aimé, tout ce qui mérite l'approbation, ce qui est synonyme de qualité morale et ce qui est digne de louange.

Philippiens 4.8

En d'autres termes, recherchez toutes les choses positives de votre vie et faites le choix de la reconnaissance.

Paul a bien raison. Lorsque nous regardons autour de nous et que nous nous concentrons sur ce qu'il y a de bon dans notre vie, cela nous aide à voir que Dieu est à l'œuvre dans de petites choses, qui, parfois même, nous passent sous le nez, comme les bondissements de joie d'un chien à notre vue ou le sourire d'une personne qui nous apporte un café. Christ est dans tout cela. Vivre ainsi, c'est comme ouvrir les yeux pour la toute première fois. Et tout cela commence par la pratique de la reconnaissance.

6. Les paroles de vie

Avec le temps, et dans certaines conditions, une rivière peut éroder la roche et créer des canyons de plusieurs milliers de kilomètres de profondeur. Ce n'est pas la force de la rivière qui crée cela: c'est sa persévérance. Il en est de même en ce qui concerne la Bible: si nous prenons le temps de la lire et de la méditer, elle laisse une marque dans notre vie, sans même, parfois, que nous ne nous en apercevions.

Le Psaume 19.7-11 de David relève quelques manières dont les Ecritures bouleversent notre vie:

> elles donnent du sens à notre vie;
> elles nous montrent le bon chemin;
> elles nous guident vers la joie;
> elles nous mettent en garde contre le danger.

Tout cela nous amène à une idée essentielle: Dieu nous aime et promet de se révéler à nous, si nous le recherchons. Mais comme la rivière rongeant petit à petit la roche, il faut qu'il y ait un point de contact. Si nous ne le recherchons pas, il ne s'invitera pas de force dans notre vie. Alors demandez-le lui. Recherchez-le. Laissez la rivière vous tailler et vous façonner à sa convenance.

Celui qui me trouve a trouvé la vie, il a obtenu la faveur de l'Eternel.

Proverbes 8.35

Trouver la vie et obtenir la faveur du Tout-Puissant: quelle extraordinaire promesse à proclamer dès aujourd'hui! Gardons donc notre cœur grand ouvert à sa présence. Et faisons cet effort chaque jour. C'est le chemin de toute bénédiction.

7. Ce que l'Eternel demande

Lorsque nous nous préparons à un long voyage, de drôles de sentiments nous envahissent. La plupart du temps, nous ne souhaitons rien d'autre qu'atteindre notre destination le plus vite possible. Pour le voyage de la foi, les choses sont légèrement différentes: la destination est si lointaine que nous ne l'atteindrons jamais de notre vivant. Le chemin qui nous y mène est semé d'embûches. Il est long, si long qu'il continuera au-delà de notre dernier souffle.

Mais la bonne nouvelle, c'est que nous n'aurons jamais à faire des efforts seuls. Dieu est à la fois notre destination et notre guide, et il a promis d'être avec nous à chaque étape. A quoi doivent ressembler nos pas? La réponse est merveilleusement claire:

> On t'a fait connaître, homme, [...] ce que l'Eternel demande de toi: c'est que tu mettes en pratique le droit, que tu aimes la bonté et que tu marches humblement avec ton Dieu.
>
> Michée 6.8

Il est certain que nous tomberons en chemin, vous comme moi. Mais lorsque cela se produira, ne perdons pas espoir! Levons plutôt les yeux et regardons à sa main tendue vers nous, prête à nous remettre sur pied.

Agissons avec justice, amour et bonté, et marchons humblement avec notre Dieu.

8. Qui était Jésus?

Qui était Jésus? Tout le monde ou presque se pose la question un jour ou l'autre. Et tout le monde doit y répondre, comme l'ont fait ceux qui l'ont connu lorsqu'il était sur terre. Pour eux (et pour nous aussi), il n'existe que trois réponses possibles et crédibles:

> Il a perdu la raison (Marc 3.21).
> Il a en lui Béelzébul (v. 22).
> Il est le Fils de Dieu (v. 11).

En d'autres termes, Jésus était soit fou, soit diabolique, soit Dieu.

Par le passé, je me demandais souvent: «Et s'il avait tout simplement été une bonne personne et un bon enseignant?» Puis j'ai considéré sa vie et ses paroles. Les bons maîtres disent-ils à qui veut l'entendre qu'ils sont Dieu? Prétendent-ils ne faire qu'un avec le Père? Affirment-ils mourir pour l'humanité? Ressuscitent-ils des morts et marchent-ils sur l'eau pour calmer les tempêtes? Ce seraient là des affirmations et des actes très audacieux!

C.S. Lewis raisonnait ainsi: «Un homme qui ne serait qu'un homme et qui tiendrait les propos que tenait Jésus ne serait un grand professeur de morale. Ce serait soit un fou, [...] soit le Démon des enfers. Il vous faut choisir. [...] Mais ne vous laissez pas entraîner à favoriser ce non-sens, à savoir qu'il est un grand maître issu de l'humanité. Il ne nous a pas laissé cette possibilité. Il n'a pas eu cette intention.»[1]

Savoir qui est Jésus pour nous est une question essentielle, et elle a de grandes répercussions sur notre vie. Mais si nous étudions les multiples et convaincantes données que nous possédons à son sujet, et si nous décidons de croire qu'il est la personne qu'il

- - - -
1 C.S. Lewis, *Les fondements du christianisme*, LLB France, 2006 (6e éd.), p. 66

a dit être – c'est-à-dire si nous faisons un pas de foi et que nous lui demandons: «Es-tu véritablement là et es-tu véritablement bon?» – cela peut être le début d'un nouveau voyage et de nouvelles aventures. L'exploration de la vie.

C'est pourquoi la proposition qu'il nous a faite il y a plus de deux mille ans tient toujours:

> Venez à moi, vous tous qui êtes fatigués et courbés sous un fardeau, et je vous donnerai du repos.
>
> Matthieu 11.28

Aujourd'hui encore, pour vous et moi, cette invitation peut tout changer. Si nous le laissons faire, il peut venir nous chercher, nous sauver, nous fortifier, nous soutenir et nous montrer comment vivre tous les jours.

9. La route

Avec l'âge, une sorte d'épanouissement survient. J'aime dire que mes compétences et mon expérience sont le résultat de toutes mes occasions manquées. L'expérience devient de la sagesse; nos échecs nous rendent plus forts, et toutes les leçons que nous apprenons de la vie affermissent nos pas.

Malheureusement, les termes «sagesse» et «expérience» ont vu leur valeur s'éroder avec le temps. Des personnes de pouvoir, souvent, deviennent des hypocrites. On nous dit qu'acheter plus nous rendra plus heureux. Nous sommes parfois si occupés à regarder à nous-mêmes que nous ne voyons plus la puissance de Dieu autour de nous.

Mais alors, comment devrions-nous vivre?

Jésus nous propose un parfait exemple à suivre. Ses paroles sont la plus grande sagesse et le plus grand enseignement qui existent.

«Tu aimeras le Seigneur, ton Dieu, de tout ton cœur, de toute ton âme et de toute ta pensée.» C'est le premier commandement et le plus grand. Et voici le deuxième, qui lui est semblable: «Tu aimeras ton prochain comme toi-même.»

Matthieu 22.37-39

C'est si simple, et pourtant si difficile! Mais c'est exactement ce qu'il nous faut.

10. Ceux que Jésus choisit

J'aime énormément la manière dont Jésus interagit avec les femmes. C'est une attitude révolutionnaire, visionnaire et très en avance sur son temps (mais je suppose que c'est la moindre des choses, lorsqu'on est Dieu!). Observez donc la manière dont il s'adresse à Marie de Magdala, en pleurs devant le tombeau vide:

Jésus lui dit: «Femme, pourquoi pleures-tu? Qui cherches-tu?» Pensant que c'était le jardinier, elle lui dit: «Seigneur, si c'est toi qui l'as emporté, dis-moi où tu l'as mis et j'irai le prendre.» Jésus lui dit: «Marie!» Elle se retourna et lui dit en hébreu: «Rabbouni!», c'est-à-dire maître.

Jean 20.15-16

Parmi toutes les personnes auxquelles il aurait pu apparaître, Jésus a choisi Marie de Magdala. Pas un disciple plus âgé, pas un pharisien influent, pas même usa mère. Il a choisi d'apparaître en premier lieu à une femme que personne au monde ne considérait comme importante.

A cette époque, le témoignage d'une femme n'était pas considéré comme aussi sûr que celui d'un homme. Pour le dire autrement, si les disciples avaient inventé toute l'histoire de la résurrection de Jésus, il ne leur serait jamais venu à l'esprit de dire que sa première apparition avait eu pour témoin Marie de Magdala.

Jésus, lui, a choisi Marie – la bien-aimée, au bénéfice du pardon divin – qui était seule dans un jardin, et il lui a parlé avec amour. Pourquoi? Parce qu'il a réécrit les règles d'égalité, de justice et d'amour. Il a choisi une personne que le monde considérait comme incapable d'accomplir une telle tâche, car c'est ainsi que fonctionne l'amour.

Laissons Christ nous surprendre, nous inspirer, nous montrer comment vivre et comment aimer avec démesure et bonté; et, par-dessus tout, comment traiter les femmes: avec respect, douceur et honneur.

11. Jamais seuls

La Bible utilise différents noms pour désigner Jésus, mais «Emmanuel» est l'un de mes préférés. Il signifie «Dieu avec nous», et c'est une affirmation pleine de vérité sur laquelle nous pouvons construire notre vie.

Par l'intermédiaire de son Esprit, Jésus est toujours avec nous. Réfléchissez-y un court instant: le Dieu qui a créé l'univers est avec vous en ce moment même! C'est une vérité qui bouleverse notre vie et qui ne doit pas être prise à la légère.

Ce n'est en aucun cas la garantie d'éviter l'épreuve. Une vie de foi n'est pas synonyme de vie sans soucis. Le Seigneur n'a jamais promis cela. La vie est une succession de luttes. Mais Dieu nous fait une promesse plus merveilleuse encore: il promet d'être avec nous.

> Puisqu'il est attaché à moi, je le délivrerai; je le protégerai, puisqu'il connaît mon nom. Il fera appel à moi et je lui répondrai. Je serai avec lui dans la détresse.
>
> Psaume 91.14-15

Cela fait toute la différence. Durant nos heures les plus sombres, Dieu est avec nous. Lorsque tout s'effondre autour de nous, nous ne sommes jamais seuls. Jamais.

12. Connus de Dieu

Il est difficile de vivre par la foi.

Parfois, vous vous sentirez à bout de souffle, car les doutes et les difficultés pleuvront sans discontinuer. La foi est un voyage, et vous aurez à passer par des montagnes aux flancs escarpés.

Or, une vie riche – le type de vie que vous êtes censé(e) vivre en tant que créature de Dieu – ne peut vous être donnée que par Christ, qui vous mène dans une plénitude et une richesse de vie sans égales. Comment trouver le chemin? Les indications sont claires:

> Aux riches de ce monde, ordonne de ne pas être orgueilleux et de ne pas mettre leur espérance dans des richesses incertaines, mais dans le Dieu vivant, qui nous donne tout avec abondance pour que nous en jouissions [...] afin de saisir la vie éternelle.
>
> 1 Timothée 6.17, 19

Cela commence dans notre cœur, par la confiance. Nous avons été créés pour un but: être connus de Dieu. Il désire être à nos côtés. Il nous aime à un point tel qu'on ne peut pas le décrire. Son amour dépasse de loin les usages, la religion ou la raison. Son amour. Encore et toujours.

Prenez un moment, et laissez cette idée laver votre être entier. Laver votre souffrance, vos peines et vos craintes. Cela fait du bien, n'est-ce pas? Comme un bon feu auprès duquel on viendrait se réchauffer. Il ne demande rien en retour. Contentez-vous de recevoir cet amour. C'est ainsi qu'il agit.

13. Le vrai David

L'un de mes plus grands héros est un homme qui a connu toutes sortes d'émotions et d'angoisses existentielles. Il a sombré dans les profondeurs extrêmes du désespoir, mais s'en est extirpé pour atteindre des sommets. Il était pareil à un survivant dans une contrée sauvage, bravant les pires assauts des éléments, alors qu'il n'était encore qu'un jeune homme. Et c'est en tant que jeune homme frêle défiant une foule violente et en colère qu'il a vaincu un géant et a gagné la liberté pour son peuple. Il est ensuite devenu un roi et un véritable héros.

Mais son histoire a également un côté sombre. David a aussi été un menteur et s'est rendu coupable d'adultère. Il a été le genre d'homme lâche, à la moralité douteuse, qui était prêt à conspirer contre un innocent pour l'envoyer à la mort, dans le simple but de satisfaire ses propres désirs.

Le roi David avait toutes les raisons de se haïr. Il aurait pu passer sa vie adulte prisonnier de sa culpabilité, de ses doutes et de ses remords. Aujourd'hui, cependant, il est l'un des plus grands héros de la Bible.

Malgré ses victoires et ses défaites, ses bonnes actions et ses mauvaises actions, David était un grand homme, et la raison en était simple: il savait que seul, il ne pouvait rien. Il a donc regardé au-delà de lui-même, et il a placé sa confiance en Dieu, le seul qui ne l'abandonnerait jamais.

> L'Eternel est ma lumière et mon salut: de qui aurais-je peur?
> L'Eternel est le soutien de ma vie: qui devrais-je redouter?
>
> Psaume 27.1

Je n'ai certainement pas envie de reproduire ses erreurs, mais ce que je veux assurément, c'est aimer Dieu comme David l'aimait. Je veux commencer chacune de mes journées en répétant ces paroles dans mon cœur: «Je me réveille, et je suis encore avec toi!» (Psaume 139.18).

14. Venir et boire

Si mes rencontres avec différentes personnes de différentes sociétés m'ont appris quelque chose sur la nature humaine, c'est ceci: nous sommes tous en quête de sens et de satisfaction. Mais l'histoire nous montre que, lorsque nous tentons de trouver cela par nous-mêmes, nous n'y parvenons que rarement. La manière dont Jésus a vécu nous montre que seule sa présence peut satisfaire notre cœur assoiffé.

> Vous tous qui avez soif, venez vers l'eau!
>
> Esaïe 55.1a

Et ce qui est formidable, c'est que le cadeau que Jésus nous offre est gratuit. Par nous-mêmes, nous ne pouvons pas obtenir cette nourriture et cette eau spirituelles. Nous ne pouvons pas acheter notre place dans la présence de Dieu; nous n'en serons jamais dignes. C'est un don que Jésus nous a chèrement acquis, à nous qui sommes ses enfants.

> Venez [...], même celui qui n'a pas d'argent! Venez, achetez et mangez, venez, achetez du vin et du lait sans argent, sans rien payer!
>
> Esaïe 55.1

Le voyage de la foi a pour but de nous amener à mesurer le caractère totalement extraordinaire de l'amour de Dieu pour ses enfants. Comment une vie de foi en Christ pourrait-elle se borner à être «religieuse» et morose? C'est une vie de joie, de lumière, de liberté et d'épanouissement! L'amour et la bonté de Jésus sont les plus grandes forces qui existent ici-bas, et ces forces continuent à transformer des existences aujourd'hui encore.

> Celui qui croit au Fils a la vie éternelle.
>
> Jean 3.36

15. Où trouver Dieu

Pour certains d'entre nous, l'Eglise représente un obstacle entre Dieu et eux. Comment croire qu'un culte ennuyeux, sans amour et sans aucune pertinence pour notre existence pourrait nous révéler autre chose qu'un Dieu lui-même ennuyeux, sans amour et sans aucune pertinence pour notre existence?

Nous pouvons mettre du temps à voir les choses plus clairement. Il faut parfois un certain temps avant de comprendre que
vivre avec Jésus, ce n'est pas s'habiller d'une manière particulière, chanter certains chants et inviter les autres à mieux se
conduire!

Comme le relève C.S. Lewis, être chrétien signifie pardonner
ce qui est inexcusable parce que Dieu a pardonné l'inexcusable en
vous[1].

L'Eglise a son importance, c'est certain. Mais être chrétien n'a
rien à voir avec le nombre ni la qualité des cultes auxquels on as-
siste. Cela concerne plutôt la manière de vivre:

> Celui qui affirme demeurer en Christ doit aussi vivre comme
> il a lui-même vécu.
>
> 1 Jean 2.6

Efforçons-nous dès aujourd'hui à vivre en sachant que nous
sommes aimés de Dieu et en témoignant cet amour aux autres.
Efforçons-nous de vivre en sachant que nous sommes pardonnés
et en accordant notre pardon aux autres. Vivons en sachant que
c'est grâce à Christ que nous pouvons avoir une bonne relation
avec Dieu.

Si nous nous efforçons de nous rapprocher du Seigneur, les
24 prochaines heures pourraient devenir extraordinaires.

---

1   C.S. Lewis, *Les fondements du christianisme*, , LLB France, 2006 (6ᵉ éd.)

16. Comment vivre

Il y a quelques siècles, le peuple de Dieu, exilé et désespéré, s'est exclamé: «Comment pourrions-nous vivre?» (Ezéchiel 33.10). C'est une excellente question, qui mérite d'être posée aujourd'hui encore.

Que signifie mener une vie qui plaît à Dieu et qui nous rapproche de Christ? Comment nos choix devraient-ils évoluer?

Quel meilleur passage que le Psaume 128 pour trouver la réponse à ces questions?

> Heureux tout homme qui craint l'Eternel, qui marche dans ses voies!
> Tu profites alors du travail de tes mains, tu es heureux, tu prospères. [...]
> C'est ainsi qu'est béni l'homme qui craint l'Eternel.
> L'Eternel te bénira de Sion, et tu verras le bonheur de Jérusalem tous les jours de ta vie.
>
> Psaume 128.1-2, 4-5

Craindre Dieu, c'est tout bonnement reconnaître notre place: comprendre que nous sommes pleins de défauts, loin de lui, et que nous avons besoin d'être restaurés. Craindre Dieu, c'est reconnaître notre désespoir. C'est du respect. Nous commettons tous des erreurs et nous manquons tous à nos devoirs, mais Dieu offre à tous la même grâce, qui nous remplit d'espérance et transforme notre vie. Christ change la crainte en danses de réjouissance.

Cela commence par reconnaître notre besoin de son pardon; ensuite, cela nous mène vers la joie. C'est ainsi que nous devons vivre. Si nous nous approchons de Christ, il nous bénit et nous restaure. Alors, nous nous émerveillons de sa bonté et nous commençons réellement à savourer la douceur de la vie.

17. Dégager du temps

Nous pouvons plus ou moins survivre trois semaines sans nourriture, trois jours sans eau et trois minutes sans oxygène. Combien de temps pouvons-nous vivre efficacement sans alimenter notre foi?

Il était rare que Jésus passe beaucoup de temps sans prier. Parfois, la foule qui l'entourait était si pressante qu'il n'avait même pas le temps de se nourrir. Le peuple accourait à lui et tentait de deviner où il se rendrait ensuite, afin de le devancer et de l'y attendre. Plus affairé que jamais, Jésus savait néanmoins qu'il avait besoin d'être seul et de prier, et plus encore lorsqu'il était pressé par la foule. Il semblait toujours attaché à cette habitude et la considérait comme la source de son énergie pour la journée.

> Venez à l'écart dans un endroit désert et reposez-vous un peu.
>
> Marc 6.31

Ces paroles de Jésus à ses disciples sont aussi pour nous aujourd'hui. C'est pourquoi je commence toujours ma journée dans un endroit tranquille, et j'attends qu'il enflamme mon cœur, ne serait-ce que quelques minutes. Et vous savez quoi? Il est toujours là, prêt à m'attendre. Il n'est jamais en retard.

Dégagez un peu de temps pour être avec lui et protégez ce moment; même si vous devez le faire dans le train, sur le chemin du travail, les yeux fermés. Respirez et sentez sa présence auprès de vous. Laissez ses paroles vous submerger; laissez sa puissance vous fortifier. Sachez que vous êtes pardonné(e), guéri(e), restauré(e). Demandez-lui de renouveler tout cela en vous. Soyez reconnaissant(e) et priez pour la journée à venir. Tenez-vous tranquille et sachez qu'il vous accompagne.

Arrêtez, et sachez que je suis Dieu!

Psaume 46.11

Nous voilà prêts à affronter la journée!

18. La joie, pas la religion

William Wilberforce était autant aimé que respecté. Conduit par la foi, il s'est joint à un groupe de personnes faisant campagne pour mettre fin à l'esclavage. Cela a été une longue et difficile aventure, et l'on dit souvent qu'il était l'homme à la fois le plus admiré et le plus détesté d'Angleterre.

Jésus était autant admiré que détesté, lui aussi. Et si nous tentons de vivre avec lui en nous, nous devons également être préparés à la critique. Mais si nous sommes fermement ancrés en lui et que nous regardons à lui, cela n'aura que peu d'importance. Nous avons en nous quelque chose de plus grand que l'opinion des autres à notre sujet. Nous détenons les clés de la vie et de la liberté dans notre cœur. C'est Christ qui nous les donne, avec paix et amour. Il nous apporte la joie, jamais la religion.

Les cultes auxquels j'assistais lorsque j'étais plus jeune manquaient souvent de joie. Des règles strictes et des voix cérémonieuses, voilà ce qu'ils m'inspiraient. Il n'est pas étonnant que j'aie alors supposé que Dieu lui-même était froid et impersonnel.

Jésus, lui, cherche à nous montrer ce que signifie vraiment vivre avec lui.

Moi, je suis venu afin que les brebis aient la vie et qu'elles l'aient en abondance.

Jean 10.10

Lorsque nous tentons de marcher dans les pas de Jésus, nous apprenons à remettre les choses en perspective. Les choses qui nous chamboulaient et nous ébranlaient, qu'elles soient positives ou négatives, peuvent perdre de leur influence. En revanche, les moments paisibles, tranquilles, silencieux peuvent stimuler notre cœur. La joie de Jésus se répand progressivement en nous. Et alors, nous commençons enfin – sans doute pour la première fois de notre vie – à découvrir ce qu'est la véritable liberté.

19. Au pied de la croix

Certains remettent en question le fait que Jésus est mort à la croix. Ils pensent qu'il s'agit d'une arnaque, d'une sorte de conspiration visant à tromper le monde. Ainsi, le Coran nie sa mort en disant: «Ils ne l'ont pas tué, ni crucifié, mais cela leur est apparu comme tel» (Sourate 4.157). Or, Jean s'attache minutieusement à nous fournir des preuves détaillées de la mort de Jésus.

Nous savons qu'on pouvait accélérer la mort par crucifixion en brisant les jambes du crucifié. Dans le cas de Jésus, ce n'était pas nécessaire, car il était déjà mort. «L'un des soldats lui transperça le côté avec une lance et aussitôt il en sortit du sang et de l'eau» (Jean 19.34). Lors de la mort, le caillot se rétracte et le sérum se sépare du sang, ce qui peut faire penser à du sang et à de l'eau.

Pour beaucoup, ce n'est pas suffisant. Pourquoi? Parce que si Jésus était bel et bien celui qu'il disait être, et s'il a bel et bien fait ce qu'il disait devoir faire (entre autres, ressusciter), cela a des implications considérables dans notre vie.

Sommes-nous prêts à reconnaître que nos fautes ont un coût? Pouvons-nous accepter le fait que Jésus en a payé le prix pour nous? Déciderons-nous alors de l'ignorer ou bien de le suivre, partout où il nous conduira?

Qu'importe l'endroit où nous nous trouvons sur le chemin de la foi, ces questions méritent d'être posées. Obstinez-vous, acharnez-vous; n'ayez pas peur de poser des questions. Nous suivons les traces du plus grand esprit ayant vécu sur cette terre. Ces pas ont conduit de nombreuses âmes au pied de la croix de Christ, là où l'amour et la grâce coulent.

20. Jamais seuls

Avant d'être arrêté, accusé et crucifié, Jésus a passé ses derniers instants avec ses disciples, afin de les fortifier et de les encourager:

> Le défenseur, l'Esprit saint que le Père enverra en mon nom, vous enseignera toutes choses.
>
> Jean 14.26

Le terme grec employé pour le Saint-Esprit (*paraklêtos*) signifie littéralement «appelé aux côtés». Il a plusieurs sens: conseiller, avocat, défenseur, consolateur, source d'encouragement, aide, personne qui se tient à nos côtés et nous soutient. Par exemple, une mère joue ce rôle pour son enfant. Elle calme l'angoisse et la solitude. Elle lui apporte présence, sécurité, paix et amour. Elle le guide en particulier dans les situations difficiles.

Christ nous fait la promesse que le Saint-Esprit sera toujours avec nous et en nous, en particulier dans les moments où, perdant pied, nous sommes susceptibles de faire des choses qui peuvent nous nuire, ou nuire aux autres.

Dieu est fidèle, et il ne permettra pas que vous soyez tentés au-delà de vos forces; mais avec la tentation il préparera aussi le moyen d'en sortir, afin que vous puissiez la supporter.

1 Corinthiens 10.13

Face à la tentation, le Saint-Esprit est toujours là pour nous guider vers la porte de sortie que Dieu a préparée pour nous.

> Dieu nous donne toujours
> une porte de sortie.

21. Pourquoi tant de sérieux?

Tout le monde recherche le bonheur. C'est une noble quête, mais souvent, tel un papillon, lorsque nous le pourchassons, il s'enfuit. Comment donc le trouver?

La Bible montre que le rire et la joie enrichissent notre vie: là où ils se trouvent, là aussi se trouve le bonheur. Elle rappelle aussi qu'un cœur joyeux est un bon remède (Proverbes 17.22).

Ne nous prenons pas trop au sérieux. Nous avons aussi besoin de rire de certaines situations, et parfois, de nous-mêmes. Le rire est comme un footing du matin pour l'âme. C'est de l'exercice pour l'esprit, et de la santé pour le cœur et la tête. (Au passage, mes parents m'ont toujours dit: «Ris avec les autres, mais ne ris jamais des autres.» C'est un très bon conseil.)

Qu'en est-il de la joie? Qu'est-ce que c'est? Elle est plus profonde et moins éphémère que le simple bonheur. Elle dépasse de loin une simple sensation de plaisir: elle apporte la paix, la force et la lumière. La joie s'implante au plus profond de notre âme.

C'est la joie de l'Eternel qui fait votre force.

Néhémie 8.10

Le rire, le bonheur et la joie: cela paraît bien peu, mais ne sous-estimez pas leur puissance et la lumière qu'ils peuvent déployer autour de vous. Ces qualités devraient être notre marque de fabrique, en tant qu'hommes et femmes de foi. Je suis certain que Jésus a beaucoup ri, et que le bonheur et la joie étaient au centre de sa vie.

Jésus a connu de lourdes peines et de grandes souffrances, mais souvent, je me dis que si nous l'avions rencontré en chair et en os, nous garderions le souvenir de son sens de l'humour et de son rire. Et j'aime beaucoup cette idée.

22. Allumer la lumière

Pour moi, lire l'Ancien Testament, c'est un peu comme arpenter une pièce sombre et pleine de vieux meubles.

Nous trébuchons, nous nous heurtons à quelque chose, et nous devons tâtonner autour de nous pour trouver notre chemin. Peu à peu, alors que nous laissons glisser nos doigts sur les vieux canapés, les chaises et les objets décoratifs, nous comprenons de mieux en mieux ce qui se trouve dans la pièce. Mais nous ne sommes sûrs de rien, et ce n'est que lorsque nous allumons enfin la lumière que nous voyons distinctement tout ce qui s'y trouve.

Le Nouveau Testament, c'est l'interrupteur. Jésus nous révèle l'Ancien Testament de telle manière qu'il est impossible de le comprendre en le lisant seul. Pour paraphraser Augustin, dans l'Ancien Testament, le Nouveau est caché, et dans le Nouveau, l'Ancien est révélé.

Jésus représente l'apogée du grand plan de Dieu pour le monde. Ainsi, l'apôtre Paul écrivait:

J'ai reçu la grâce d'annoncer parmi les non-Juifs les richesses infinies de Christ et de mettre en lumière pour tous les hommes comment se réalise le mystère caché de toute éternité en Dieu, qui a tout créé par Jésus-Christ.

Ephésiens 3.8-9

En grec, Paul utilise le verbe *phôtizô* qui signifie «donner de la lumière pour permettre aux gens de voir».

Jésus change toute la donne. Grâce à lui, nous pouvons non seulement nous approcher de Dieu mais aussi être unis avec lui d'une manière toute nouvelle. Nous formons «un corps avec eux et participons à la même promesse de Dieu en Jésus-Christ» (Ephésiens 3.6).

Vous vous interrogez sur Dieu? Eh bien, comme nous tous! Vous avez des doutes et vous vous sentez perdu(e)? Bienvenue au club! C'est normal. Continuez à rechercher la lumière. Christ est avec nous et il est là pour nous délivrer. N'est-ce pas précisément ce que signifie son nom?

23. La force des pauvres

Mère Teresa avait bien raison lorsqu'elle affirmait: «Les pauvres sont des personnes formidables. Ils nous enseignent énormément de bonnes choses. Nous devons les connaître, ils sont amicaux, et superbes; c'est Jésus sous le déguisement désolant du pauvre.»[1]

- - - -

1 *The Westminster Collection of Christian Quotations*, 2001, p. 283

L'amour pour les pauvres n'est pas optionnel. Il est au cœur de la vie avec Christ.

«Heureux ceux qui font preuve de bonté, disait Jésus, car on aura de la bonté pour eux» (Matthieu 5.7). Lorsque nous nous laissons guider par la compassion et que nous témoignons de l'amour aux autres, nous sommes sur la bonne voie. Et lorsque nous voyons une personne témoigner de l'amour aux autres (comme l'a fait Mère Teresa), c'est la preuve d'une foi vivante.

Les paroles de Mère Teresa rappellent celles de Jésus dans Matthieu 25:

> Toutes les fois que vous avez fait cela à l'un de ces plus petits de mes frères, c'est à moi que vous l'avez fait.
>
> Matthieu 25.40

Lorsque vous lisez des textes parlant de Jésus, il est bon de relever les endroits où il s'est rendu et les personnes qu'il a fréquentées. Bien évidemment le temple et les chefs religieux en font partie, mais la plupart du temps, il a côtoyé les marginaux, les pauvres, les méprisés et les opprimés. Il se trouvait avec ceux dont les fautes étaient connues de tous.

Si vous voulez le voir à l'œuvre aujourd'hui, approchez-vous de ceux qui montrent son amour à ceux que le reste du monde méprise.

24. La victoire de l'amour

Dans la Chine communiste des années 1950, être chrétien pratiquant était considéré comme un crime. C'est ce qui a conduit le pasteur Fang-Cheng en prison. Il y a été horriblement torturé, mais n'a jamais accepté de révéler le nom de ses frères croyants. Un jour, lors d'un énième interrogatoire, on lui a présenté sa mère, battue, menottée et affaiblie.

«J'ai entendu dire, lui a dit l'officier, que vous autres chrétiens avez dix commandements, donnés par Dieu. Auriez-vous l'amabilité de nous les réciter?»

Transi de peur, Cheng a commencé à réciter les commandements. Il a été interrompu par l'officier lorsqu'il est arrivé à: «Honore ton père et ta mère.»

– Je veux vous donner la chance d'honorer votre mère à l'instant même. Dites-nous où sont les autres chrétiens, et je vous promets qu'elle repartira libre. Vous pourrez lui prodiguer vos soins et l'honorer. Montrez-moi à quel point vous croyez en Dieu et voulez respecter ses commandements.

La décision était impossible à prendre.

– Que dois-je faire? a gémi Cheng auprès de sa mère.

– Je t'ai appris depuis ton enfance à aimer Christ et sa sainte Eglise. Ne regarde pas à ma souffrance. Sois fidèle à ton Sauveur et à ceux qui le suivent. Si tu les trahis, tu n'es plus mon fils.

Cheng n'a jamais revu sa mère. Mais la foi et la confiance de cette dernière l'ont marqué pour toujours.[1]

L'amour est aussi fort que la mort, la passion est aussi inflexible que le séjour des morts. Ses ardeurs sont des ardeurs de feu, une flamme de l'Eternel. Les grandes eaux ne pourront pas éteindre l'amour, ni les fleuves le submerger.

Cantique 8.6-7

- - - -

1   DC Talk, «Honor Your Mother», in *Jesus Freaks: Martyrs: Stories of Those Who Stood for Jesus*, 2012

C'est ainsi qu'est l'amour de Dieu: rien ne peut l'emporter. Il chasse la peur. Il trompe la haine. Il vit à jamais. Christ se retrouve dans toutes les situations. Le Seigneur ne vous appellera jamais à une chose pour laquelle il ne vous a pas équipé(e); il ne vous conduira jamais non plus vers une voie où il ne se trouve pas (cf. 1 Thessaloniciens 5.24).

Ces deux personnes courageuses s'accompagnent de millions d'autres qui ont tenu bon dans la foi face à des situations terrifiantes. Et je suis absolument certain que leur joie, à présent, est complète.

25. Vivre dans son amour

Jésus était un homme absolument merveilleux.

Le *Time* l'a défini comme «le symbole le plus marquant de pureté, de don de soi et d'amour de toute l'histoire de l'humanité occidentale». Sa vie est un exemple suprême d'amour, et on disait de lui, lorsqu'il vivait, que «tous ceux qui le touchaient étaient guéris» (Marc 6.56).

Il n'existe aucun besoin que Jésus ne saurait combler, aucune blessure si profonde que son amour ne pourrait la guérir.

Survivante de l'Holocauste, Corrie ten Boom disait: «Il n'existe pas d'abîme si profond que l'amour de Dieu ne puisse pas l'atteindre.»[1] Quelle extraordinaire affirmation! Cette femme incroyable, qui a perdu tout ce qu'elle avait et qui a vu un nombre inimaginable d'horreurs, était certaine que l'amour de Christ était en elle.

- - - -

1   Kaylena Radcliff, «A War Story: "There Is No Pit So Deep God's Love Is Not Deeper Still'», 2017

Tout comme le Père m'a aimé, moi aussi, je vous ai aimés.
Demeurez dans mon amour.

Jean 15.9

C'est une invitation que Jésus a toujours adressée à tous. Il nous invite à vivre dans son amour, à le garder en nous et à le transmettre aux autres, de la manière dont il nous a été offert: librement, sans aucune contrainte et avec grâce.

26. Prendre plus de risques

Pour Andrew White, prendre des risques et affronter le danger est une manière de vivre. Connu comme le Vicaire de Bagdad, il a dédié sa vie à servir son peuple dans la capitale irakienne.

Même lorsque l'Etat islamique a menacé de prendre la ville et qu'Andrew a été obligé, par le haut clergé ainsi que par les forces de sécurité, de quitter le territoire, il n'est allé que jusqu'en Jordanie, afin d'être en mesure de continuer à servir les Irakiens réfugiés.

De formation médicale, Andrew n'incluait sans doute pas dans ses plans de carrière l'utilisation de gilets pare-balles ou d'autres procédures de sécurité. Mais, une fois qu'il a commencé son voyage de la foi et de l'amour, tout dans son regard sur la vie a changé.

«Ce que je dis aux gens, ce n'est pas de prendre soin d'eux mais de prendre des risques, dit-il. C'est une chose difficile à faire, et on ne s'en sent pas capable du jour au lendemain. On y arrive petit à petit.»[1]

S'armer de courage et se rendre capable d'accepter les risques nécessite de faire le choix quotidien de ne pas reculer devant les

----

1 *Share*, n° 29, 2015

occasions que Dieu place devant nous. Il nous faut faire un pas à la fois, apprendre à écouter la voix du Seigneur et à lui faire confiance.

Paul lui-même n'ignorait rien du risque et du danger:

> Que dirons-nous donc de plus? Si Dieu est pour nous, qui sera contre nous?
>
> Romains 8.31

Le seul vrai risque que nous prenons est celui de refuser d'être portés par Christ. C'est alors que nous sommes faibles et que nous nous mettons en danger. Mais sous son aile, nos jours sont, et seront toujours assurés.

27. Un Dieu qui nous a tous créés

Koko avait 46 ans lorsqu'elle est morte dans son sommeil. Sa mort n'a pas été tragique, mais elle a fait le tour du monde. C'était un gorille, et un gorille pas comme les autres.

Lorsque Penny Patterson, doctorante, a souhaité savoir si les gorilles pouvaient apprendre la langue des signes, on lui a répondu que c'était très peu probable. Elle a décidé de faire l'essai malgré tout.

Si les débuts de Koko ont été laborieux, puisqu'elle n'a appris que trois mots en quatre ans, elle a pu s'améliorer au fil du temps. Sur la fin, elle avait appris plus de mille mots en langue des signes et pouvait comprendre presque deux mille mots prononcés à voix haute. Lorsqu'elle en avait besoin, elle combinait plusieurs mots, appelant par exemple une bague un «bracelet de doigt» et un yaourt à la nectarine une «sauce de fleur d'oranger».

Sa plus belle déclaration en langue des signes, cependant, est intervenue lorsqu'un journaliste lui a demandé le sens de la vie.

«Homme être poli. Homme être bon», a-t-elle signé.

J'aime beaucoup cette explication du sens de la vie, et elle ressemble à s'y méprendre au plus grand commandement que Jésus nous a laissé: celui d'aimer notre Dieu, de tout notre cœur, et notre prochain comme nous-mêmes (cf. Matthieu 22.36-39). Politesse, bonté: il est étonnant d'observer comment presque tout, dans le domaine de la science et du monde naturel, est en rapport avec l'humanité, et comment tout cela travaille instinctivement en harmonie.

Considérez un peu ce que dit la Bible:

> Mais interroge donc les bêtes et elles t'enseigneront, les oiseaux et ils te l'apprendront: [...] il tient dans sa main l'âme de tout ce qui vit, l'esprit qui anime tout être humain.
>
> Job 12.7, 10

Nous ne sommes pas seuls, dans cet univers. Nous ne sommes pas une sorte de mission dénuée de sens et sans but. Nous sommes connus, aimés et invités dans une relation avec le Créateur de l'univers.

Dieu nous a tous créés: les animaux, les étoiles et le reste du monde. Mais nous, les êtres humains, ses enfants, avons toujours été la prunelle de ses yeux.

28. Le chemin vers la vie

Parfois, lorsque nous nous sentons perdus, seul un événement exceptionnellement grave peut nous faire reprendre nos esprits.

Mais ce n'est pas le seul moyen. Parfois, c'est un doux murmure dans notre cœur qui nous ramène à la maison.

Jésus dit qu'il est le chemin vers la vie, et nous lisons dans la Bible qu'il nous rapproche de Dieu[1]. Il dit qu'il est celui par lequel toutes les choses essentielles à la vie (le pardon, l'amour et la force) sont rendues possibles.

Poursuivez la recherche de ces choses, continuez à poser des questions, cherchez à les atteindre! Il sera là pour vous. C'est ce qu'il a promis. C'est une grâce.

Faites cela, et nous le verrons prendre forme jour après jour, le saint temple érigé par Dieu; nous constituons tous une partie de ce temple dans lequel il est chez lui.[2]

Un temple, cela se construit sur des fondations solides. Et il est construit par les mains du Seigneur, en vous.

> Parfois, c'est un doux murmure
> qui nous ramène à la maison.

29. Une décision personnelle

Il était très dangereux de se rendre en Inde au 19e siècle. Mais cela n'a pas empêché de nombreux missionnaires de quitter les vallées du pays de Galles pour parler à ce peuple de la foi.

Alors qu'ils annonçaient l'Evangile dans la ville d'Assam, beaucoup d'entre eux ont provoqué de sérieux problèmes et en ont eu.

- - - -

1   Hébreux 7.19
2   Ephésiens 2.19-22

Lorsqu'une famille indienne s'est détournée de sa religion traditionnelle pour suivre Christ, le chef du village est entré dans une fureur monstrueuse.

Cependant, sa colère n'a pas convaincu la famille de revenir en arrière: elle avait trouvé quelque chose de spécial. Au contraire, le père s'est chargé d'annoncer à tous la relation qu'il avait découverte avec le Dieu vivant. D'autres membres de la communauté ont alors commencé à rechercher la présence de Dieu.

Le chef est allé jusqu'à les menacer de mort s'ils ne se repentaient pas. Mais aucun d'eux n'a cédé. Le père a préféré affirmer la chose suivante: «J'ai décidé de suivre Jésus. Il n'y a pas de retour en arrière. Pas de retour en arrière.» Tous les membres de cette famille ont malheureusement été tués.

Cependant, le chef s'en est senti troublé. D'où leur était venu un tel courage? Qu'est-ce que ce Christ avait de si particulier pour qu'ils soient prêts à perdre la vie? Quelle était la force qu'ils avaient trouvée dans cet étrange Dieu? Le chef avait vu beaucoup de personnes mourir dans sa vie, mais jamais comme cela. Brisé, il est tombé à genoux. Lui et le reste de son village ont tous commencé à suivre Christ.

> Mais si quelqu'un souffre parce qu'il est chrétien, qu'il n'en ait pas honte. Au contraire, qu'il rende gloire à Dieu dans cette situation.
>
> 1 Pierre 4.16

Beaucoup d'affreux événements de ce genre ont eu lieu, à cette époque. Je ne suis pas en train de dire que nous devrions convertir les autres nations par la force. Cependant, nous pouvons espérer de tout cœur que nous n'aurons jamais, ni vous ni moi, à payer le prix qu'ont payé ces courageux martyrs.

Si nous vivons avec la force procurée par l'assurance que Christ est toujours avec nous, qu'importe la difficulté de notre chemin? Si nous aimions avec le courage apporté par l'assurance que Dieu ne nous abandonnera jamais?

30. Une présence invisible

Il est difficile de croire en une chose que nous ne voyons pas. Et dire que nous croyons en un Dieu d'amour est une affirmation des plus audacieuses, sauf si nous en avons une preuve indubitable.

Comme pour le vent et l'électricité, ce n'est pas parce que nous ne voyons pas Dieu qu'il n'existe pas. Et comme pour le vent et l'électricité, le constat des effets qu'il a dans les vies humaines peut nous pousser à tout remettre en question. Jésus décrit ce phénomène comme une sorte d'invisible faisant bouger le visible (cf. Jean 3.5-6).

Dieu promet une chose très simple à tous ceux qui choisissent de le suivre: «Nous qui avons cru, nous entrons dans le repos.»[1] Mais comme les nombreux dons divins, cet état de repos est intérieur. Nous ne le voyons pas physiquement. Dieu nous restaure, nous renouvelle et nous ravive au plus profond de nous. Il nous dit qu'il viendra un jour où...

le vin nouveau ruissellera des montagnes, le lait coulera des collines et il y aura de l'eau dans tous les torrents de Juda. Une source sortira aussi de la maison de l'Eternel.

Joël 4.18

- - - -
1 Hébreux 4.3

Quelle joie nous connaîtrons alors! Plus de souffrance, plus de crainte, plus de mal, plus de maladie. Le ciel sera rempli d'amour, de bonté et de rires sans fin.

Mais en attendant, redressons-nous et tenons ferme dans ce que nous croyons. Décelez sa présence invisible en vous. Faites confiance à Dieu et, tout en vous occupant de vos tâches quotidiennes, permettez à votre esprit d'être renouvelé par lui. C'est cela, la foi.

L'ESPÉRANCE

En août 1996, j'ai passé un mois en tant que bénévole dans une ferme au nord du Transvaal, en Afrique du Sud. J'y donnais quelques conseils pour lutter contre le braconnage. J'ai décidé de me rendre au nord du Zimbabwe pour me détendre avant de rentrer au Royaume-Uni. Pour moi, à l'époque, cela signifiait sauter en parachute avec des amis, et prendre quelques verres bien frais le soir.

La vie était belle.

Le vol jusqu'à 4500 mètres d'altitude s'est fait sereinement. Bientôt, je me tenais dans la zone cargo de l'avion. J'ai regardé sous mes pieds. Comme toujours, j'ai pris une grande inspiration, puis j'ai sauté. Je sentais l'humidité des nuages sur mon visage alors que je fendais les airs. Comme j'aimais me sentir voler dans cette voilure blanche! A 1200 mètres environ, j'ai tiré sur le câble d'ouverture de mon parachute, et j'ai entendu la toile se déployer dans un crissement rassurant. Ma chute libre de près de 200 km/heure a rapidement ralenti jusqu'à atteindre les 40, comme c'était toujours le cas.

Mais en regardant au-dessus de ma tête, je me suis rendu compte que quelque chose clochait, vraiment. Au lieu d'une belle forme rectangulaire, je voyais au-dessus de moi une voilure déformée et emmêlée, ce qui signifiait que le parachute allait être extrêmement difficile à contrôler. J'ai tiré de toutes mes forces sur les deux anneaux de coulissement, espérant gagner en maîtrise.

Rien.

J'ai continué à me battre avec ma voilure, mais le temps et l'altitude me filaient entre les doigts. Je ne parvenais à rien. Quelques secondes plus tard, j'étais trop bas pour utiliser mon parachute de secours, et le sol se rapprochait à une vitesse folle. J'ai fait l'arrondi trop haut et trop fort, ce qui a propulsé mon corps à l'horizontale, et je me suis écrasé dans le désert sur le dos; j'ai atterri sur mon parachute de secours bien emballé dans mon harnais, qui m'a fait l'effet d'une roche carrée solide dans mon dos.

Je ne pouvais pas me lever; je ne suis parvenu qu'à rouler sur le côté, gémissant dans la poussière. Je mordais le sable, en proie à une atroce douleur.

Je ne me rendais pas compte, à ce moment-là, de l'ampleur des dégâts. Je ne savais pas que je m'étais brisé trois vertèbres, que j'allais passer des mois à faire des allers et retours en rééducation dans un hôpital militaire au Royaume-Uni, coincé dans une ceinture lombaire, incapable de bouger librement. Mais ce que j'ai immédiatement su, ces quelques premières minutes allongé sur le sol, c'était que ma vie venait de changer à tout jamais.

Parfois, ce n'est qu'une fois à terre que nous trouvons un moyen de nous redresser. Parfois, il faut que de sombres nuages viennent couvrir le ciel pour que nous remarquions enfin la lumière. Et parfois, il nous faut être empêtrés dans la boue avant de voir les étoiles.

La lumière de Dieu a été la plus grande source d'espoir que ce monde ait jamais connue. Nous ne serons jamais hors de l'atteinte de la lumière du Seigneur; il est bon de nous en souvenir. L'espoir gagne toujours, et la lumière de Christ nous atteint partout.

1. Le cœur et ses gardiens

Jésus nous dit souvent que c'est ce qui se passe dans notre cœur qui compte vraiment. Nos yeux sont les gardiens de notre cœur, de notre vie intérieure. C'est la raison pour laquelle ce que nous regardons importe tant.

> Ton œil est la lampe de ton corps. Lorsque ton œil est en bon état, tout ton corps est éclairé; mais lorsque ton œil est en mauvais état, ton corps aussi est dans les ténèbres. Veille donc à ce que la lumière qui est en toi ne soit pas ténèbres. Si donc ton corps tout entier est éclairé, sans aucune partie dans les ténèbres, il sera entièrement éclairé comme lorsque la lampe t'éclaire de sa lueur.

> Luc 11.34-36

Demandons à Dieu aujourd'hui de nous pardonner, si nous avons regardé des choses que nous savons d'instinct être mauvaises, et de pardonner ce qui est mauvais ou égoïste en nous. Veillons à ce que nous regardons et à ce que nous laissons entrer dans notre cœur. Regardons à Christ afin qu'il le remplisse de son amour et que nos yeux brillent de sa lumière, de sa compassion et de sa bonté.

2. Épanouis en Christ

Nous voulons tous nous épanouir d'une manière ou d'une autre. Nous sommes tout simplement ainsi faits. Regardez autour de vous, et vous verrez où les gens recherchent le sens de la vie: certains poursuivent la richesse, d'autres sont en quête de pouvoir ou d'influence.

Cependant, notre vraie nature n'est jamais déterminée par ce genre de «réussite». Le seul moyen de connaître la raison de notre existence (et la seule véritable et réelle source d'espérance durable dans cette vie), c'est de comprendre à qui nous appartenons, et combien nous sommes précieux aux yeux du Tout-Puissant.

Ceux qui placent leur espérance en Jésus ne pourront pas non plus mourir, car ils seront semblables aux anges.

> Ils seront enfants de Dieu en tant qu'enfants de la résurrection.
>
> Luc 20.36

Je connais l'incroyable sentiment d'épanouissement que l'on trouve en Christ. Et cela change tout. Nous savons que nous sommes entièrement aimés; nous trouvons un foyer; nous transmettons notre amour à tous ceux que nous rencontrons.

C'est une forme d'épanouissement qui dure une vie entière et qui nous mène vers la gloire.

3. Imparfaits, mais parfaitement épanouis

On est parfois tenté de penser que Paul était une sorte de saint. Mais lisez le passage ci-dessous. Je le trouve très encourageant. Il n'y a aucune volonté de se placer au-dessus des autres. Au contraire, il y décrit ses échecs et ses luttes avec une honnêteté brute. Et moi, je ne l'en aime que plus.

> Je ne comprends pas ce que je fais: je ne fais pas ce que je veux et je fais ce que je déteste. [...] Je découvre donc cette loi: alors que je veux faire le bien, c'est le mal qui est à ma portée. En effet, je prends plaisir à la loi de Dieu, dans mon

être intérieur, mais je constate qu'il y a dans mes membres une autre loi; elle lutte contre la loi de mon intelligence et me rend prisonnier de la loi du péché qui est dans mes membres.

Romains 7.15, 21-23

Ces paroles résolument franches me rappellent que nous devons veiller à ne pas nous leurrer en cherchant à paraître spirituels et irréprochables. Nous devons demeurer dans l'honnêteté la plus totale et dépendre tout simplement de Jésus. Le reste suivra. Jésus nous aidera lui-même à marcher dans ses voies. Dieu a dit:

Arrêtez de placer votre confiance dans l'être humain! Sa vie n'est qu'un souffle! Quelle est en effet sa valeur?

Esaïe 2.22

Inutile de chercher à impressionner les autres: tout ce que nous avons à faire, c'est regarder à Christ de tout notre cœur. Nous sommes imparfaits, mais parfaitement épanouis.

4. L'espoir pour tous

Charles Haddon Spurgeon a été l'un des plus brillants et des plus influents prédicateurs du 19e siècle, mais il n'a pas toujours été un homme de foi.

Ce n'est qu'à l'adolescence qu'il a entendu un prédicateur dire quelque chose qui l'a poussé à la réflexion: «Regarde à Jésus-Christ. Regarde! Regarde! Regarde! Tu n'as rien d'autre à faire que regarder et vivre!»

Quelques années plus tard, il a décrit sa réaction à cette injection: «Comme le peuple regarda le serpent élevé au désert et fut guéri, ainsi en fut-il pour moi. [...] Lorsque j'entendis ce mot, 'Regarde!', comme il me parut charmant! Oh! Je regardai, et je regardai presque jusqu'à en perdre les yeux.»[1]

Ce n'est pas difficile, et nous n'avons certainement pas à en faire quelque chose de religieux. L'espoir est pour tout un chacun.

Le Dieu d'éternité est un refuge;
sous ses bras éternels est un abri.

Deutéronome 33.27

Et tout ce que vous avez à faire, c'est avoir l'humilité de regarder, de plier le genou et d'accepter.

5. Différents mais similaires

Par bien des aspects, Jésus et Jean-Baptiste étaient très différents. Jean, avec son allure sauvage et son régime alimentaire saugrenu, semblait être un marginal. Jésus a grandi comme un homme ordinaire, avec un emploi stable. Ils étaient pourtant très bons amis et profondément enracinés dans la même espérance. (J'aime beaucoup la manière dont Jésus répond aux critiques de l'élite religieuse: «En effet, Jean-Baptiste est venu, il ne mange pas de pain et ne boit pas de vin, et vous dites: 'Il a un démon.' Le Fils de l'homme est venu, il mange et il boit, et vous dites: 'C'est un glouton et un buveur, un ami des collecteurs d'impôts et des pécheurs'» (Luc 7.33-34). L'ironie est amusante: l'élite accusait Jean d'avoir un démon et Jésus d'être un glouton et un ivrogne! Certaines

----

1 «Charles Spurgeon: sa conversion et son service», EMCI TV, https://emcitv.com/page/texte/charles-spurgeon-sa-conversion-et-son-service-1609.html

personnes ne verront jamais la vérité. Tout ce que vous pouvez faire, c'est sourire et les aimer.

Mais Jean et Jésus ne cherchaient pas, par leurs agissements, à impressionner les autres ou à gagner leur approbation. Ils agissaient ainsi parce qu'ils étaient fidèles à leur vocation, fidèles à leur caractère et fidèles l'un envers l'autre. Et par-dessus tout, ils avaient appris à placer leur espérance en Dieu seul.

> Tends ton oreille vers moi, viens vite à mon secours!
> Sois pour moi un rocher protecteur, une forteresse où je trouve le salut!
>
> Psaume 31.3

Faisons le choix dès aujourd'hui de vivre comme Jean-Baptiste et comme Jésus. Sachons où est notre véritable foyer et restons dans l'amour de Dieu!

Notre seul moyen d'être encouragés et de vivre avec bonté est de toujours rester au plus près de notre source. C'est la clé de la vie.

6. Aucune condamnation

Si nous arrêtons de nous efforcer sans cesse d'être bons, ce n'est pas grave. Nous ne le sommes pas, et nous ne pouvons pas le devenir. Nous sommes irrémédiablement imparfaits. Mais voilà, ce n'est que lorsque nous sommes conscients de nos manquements que nous pouvons trouver notre véritable force. Lorsque nous savons que rien ne nous permettra de «gagner» le ciel, et lorsque nous regardons honnêtement quelles sont nos fautes, nous tombons à genoux et nous recherchons la grâce de Dieu. Ce n'est qu'alors que nous pouvons être relevés et restaurés dans sa présence et dans son amour.

Et c'est cela qui nous donne notre force.

Voyez ce que dit Jésus à une femme prise en flagrant délit d'adultère:

Moi non plus, je ne te condamne pas.

Jean 8.11

Il n'y a aucune condamnation en Christ. Il est venu nous libérer, nous sauver et nous encourager. C'est tout. Vraiment. Lorsque nous vivons ainsi (libérés, et fortifiés dans notre cœur), nous pouvons aimer et faire toutes sortes de bonnes choses. Mais nous le faisons par le biais d'une source intarissable de bienfaits, au lieu de tenter de gagner quelque chose.

Vivons aujourd'hui dans la bonté intarissable de Dieu, déversée sur nous, et offrons-la à tous ceux qui nous entourent.

7. Une vie abondante

Beaucoup se laissent berner par l'idée que, s'ils agissent d'une certaine manière ou paraissent être une certaine personne, ils seront plus acceptables aux yeux de Dieu. De même, à l'époque de l'Ancien Testament et aujourd'hui encore, les gens pensent que, s'ils pratiquent bien leur religion, ils gagneront, en quelque sorte, la faveur de Dieu.

Jésus nous a mis en garde contre tout cela, encore et encore. La religion et les bonnes actions ne peuvent pas nous mener au ciel. Nos belles réussites sont, comme le dit Esaïe, pareilles à un habit taché de sang devant Dieu (cf. Esaïe 64.5). Jésus, lui, est venu nous sauver et, le plus souvent, nous sauver de nous-mêmes, de nos superstitions, de nos tentatives inutiles d'être bons ou de gagner en confiance. Jésus est venu mettre fin à toute cette «religion» et toute cette hypocrisie, réduire à néant nos prétentions et nous ôter nos airs pieux. Il est venu afin de nous libérer de ces restrictions et de ces exigences impossibles à atteindre.

> Tu dresses une table devant moi,
> en face de mes adversaires;
> tu verses de l'huile sur ma tête
> et tu fais déborder ma coupe.
> Oui, le bonheur et la grâce m'accompagneront
> tous les jours de ma vie
> et je reviendrai dans la maison de l'Eternel
> jusqu'à la fin de mes jours.
>
> Psaume 23.5-6

Il est venu afin de nous pardonner, de nous restaurer, de nous atteindre. Notre vie est abondante en lui lorsque nous comprenons véritablement son amour, sans fin et immérité. C'est cet amour qui nous donne le courage, la confiance, l'intégrité et la force dont nous avons besoin, car ces choses ne viennent pas de nous: elles viennent de lui.

8. La poursuite du bonheur

Enormément de gens dans le monde recherchent désespérément le bonheur. Nous le cherchons partout: dans nos relations, dans notre travail, dans un beau bateau, par le désir d'être présidents ou de devenir milliardaires, ou tout simplement en buvant un bon verre de vin. Aucune de ces choses n'est mauvaise. Cependant, à elles seules, elles sont loin de pouvoir nous apporter le bonheur.

En fait, elles peuvent même nous perdre ou nous distraire de notre poursuite du bonheur. J'ai vu davantage de misère chez les personnes influentes, riches ou célèbres que partout ailleurs dans la société. Et personne ne veut passer sa vie à rechercher le bonheur au mauvais endroit!

Christ nous dit que le bonheur se trouve dans la proximité avec lui:

> Celui qui croit en moi, des fleuves d'eau vive couleront de lui, comme l'a dit l'Ecriture.
>
> Jean 7.38

Il est bon de rechercher à enrichir notre vie; c'est même normal. Mais la Bible dit que Jésus est venu sur terre justement dans le but que nous «devenions riches» (2 Corinthiens 8.9).

En lui, nous devenons riches en bénédictions, en esprit, en joie et en paix. Nous devenons riches de sens et de caractère. La Bible nous rappelle que le chemin vers la vraie richesse, c'est la crainte de l'Eternel et qu'elle nous apporte la richesse, la gloire et la vie (Proverbes 22.4).

Les personnes les plus heureuses que je connaisse ont trouvé leur bonheur à l'intérieur et non à l'extérieur. Cependant, il nous faut parfois une vie entière pour le comprendre.

9. L'espérance pour vous et moi

Quelle que soit la difficulté des situations dans lesquelles nous nous trouvons – c'est-à-dire quels que soient les problèmes que nous rencontrons dans notre vie – l'espérance demeure. Elle trans-cende tout: la souffrance, la douleur, le chagrin, la peur ou le deuil. L'espérance est ce qui nous distingue en tant qu'enfants de Dieu. Elle est la lumière dans l'obscurité; le réconfort dans la douleur.

L'espérance vient lorsque vous comprenez l'amour de Dieu pour vous. Peut-être avez-vous perdu tout espoir, mais il est là, tout près. Gardez les yeux fixés sur lui. Faites-lui confiance. Une simple lueur suffit. C'est de simples braises que naissent de grands feux dévorants. Tenez bon et levez les yeux!

Espérez, dans la douleur et dans le doute. Ayez foi en Dieu et sachez que la foi et le doute sont deux côtés d'une même pièce. Lorsque de nombreux doutes remplissent votre cœur, ne vous in-quiétez pas. Acceptez-les, et sachez que la foi ne peut jamais être bien loin. Qu'importe ce que nous avons à affronter, Dieu est à nos côtés. Il ne nous abandonnera jamais.

> L'Eternel est près de ceux qui ont le cœur brisé, et il sauve ceux dont l'esprit est abattu.
>
> Psaume 34.19

Courage! Tout ira bien.

> L'espérance vient lorsque vous comprenez
> l'amour de Dieu pour vous.

10. Le cœur et les pieds

J'ai parfois beaucoup de mal à aller à l'église, et j'ai quelques dif-ficultés avec le concept de religion institutionnelle: je pense que j'y vois trop bien mes défauts et ma misère, que je m'y sens jugé. Mais l'Eglise, ce n'est pas un bâtiment ou une institution. L'Eglise, c'est le peuple de Dieu. L'Eglise, c'est tous ceux d'entre nous qui souhaitent s'accrocher à lui et vivre par sa puissance, son amour et sa lumière, et le faire avec tous ceux qui ont besoin de son aide. C'est cela, une Eglise. J'aime la manière dont Dieu le dit:

> Je déteste, je méprise vos fêtes, je ne peux pas sentir vos assemblées. Quand vous me présentez des holocaustes et des offrandes, je n'y prends aucun plaisir, et les veaux engraissés que vous offrez en sacrifice de communion, je ne les regarde pas.
> Eloigne de moi le bruit de tes cantiques: je n'écoute pas le son de tes luths. Mais que le droit jaillisse comme un cours d'eau, et la justice comme un torrent qui n'arrête jamais de couler!
>
> Amos 5.21-24

Oublions nos rituels; faisons preuve de bonté. Oublions la religion; aimons les autres. Soyons justes, traitons les autres équitablement. Aimons, encore et toujours!

Le problème souligné ici ne se cantonne pas à la religion et aux rituels. Le problème vient du fait que nous durcissons notre cœur tout en allégeant nos pieds. Dieu veut l'inverse: un cœur doux et des pieds résistants. Nous devrions avoir un cœur rempli d'amour pour ceux qui sont méprisés et les pieds endurcis pour aller partout où les autres n'osent pas se rendre, quel que soit le chemin.

11. Tournés vers celui qui guérit

J'ai le corps couvert de cicatrices. C'est le résultat de nombreuses années d'aventures diverses, mais cela ne me gêne pas.

Quant à mes pieds, eh bien, ils sont tout simplement dans le plus sale état qui soit. Pour être honnête, j'ai aussi quelques cicatrices émotionnelles dissimulées en moi. Ce sont celles qui prennent le plus de temps à guérir.

Joyce Meyer relève que la guérison émotionnelle n'est pas facile et peut être très douloureuse: «Parfois, nos plaies sont encore infectées, et pour vraiment guérir, elles doivent être rouvertes, et l'infection être soignée. Seul Dieu sait faire cela. Si vous souhaitez que Dieu vous guérisse de vos blessures, passez du temps avec lui, dans sa parole; et restez patient(e) dans sa présence. Je vous assure que c'est là que vous trouverez la guérison!»[1]

Il est inutile d'avoir honte de nos blessures. Il vaut probablement mieux admettre qu'elles existent. Peut-être qu'avoir conscience de notre besoin de guérison est un bon moyen pour nous aider à tenir bon dans notre foi en Dieu. Avec le temps et l'expérience, j'ai appris qu'il n'existe rien de plus délicieux que la présence de Christ et sa guérison.

> Voyant qu'elle n'était pas passée inaperçue, la femme vint toute tremblante se jeter à ses pieds; elle déclara devant tout le peuple pourquoi elle l'avait touché et comment elle avait été immédiatement guérie. Alors il lui dit: «Ma fille, prends courage, ta foi t'a sauvée. Pars dans la paix!»
>
> Luc 8.47-48

C'est ainsi que l'on peut être soigné. Tournez-vous vers celui qui guérit!

- - - -
1   Joyce Meyer, https://www.joycemeyer.org/. Utilisé avec permission préalable.

12. Garder le silence

Les hommes sont, depuis toujours, en quête d'espérance. La vérité, c'est qu'elle est plus tangible encore que l'air que nous respirons. Trouver l'espérance peut être aussi facile que le geste d'un enfant qui tend le bras pour saisir la main de ses parents.

C'est très simple, mais parfois, c'est difficile. Cela demande du courage et de la foi, et la vie nous fait souvent oublier ces deux choses. Ce que nous devons faire, c'est redécouvrir le courage et la foi afin de trouver l'espoir.

Thomas a Kempis savait déjà, au 14e siècle, combien l'espérance était à portée de main: «Père, laisse-moi tenir ta main et, comme un enfant, marcher avec toi tous les jours de ma vie, en sécurité dans ton amour et dans ta puissance.»[1]

Lorsque nous plaçons notre main dans celle de Dieu, nous nous lions à la plus grande source de puissance qui existe. Nous nous retrouvons du côté de l'équipe qui gagne. Nous sommes protégés.

> C'est l'Eternel qui combattra pour vous. Quant à vous, gardez le silence!
>
> Exode 14.14

Voilà quelle est notre plus grande espérance: être cachés dans son amour et sa bonté.

- - - -
1   Traduit d'après «The Hand of God», *Bible In One Year*, 2018

13. Demander, croire, avoir confiance

Il y a une expression que j'aime particulièrement: «Pécher, c'est humain; pardonner, c'est divin.»

La Bible est remplie d'histoires concernant des personnes égarées. Nous traversons tous des moments où faire confiance à Dieu est difficile. Nous chutons tous. Ce que nous avons à faire, c'est tendre la main vers le Seigneur et le laisser nous remettre sur nos pieds. C'est ce qui distingue la foi chrétienne de toutes les autres: cette main, prête à pardonner, qui ne demande rien en retour.

Si votre doute grandit à mesure que votre foi diminue, rappelez-vous que c'est normal. De nombreux grands hommes et femmes de foi ont connu bien pire et sont tombés beaucoup plus bas.

Croyez que Jésus fera ce qu'il est venu faire: pardonner, restaurer et fortifier. C'est la clé d'une foi vivante. Reconnaissez que Christ est bon et qu'il désire de bonnes choses pour vous. Tout ce qu'il vous faut, c'est une confiance silencieuse et une foi humble.

Jésus a dit que si vous croyez, vous recevrez tout ce que vous demanderez dans la prière:

> Si vous avez de la foi et que vous ne doutez pas, non seulement vous ferez ce qui a été fait à ce figuier, mais même si vous dites à cette montagne: «Retire-toi de là et jette-toi dans la mer», cela arrivera. Tout ce que vous demanderez avec foi par la prière, vous le recevrez.
>
> Matthieu 21.21-22

Demandez. Croyez. Ayez confiance en Dieu. Développez une réelle dépendance envers lui, avec la conviction que Christ viendra à votre secours et sera toujours à vos côtés. C'est ce qui vous rendra fort(e).

14. Le chemin de la confiance

Richesse, éducation, réputation: il est facile de fonder notre estime personnelle sur ce genre de choses. Mais trouver notre assurance dans ce que nous possédons ou dans notre image correspond à une stratégie à court terme.

L'auteur des Proverbes prodigue des conseils qui ne sont pas moins pertinents aujourd'hui qu'hier: «L'Eternel sera ton assurance» (Proverbes 3.26). Lorsque nous recherchons son approbation, de nombreuses bénédictions en découlent.

> Sagesse: «Les sages hériteront de la gloire, mais les hommes stupides récolteront le déshonneur» (Proverbes 3.35). La sagesse, le jugement et le discernement nous viennent lorsque nous suivons Dieu.

> Paix: «Si tu te couches, tu n'auras rien à redouter et, quand tu seras couché, ton sommeil sera doux. N'aie pas peur d'une cause de terreur soudaine ni d'une attaque de la part des méchants» (Proverbes 3.24-25). La réussite au travail, l'aisance financière et la notoriété n'ont que peu de valeur si vous n'avez pas la paix. Et la paix ne peut venir que d'une bonne relation avec Dieu.

> L'amour: «Ne refuse pas un bienfait à ceux qui y ont droit quand tu as le pouvoir de l'accorder» (Proverbes 3.27). Nous devenons de bien meilleures personnes lorsque nous choisissons Dieu pour guide.

> L'intimité: «Il est un ami pour les hommes droits» (Proverbes 3.32). Plus nous faisons confiance à Dieu, plus nous sommes proches de lui.

> L'humilité: «Il se moque des moqueurs, mais il fait grâce aux humbles» (Proverbes 3.34). Lorsque nous tentons de plaire à

Force spirituelle

Dieu, nous nous voyons tels que nous sommes: humbles, mais confiants dans sa puissance et dans son amour.

Ceux qui tentent de vivre dans l'amour et la foi ne parviennent pas toujours à respecter tout cela; nous pouvons tous chuter. Mais gardons les yeux sur Dieu et plaçons notre confiance en Christ!

15. La forteresse de l'échec

Vous allez sans doute, à un certain moment de votre vie, connaître de terribles échecs, en particulier si vous vous fixez des objectifs très élevés, ou si, en suivant votre vocation, vous avez à déplacer des montagnes. L'échec fait partie de votre voyage. N'en ayez pas peur: utilisez-le. Il signifie que vous progressez. C'est l'une des nombreuses portes qu'il vous faudra forcer sur votre route vers la réussite. Mais le problème, c'est que l'échec, le rejet, la moquerie et l'humiliation sont des choses qui font mal.

Dans des moments comme ceux-là, il est bon de nous rappeler les paroles de personnes telles que David, un homme qui commettait régulièrement de spectaculaires erreurs. C'était un homme qui connaissait bien le salut, l'amour et la grâce de Dieu.

> Quand je dis: «Mon pied est en train de glisser»,
> Ta bonté, Eternel, me sert d'appui.
> Quand mon cœur est agité par une foule de pensées,
> Tes consolations me rendent la joie.
> L'Eternel est ma forteresse,
> Mon Dieu est le rocher où je trouve un refuge.
>
> Psaume 94.18-19, 22

Nous pouvons toujours crier à Dieu pour qu'il nous réconforte dans nos échecs. Le pouvoir que ceux-ci exercent sur nous s'évapore en sa présence. L'amour de Christ ne s'épuise jamais, et il nous encourage toujours. Notre puits de solutions est sans fin, si nous passons par lui.

16. La vraie source

Réussir, ce n'est pas faire partie des plus forts, des plus riches ou de ceux qui dominent tous les autres. Aux yeux de Dieu, la vraie réussite correspond à quelque chose de très différent.

Mère Teresa a écrit: «[Dieu] est tout pour moi et son petit sans défense, complètement vide, si petit.»[1]

Paul a exprimé cette dépendance lorsqu'il mentionnait l'écharde dans sa chair. Par trois fois, il a demandé à Dieu de la lui enlever. Mais Dieu lui a répondu: «Ma grâce te suffit, car ma puissance s'accomplit dans la faiblesse» (2 Corinthiens 12.9). Etre conscients de nos échecs et de notre faiblesse peut nous aider à nous lier à la seule et unique source de pouvoir dans cette vie.

> Je me plais dans les faiblesses, dans les insultes, dans les détresses, dans les persécutions, dans les angoisses pour Christ, car quand je suis faible, c'est alors que je suis fort.
>
> 2 Corinthiens 12.10

C'est pourquoi le seul chemin de la foi va si merveilleusement à l'encontre des valeurs sociétales. Dans notre faiblesse, nous

- - - -

1 Heidi Baker, *Compelled by Love: How to Change the World Through the Simple Power of Love in Action*, 2013

devenons forts. La vraie réussite commence par l'humilité et s'obtient à une source qui est plus grande que nous.

17. Chasser la peur

La peur est extrêmement dommageable au bonheur. Elle détruit notre joie du moment présent et elle étouffe tout espoir pour l'avenir. Mais ce n'est pas irrémédiable: Dieu promet de nous secourir «du piège de l'oiseleur et de la peste dévastatrice». Le psalmiste ajoute: «Il te couvrira de ses ailes et tu trouveras un refuge sous son plumage. Sa fidélité est un bouclier et une cuirasse» (Psaume 91.3-4).

Le psalmiste nous dit que nous n'avons rien à craindre (cf. v. 5), et il continue en décrivant le niveau de confiance que nous espérons tous avoir: «Tu ne redouteras ni les terreurs de la nuit ni la flèche qui vole durant le jour, ni la peste qui rôde dans les ténèbres, ni le fléau qui frappe en plein midi» (v. 5-6).

Comment y parvenir? L'amour parfait chasse la peur. Lorsque nous sommes ancrés dans l'amour de Dieu (c'est-à-dire dans sa présence, sa force et sa paix), nous voyons au-delà de la peur. Plus nous sommes proches du Seigneur, moins la peur a d'emprise sur nous. C'est comme le dit le psalmiste:

Je dis à l'Eternel: «Tu es mon refuge et ma forteresse,
mon Dieu en qui je me confie!»

Psaume 91.2

La peur n'a jamais le dernier mot et ne nous submergera jamais. L'amour de Dieu la chassera toujours.

18. En pleine tempête

La tempête du lac de Galilée n'a pas simplement agité les vents et l'eau; elle a livré tous les passagers à bord de la petite barque à la panique. Parmi eux, même les pêcheurs les plus expérimentés, pourtant habitués au mauvais temps, étaient aussi craintifs que de petits enfants. Sauf un.

Alors que les disciples s'affolaient et priaient, Jésus, lui, était endormi. Les disciples avaient tout simplement trop conscience du danger et du risque qu'ils couraient. Ils savaient que des vagues de la taille de celles qu'ils voyaient pouvaient retourner leur bateau et les faire périr.

Mais Jésus restait endormi.

Deux mille ans plus tard, nous nous affolons, nous aussi, dans notre bateau. Lorsque la vie devient difficile, nous dépensons beaucoup de temps et d'énergie à nous demander quand donc il va se réveiller et agir! Dans de tels moments, notre foi est mise à l'épreuve.

Jésus a finalement agi, et la tempête s'est tue aussi vite qu'elle avait surgi. Il a calmé l'eau déchaînée qui menaçait les disciples:

Silence! Tais-toi!

Marc 4.39

Il est toujours le même Seigneur, et il a toujours le pouvoir de calmer les vents, les vagues et la panique dans notre cœur. Il a toujours le pouvoir de transformer une situation de crainte en une situation de foi.

Si des moments de crise viennent ébranler votre foi, rappelez-vous que Christ est en train de vous affermir: il veut vous apprendre à regarder à lui et à lui faire confiance, même au milieu des plus terribles tempêtes de votre vie. La foi est pareille à un

Force spirituelle

muscle: plus elle travaille, plus elle devient forte. C'est ainsi que nous devenons de véritables hommes et femmes de foi: en vivant dans l'assurance de la protection de Dieu.

19. La lumière éclairant le chemin

Les moments difficiles nous font, parfois, l'effet d'une traversée du désert. Cela fait tout simplement partie de la vie, et il est impossible de l'éviter. Si vous arpentez en ce moment des chemins arides, accrochez-vous aux vérités ci-après. J'espère qu'elles vous aideront autant qu'elles m'ont aidé.

Dieu dit: «N'aie pas peur [...] tu m'appartiens! Si tu traverses de l'eau, je serai moi-même avec toi; si tu traverses les fleuves, ils ne te submergeront pas» (Esaïe 43.1-2).

Je suis l'Eternel, ton Dieu. [...]
Parce que tu as de la valeur à mes yeux, parce que tu as de l'importance et que je t'aime, je donne des hommes à ta place, des peuples en échange de ta vie.

Esaïe 43.3-4

Aux yeux de Dieu, vous avez une immense valeur, car il vous aime. Nous sommes souvent incapables de comprendre l'importance que nous avons pour lui. Notre valeur, c'est le prix qu'il a payé: la mort de son propre fils, Jésus.

Ne craignez pas les luttes et les difficultés de la vie, car Dieu a un plan pour votre avenir. Il dit: «Je vais faire une chose nouvelle. [...] Je vais tracer un chemin en plein désert et mettre des fleuves dans les endroits arides» (Esaïe 43.19).

Ce n'est pas parce que nous ne le voyons pas ou ne ressentons pas sa présence à nos côtés qu'il n'est pas là; cela ne veut pas dire non plus que ses plans ont échoué. L'espérance que nous avons en lui est bien plus grande que tout ce que nous ressentons ou éprouvons. Pour de grands hommes et de grandes femmes de toutes les époques, Christ a été la lumière éclairant un chemin obscur, la force soutenant un corps défaillant, l'espérance soulageant un esprit en lutte.

20. Un si grand amour

Paul était un homme dont les épreuves se sont multipliées. Il a souffert la torture, il a échappé à la noyade, il a eu faim, il a été rejeté, il a été jeté en prison et a connu quantité d'autres épreuves. On dit même que la torture l'aurait défiguré et rendu méconnaissable.[1] Or, il affirme que ces souffrances ne sont rien par rapport à la gloire que nous verrons un jour. Il n'y a rien de comparable entre «les souffrances du moment présent» et «la gloire qui va être révélée pour nous» (Romains 8.18).

Comprendre cela, c'est agir avec courage, assurance et foi; une foi façonnée et éprouvée par le feu de la vie et, bien sûr, par la souffrance. Dans tout cela, Paul gardait les yeux fixés sur la vérité. Une vérité qu'il avait comprise sur la route de Damas et sur laquelle nous pouvons, nous, construire notre vie:

> Rien ne pourra nous séparer de l'amour de Dieu manifesté en Jésus-Christ notre Seigneur.
>
> Romains 8.39

- - - -

1 *International Standard Bible Encyclopedia*, Geoffrey W. Bromiley et al., 1979

Le compositeur Isaac Watts a écrit: «Un amour si étonnant, si divin, exige mon cœur, ma vie, mon tout.»[1] Comment vivrons-nous désormais, sachant que rien ne nous séparera de l'amour de Dieu? C'est dans l'amour que l'on puise toute forme de courage.

21. L'hostilité

En Australie, on parle du «syndrome du grand pavot»: la société s'attache à «couper les têtes qui dépassent» et ramener au niveau des autres toute personne qui parvient à exceller dans un domaine de sa vie. La société australienne n'est pas la seule concernée. Partout dans le monde, on constate que plus une personne a un statut élevé, plus elle reçoit de critiques.

Les personnes de foi rencontrent elles aussi cette opposition. Les Israélites vivaient sous la menace constante de leurs ennemis, et presque tous les responsables de l'Eglise primitive ont été mis à mort à cause de leurs croyances. La vie de foi est loin d'être tranquille. Jésus a du reste dit: «Ne croyez pas que je sois venu apporter la paix sur la terre» (Matthieu 10.34).

La manière dont nous réagissons à la critique est essentielle. Nous ne devons pas nous mettre sur la défensive ou rendre la pareille. Au contraire, nous sommes appelés à briser le cycle de la vengeance. Nous sommes appelés à pratiquer la paix, à savoir que, quelle que soit la violence de la tempête, nous pouvons nous accrocher fermement aux vérités de Dieu.

- - - -

1 *Quand je contemple cette croix*, d'après Isaac Watts, 1707. Cette traduction (moins répandue que celle de Ruben Saillens), est plus proche de la version anglaise, mais son origine est inconnue. (ndlt)

Cette espérance, nous la possédons comme une ancre solide et sûre de l'âme; elle pénètre derrière le voile.

Hébreux 6.19

Redressez-vous et ne laissez pas les critiques vous atteindre! Placez plutôt votre confiance en Dieu et continuez à avancer. Il est le seul capable de voir en vous et de vous faire tenir debout.

Ce ne sont pas les louanges creuses des autres qui nous donnent de la valeur. Ce qui nous donne de la valeur, c'est d'être fils et filles du Tout-Puissant, et d'être en tant que tels aimés et protégés. Confiez-vous en cela, et en cela uniquement.

22. Notre appel

Plus jeune, je pensais que suivre Christ se bornait à aller à l'église et à obéir à des règles, et il n'y avait là-dedans rien de très amusant. Heureusement, j'avais tort.

Voici ce qu'implique réellement de mener une vie de foi: c'est être libres, aimés, bénéficiaires du pardon divin et, ensuite, offrir la bonté, la douceur et l'amour de Christ aux autres. Voilà quelle est notre vocation. Ce que nous faisons ici sur terre a des conséquences éternelles. La Bible dit qu'un jour, nous aurons tous à rendre compte de ce que nous avons fait de notre vie.

Le jour de son couronnement, la reine Elizabeth II a reçu une bible avec ces mots: «Nous vous présentons ce livre, la chose la plus précieuse que ce monde offre.» C'est un bon moyen de nous rappeler que notre responsabilité devant Dieu est de transmettre l'amour et la vérité que la Bible renferme. Mais nous ne sommes pas seuls dans cette tâche. Nous servons un Dieu tout-puissant qui nous encourage à chaque étape de notre chemin:

Je vais défendre ta cause.

Jérémie 51.36

N'abandonnons donc jamais. Faisons de la transmission de l'amour de Christ notre vocation.

23. Ambassadeurs de l'espérance

L'espérance est un mot particulier, et ce n'est que lorsqu'elle disparaît que nous mesurons vraiment à quel point nous en avons besoin. Le monde a désespérément besoin d'espérance. Et l'endroit où nous la recherchons est essentiel.

Nous sommes entourés de fausses solutions «miracles», qui, le plus souvent, ne nous mènent nulle part. Je me souviens avoir entendu une fois un vieil homme dire: «Choisis consciencieusement l'endroit où tu recherches l'espoir, c'est ce qui définira ta vie et ton avenir.»

Le verset ci-après est celui que je choisis comme source de mon espérance:

L'Eternel sera constamment ton guide, il répondra à tes besoins dans les endroits arides et il redonnera des forces à tes membres.

Esaïe 58.11

Si nous nous confions en Christ nous devenons ses fils et ses filles, ses ambassadeurs d'espérance.

Un ami pasteur a écrit: «Nous sommes ambassadeurs du seul message sur cette planète capable d'apporter aux autres ce dont leur cœur a le plus besoin: l'espérance. L'espérance que les péchés peuvent être pardonnés. L'espérance que les prières peuvent être exaucées. L'espérance que les portes de certaines possibilités, qui semblent être verrouillées, peuvent être ouvertes. L'espérance que des relations brisées peuvent être reconstruites. L'espérance que des corps malades peuvent être guéris. L'espérance qu'une confiance perdue peut être restaurée.»[1]

Cette espérance est d'une puissance extraordinaire, et nous pouvons la vivre et la transmettre aux autres. Lorsque nous le comprenons, notre joie est immense.

24. Les trois sœurs

Nous vivons tous des situations dans lesquelles il est difficile de garder la foi. Lorsque les problèmes s'accumulent devant nous, l'idée de faire confiance à Dieu semble absurde, et nous avons le sentiment que l'amour et la bonté ne nous mènent nulle part. Quant à l'espoir, eh bien, nous nous bornons à espérer que les choses s'amélioreront vite, mais c'est tout!

Or la foi, l'espérance et l'amour forment un trio théologique vertueux. Et l'espérance est bien plus puissante qu'il n'y paraît.

Comme l'a écrit Raniero Cantalamessa, les grandes vertus que sont la foi, l'espérance et l'amour «sont comme trois sœurs. Deux d'entre elles sont plus âgées et la dernière n'est qu'un petit enfant. Elles vont et viennent ensemble, main dans la main, en tenant la plus petite au milieu. En les regardant ainsi, on pourrait croire que les plus grandes entraînent la plus petite, mais c'est le contraire: c'est la plus petite qui conduit les plus grandes. C'est

- - - -
1 Bill Hybels, *Holy Discontent: Fueling the Fire That Ignites Personal Vision*, Zondervan, 2007

l'espérance qui conduit la foi et l'amour. Sans espérance, tout se-rait fini.»[1]

Ne sous-estimez donc jamais le pouvoir de l'espérance, même si elle vous semble minuscule. En terrain de survie, dans la vie et dans la foi, il suffit parfois d'une petite braise.

> Conformément à sa grande bonté, il nous a fait naître de nouveau à travers la résurrection de Jésus-Christ pour une espérance vivante.
>
> 1 Pierre 1.3

Quelle que soit la difficulté de la situation dans laquelle vous vous trouvez, vous n'êtes pas seul(e). Laissez cette espérance vous guider, aussi petite soit-elle. Demandez à Dieu de vous accompa-gner et placez votre main dans la sienne. La foi et l'amour découle-ront de cette espérance en lui.

Rappelez-vous ceci: Christ est en nous, avec nous, pour nous.

25. La source de l'espérance

Si nous ne nous sentons pas capables de surmonter une dif-ficulté, commençons par nous demander où nous recherchons notre espérance. Avoir de l'espérance, c'est bien plus qu'espérer que les choses s'arrangeront. En raison de ce que Christ a fait pour nous, nous avons l'assurance que nous serons pour toujours remplis d'espérance. Et en raison de la manière dont le Saint-Esprit travaille, nous avons une source constante d'espérance,

----

1 Raniero Cantalamessa, *Life in Christ: A Spiritual Commentary on the Letter to the Romans*, Liturgical Press, 1990

continuellement nourrie et toujours plus profondément ancrée dans notre cœur.

Cette espérance est le moteur de notre vie quotidienne. Comme le commentait Erwin McManus, l'espérance «nous tire hors du piège de nos échecs, de notre souffrance et de nos peurs, pour nous élever au-dessus de ce qui, auparavant, semblait insurmontable. Notre capacité à encaisser les coups, à persévérer et à surmonter toutes nos épreuves provient d'un banal ingrédient appelé l'espérance.»[1]

> Que le Dieu de l'espérance vous remplisse de toute joie et de toute paix dans la foi, pour que vous débordiez d'espérance, par la puissance du Saint-Esprit!
>
> Romains 15.13

Voilà une bonne prière pour commencer la journée.

26. Des signes distinctifs

Un éditeur de magazines hollywoodien a remarqué le nombre de fois où je me suis cassé le nez, avant de me proposer de le «redresser» sur la couverture de son magazine. Cela m'a fait sourire: je n'ai aucun problème avec mon nez busqué, pas plus que je n'en ai avec mes rides. Ils racontent une histoire, et ils me rappellent toutes les aventures que j'ai vécues.

----

1 Erwin McManus, *Soul Cravings*, Thomas Nelson, 2006 (édition française sous le titre *Cris de l'âme*, Editions Première partie)

Force spirituelle

J'aime beaucoup la description de Paul trouvée dans un document du 2ᵉ siècle intitulé *Actes de Paul et Thècle*: «Un homme de petite taille, à la tête dégarnie, aux jambes arquées, vigoureux, aux sourcils joints, au nez légèrement aquilin, plein de grâce; en effet, tantôt il apparaissait tel un homme, tantôt il avait le visage d'un ange.»[1] Cette dernière chose était ce qui le distinguait le plus des autres: non pas ses jambes arquées ni son nez, mais son visage brillant comme celui d'un ange.

Les petites bizarreries physiques que nous avons tous n'ont pas réellement d'importance. Elles passent. Ce qui compte, c'est la manière dont nous vivons, parce que cela perdure. Veillons à ce que notre vie soit une vie qui reflète la paix, l'amour et la lumière de Christ.

> Jésus vint alors se présenter au milieu d'eux et leur dit: «Que la paix soit avec vous!»
>
> Jean 20.19

Voilà ce que Christ apporte: une paix éternelle, par sa présence remplie d'amour. C'est ce qui doit être notre signe distinctif, en tant que chrétiens.

> Goûtez et voyez combien l'Eternel est bon!
> Heureux l'homme qui cherche refuge en lui!
>
> Psaume 34.9

C'est ce que j'aimerais savoir inscrit sur ma tombe: pas que j'ai le nez busqué, mais que j'ai goûté et vu que l'Eternel est bon, et que j'ai été béni, car j'ai trouvé refuge en lui.

----

1 *Actes de Paul et Thècle*, III, 3

27. Tout finira par s'arranger

Le roi David a connu des périodes difficiles. Après s'être retrouvé chez les Philistins à Gath, il a été battu et insulté. Mais son histoire ne s'est pas arrêtée là.

Les moments difficiles ne sont pas la fin de l'histoire. Nous traversons tous des périodes de douleur. La vie peut parfois nous mettre à terre. Même si elle était intenable, même si nous étions persécutés, torturés et tués, ce ne serait pas la fin. Notre avenir est assuré en Christ. Jésus l'a dit à l'un des malfaiteurs qui se trouvaient à ses côtés sur la croix :

> Je te le dis en vérité, aujourd'hui tu seras avec moi dans le paradis.
>
> Luc 23.43

Notre rôle, comme le dit Paul, est de rester vigilants, de tenir ferme dans la foi, d'être courageux et d'aimer constamment (1 Corinthiens 16.13-14).

Nous sommes du bon côté de l'histoire. L'amour sera toujours dans le camp gagnant.

Voltaire, un philosophe qui a critiqué la chrétienté du 18e siècle, a affirmé que dans cent ans, la Bible serait complètement tombée dans l'oubli. Or, cent ans plus tard, elle n'avait jamais été plus lue. Elle est toujours le livre le plus vendu de tous les temps. Cependant, le livre lui-même n'est qu'un pâle reflet de Jésus-Christ. Il est la personne la plus importante au monde. Il transforme l'existence de tous ceux qui le rencontrent.

Qu'il s'agisse de la vie de Constantin Ier, qui a entendu la vérité le concernant et qui a ensuite bouleversé l'ensemble de l'Empire romain ou de celle d'un prisonnier aux abois dans la Syrie moderne, la présence de Christ change les cœurs. Cela se produit tous les jours. Il nous change et nous attire vers lui. Tout ce que nous avons à faire, c'est le laisser agir.

28. L'estime envers Dieu

Les gens disent souvent qu'ils aimeraient avoir davantage d'estime personnelle. En réalité, c'est courir un grand risque: si nous nous confions en nous-mêmes, nous nous exposons à l'échec. L'histoire l'a démontré à de nombreuses reprises: les êtres humains sont faillibles.

Développons plutôt notre estime envers Dieu. Plaçons notre confiance en lui et dans ces vérités fondamentales:

> Nous sommes précieux aux yeux de Dieu (Jérémie 31.3).
> Notre salut a été acquis à un grand prix: Jésus pendu au bois, pour nous tous (1 Corinthiens 6.20).
> Il nous aime de manière inconditionnelle et ne nous garde pas rancune de nos fautes (1 Jean 4.19).
> Il ne nous laissera jamais et ne nous abandonnera jamais (Deutéronome 31.8).
> Il nous fortifiera et nous donnera sa paix (Colossiens 1.11-20).
> Il nous donne son courage, sa sagesse et son humilité (Michée 6.8).
> Rien n'est impossible à Dieu (Luc 1.37).

Faites de ces vérités la source de votre assurance. Revêtez-vous de la puissance et de la force du Tout-Puissant. A toutes les époques, les grands hommes et les grandes femmes de foi ont recherché leur soutien en lui seul. Et cela a été la clé de toutes leurs réussites.

29. La prière du soldat

Après la mort de mon père, j'ai trouvé un exemplaire de la «La prière du soldat» dans ses affaires. C'était un petit papier abîmé et déchiré, accroché sur le côté de son journal. Au milieu de ses griffonnages presque illisibles étaient inscrits ces simples mots: «Seigneur, aujourd'hui, je sais ce que je dois faire. Si je t'oublie, toi, ne m'oublie pas. Amen.»

C'était pour lui un humble rappel, non seulement pendant ses années de service en tant que commando mais également pendant tout son voyage de foi avec Christ.

Lorsque nous embarquons pour le voyage de la foi, nous n'avons pas simplement droit à un héritage dans le ciel. Nous pouvons également jouir, déjà sur la terre, des premiers fruits du ciel:

> Nous sommes en effet pour Dieu la bonne odeur de Christ parmi ceux qui sont sauvés et parmi ceux qui périssent.
>
> 2 Corinthiens 2.15

Plus nous passons de temps avec notre guide, plus notre vie s'en trouve transformée. Jour après jour, nous sommes inondés des bénédictions qui comptent réellement dans l'existence: l'amour, la joie, la paix, la patience, la bonté, la bienveillance, la foi, la douceur, la maîtrise de soi (Galates 5.22).

Tout cela, je le voyais chez mon père; et je le vois aussi dans la vie de mes amis qui, silencieusement, humblement et honnêtement, plient le genou et suivent Christ dans son voyage d'amour. Nous n'avons pas besoin de nous contenter de la deuxième place: nous avons déjà tout gagné en lui. Laissons-nous remplir par le Saint-Esprit jusqu'à en être submergés, et jouissons de notre héritage dès à présent sur la terre.

30. Le sens de la vie

Quel est le sens de la vie? D'après Richard Nixon, elle n'est rien de plus qu'une crise après l'autre[1].

John Lennon, lui, chantait: «La vie, c'est ce qui se passe quand tu es occupé à d'autres projets.»[2] Cependant, de nombreuses autres personnalités publiques ont déclaré que le sens et le but de l'existence, c'est d'être trouvés en Jésus-Christ. Qu'est-ce que cela signifie et en quoi cela change-t-il notre vie?

Je vois six merveilleuses réponses à ces questions.

Premièrement, les croyants obtiennent le pardon. Marghanita Laski, une athée notoire, a un jour déclaré à la télévision: «Ce que j'envie le plus, chez vous, les chrétiens, c'est votre pardon.» Elle a ajouté: «Moi, il n'y a personne pour me pardonner.»[3]

Deuxièmement, nous sommes libres. Nous sommes un peuple libre, libéré des sanctions et des châtiments découlant de nos mauvaises actions. Mais nous ne sommes pas simplement libres: nous le sommes «avec abondance», comme le dit la Bible (Ephésiens 1.8).

De plus, nous sommes remplis du Saint-Esprit: «Après avoir entendu la parole de la vérité, l'Evangile qui vous sauve, en lui vous avez cru et vous avez été marqués de l'empreinte du Saint-Esprit qui avait été promis» (Ephésiens 1.13). Le Saint-Esprit a élu domicile en nous. Auparavant, lorsqu'un paquet devait être livré quelque part, un sceau y était placé pour indiquer d'où il venait et à qui il appartenait. Notre vie est de la même manière marquée de l'empreinte du Saint-Esprit.

- - - -

1   Kathleen L. Wensel, *Freedom Is… A Book/Journal with a Twist*, Trafford Publishing, 2008, p. 240

2   John Lennon, «Beautiful Boy (Darling Boy)», *Double Fantasy*, 1980

3   Gary Inrig, *Forgiveness: Discover the Power and Reality of Authentic Christian Forgiveness*, Discovery House, 2005

Nous sommes également remplis d'espoir pour l'avenir: notre héritage nous est garanti. Nous possédons «la richesse de son glorieux héritage au milieu des saints» (Ephésiens 1.18).

Nous sommes, du reste, investis de sa puissance et de sa grandeur, «l'infinie grandeur de sa puissance qui se manifeste [...] envers nous qui croyons» (v. 19). La puissance appartient à Dieu, mais elle est venue s'établir en nous pour nous donner une énergie sans fin, une force sans limites!

Enfin, nous sommes appelés à nous aimer les uns les autres. La loi tout entière pourrait être résumée par ces simples mots: aimer Dieu et nous aimer les uns les autres (cf. Marc 12.30-31).

SENS
ET ÉPANOUISSEMENT

Enfant, je ne savais pas vraiment ce que pouvait requérir l'ascension du plus haut sommet du monde, mais cela n'a jamais empêché ce rêve de me consumer tout entier. Mon père et moi passions la plupart de nos journées à éroder les façades de craie des falaises de l'île de Wight, au Royaume-Uni. Il grimpait à mes côtés, m'encourageant et me guidant jusqu'en haut. J'aimais ces moments que nous passions ensemble, et je pensais qu'il n'y aurait pas une montagne au monde que je gravirais sans lui.

Lorsque je me suis brisé la colonne vertébrale, bien des années plus tard, alors que j'étais dans les forces spéciales britanniques, mon rêve de faire l'ascension de l'Everest, qui me dévorait depuis tant d'années, s'est brisé lui aussi. Cloué au lit dans un hôpital militaire, j'ai connu l'une des périodes les plus sombres et marquées par le doute de toute ma vie. Non seulement j'avais perdu ma force, ma capacité de mouvements et ma capacité de marcher correctement, mais j'avais aussi perdu ma confiance, ma joie et mon moral. Je me sentais complètement perdu.

Lorsque mon âme se laissait engloutir par l'obscurité, dans ce centre hospitalier, je rêvais tout éveillé du moment où j'aurais assez de forces pour tenter l'ascension de l'Everest qui me tenait tant à cœur. Ce rêve est devenu le moteur de ma réhabilitation. Je devais le faire, ou bien mourir.

Si j'y parvenais, je deviendrais l'un des plus jeunes alpinistes à atteindre le sommet; mais la vraie raison pour laquelle je voulais risquer l'ascension, c'était parce que j'avais le sentiment qu'une précieuse deuxième chance m'était donnée, et qu'il fallait que je l'utilise à bon escient.

Je m'étais brisé la colonne à trois endroits, mais de manière miraculeuse, je ne m'étais pas retrouvé paralysé. Si j'avais survécu, c'était bien pour une raison; et même si j'étais alors faible et sans forces, je finirais bien par retrouver ma force et mes capacités. J'avais l'impression que la vie m'appelait à la saisir pour la vivre intensément; qu'elle m'appelait à m'y jeter à corps perdu, à 120%; à sortir de mon confort et à prendre des risques; à explorer de nouvelles choses; à apprendre à ne jamais abandonner. Après tout, j'avais bien failli tout perdre, n'est-ce pas?

Tout ce que j'avais devant moi, à présent, était un don. Il ne restait plus qu'à savoir ce que j'allais en faire. Avec le sentiment que plus rien n'était impossible, une petite étincelle a brillé dans mon esprit. Dieu travaille parfois par les tempêtes de notre vie; et bien souvent, les moments difficiles sont l'occasion de nouveaux commencements.

1. Pas un accident

Il existe plus de 25'000 variétés d'orchidées, et l'orchidée n'est que l'une des 270'000 espèces de fleurs qui existent. Il existe plus de 100 milliards d'étoiles telles que notre soleil dans la galaxie, et notre galaxie n'est que l'une des 100 milliards d'autres galaxies qui existent. On dit souvent que pour chaque grain de sable, on compte un million d'étoiles. J'aime la manière dont tout cela se résume dans une courte phrase de la Genèse, lorsque l'auteur nous dit: «Il fit aussi les étoiles» (Genèse 1.16). Dieu, visiblement, ne fait pas les choses à moitié. Dieu opère sur la plus grande des échelles, une échelle qui dépasse notre compréhension.

Mais il existe une chose qui est encore plus à couper le souffle que la taille ou le détail de la création : c'est le fait que Dieu connaît chacun(e) de nous par notre nom. Il sait tout de nous et il nous aime.

C'est toi qui as formé mes reins,,
qui m'as tissé dans le ventre de ma mère.

Psaume 139.13

Nous ne sommes pas une erreur, et nous ne sommes pas perdus dans la masse. Nous sommes connus et aimés par la plus grande des puissances qui existe.

Dieu ne fait pas les choses à moitié.

2. Nous équiper pour la vie

Comment préparer de grands projets sans nous sentir perdus ? Comment prendre en charge même la plus petite tâche lorsque nous ne nous sentons tout simplement capables de rien ?

Choisi par Dieu pour devenir le nouveau chef militaire d'Israël, Gédéon a connu des moments de lutte monumentaux. Sa réaction a été pour le moins humaine : l'épouvante l'a tout simplement envahi. « Gédéon lui dit : 'Ah ! mon seigneur, avec quoi délivrerai-je Israël ? Mon clan est le plus faible de Manassé et je suis le plus petit dans la famille de mon père' » (Juges 6.15).

La promesse que Dieu a faite à Gédéon est la même que celle de Jésus à notre égard. (J'ai fait graver ce verset à l'intérieur de la bague de Shara lorsque nous nous sommes mariés. C'est un super choix !)

Et moi, je suis avec vous tous les jours, jusqu'à la fin du monde.

Matthieu 28.20

Si nous voulons une existence épanouie, nous devons commencer par comprendre que le Seigneur est avec nous, savoir qu'il est prêt à nous guider et à affermir chacun de nos pas. Croyez tout simplement à cette vérité fondamentale, car elle change tout ce qui nous entoure.

> Si nous voulons une existence épanouie,
> nous devons commencer par comprendre
> que le Seigneur est avec nous.

3. Le vase abîmé

Un porteur d'eau en Inde possédait deux grands vases, chacun suspendus au bout d'une perche qu'il portait sur ses épaules. L'un des vases était parfait et permettait de transporter une portion complète d'eau. L'autre était fêlé. Au bout d'une longue marche, de la source jusqu'à la maison, le pot fêlé arrivait toujours à moitié plein.

Le vase fêlé se sentait honteux et misérable. Un jour, alors que le porteur les remplissait à la source, le vase lui dit: «J'ai honte de moi, et je te présente mes excuses. Je ne peux transporter que la moitié de ce que tu me donnes à cause de cette fêlure sur mon côté. L'eau fuit sur tout le chemin jusqu'à la maison, et je te donne deux fois plus de travail.»

Le porteur d'eau sourit. «N'as-tu jamais remarqué les fleurs qui poussent sur ton côté du chemin? J'ai toujours su que tu étais fêlé, alors, j'ai semé des graines sur un côté de la route, et non sur l'autre. Tu les as arrosées chaque jour sans même le savoir.»[1]

Nous n'avons pas besoin d'être parfaits pour que Dieu nous utilise; nous avons simplement à être disponibles.

> Aussi, je me montrerai bien plus volontiers fier de mes faiblesses afin que la puissance de Christ repose sur moi [...] car quand je suis faible, c'est alors que je suis fort.
>
> 2 Corinthiens 12.9-10

En comptant moins sur notre propre valeur (avec moins de nous) et en comptant plus sur son aide et sa présence (avec plus de Dieu), nous faisons de la place pour recevoir sa lumière. Nos défauts et nos souffrances permettent à Christ de briller à travers nous, et ils deviennent un moyen pour nous d'apporter son amour aux autres.

4. La voie de la réussite

Tout le monde lutte. Mais nous n'avons pas à le faire seuls. Nous possédons une source de soutien et d'énergie qui ne tarit jamais, et qui peut travailler puissamment en nous. Tout ce que nous avons à faire, c'est nous rappeler combien nous sommes dépendants de l'aide de Dieu et de sa puissance pour accomplir chacune des tâches que nous rencontrons. Et alors nous n'avons plus qu'à les lui demander!

C'est la raison pour laquelle je commence chaque journée de la même manière: je m'agenouille calmement et je me rappelle à quel

----

1 «The Cracked Pot», https://www.comp.nus.edu.sg/~tankl/pot.txt

point j'ai besoin de la présence de Christ à mes côtés. Je lui demande son pardon, sa confiance, sa force, sa sagesse (qui, du reste, fait partie des choses que Dieu a toujours promis de nous donner si nous les lui demandons). Je lui demande de protéger ma famille, de bénir ma journée et de garder mes rencontres, mes paroles, mes attitudes et mes actions. Je lui demande d'ôter mes peurs et de me donner sa paix, et je le remercie pour toutes les bénédictions qu'il m'a accordées.

Et Dieu ne m'a jamais laissé tomber. Il a toujours été là. Je n'ai jamais eu à faire face à la moindre situation tout seul. Rien n'a jamais été impossible pour lui. Il n'existe aucune situation où il ne puisse pas m'apporter son aide, aucune grotte trop sombre, aucune montagne trop raide. Il est le Seigneur de tout.

> L'Eternel était avec lui et faisait réussir ce qu'il entreprenait.
>
> Genèse 39.23

C'est ainsi que Dieu travaille, c'est ainsi qu'il a toujours travaillé. Il nous fait tomber à genoux afin que nous soyons plus proches de lui. Il nous bénit afin que nous puissions bénir les autres. Soyons des ambassadeurs pour lui sur terre, dès aujourd'hui. Telle est notre vocation.

5. Un simple gant

Nous connaîtrons tous un moment dans notre vie où nous nous sentirons brisés, faibles, et épuisés. Pour certains d'entre nous, cela se produit même plus d'une fois.

Qu'importe la fréquence de ce genre de situations, la meilleure réaction consiste à rester calmes, à continuer de faire confiance à

Dieu, à garder la foi et à demander de l'aide. Une expression le dit bien: «Le calme, c'est la confiance en action.»

Peut-être ne vous trouvez-vous pas dans une situation difficile en ce moment. Mais nous devrions tous, tous les jours, travailler sur notre réaction face à l'épreuve.

Pour chaque obstacle que vous rencontrez, tentez de ne pas agir sans réfléchir. Commencez par lever les yeux. Restez tranquille. Plongez-vous dans votre source. Apprenez à regarder à Dieu d'abord, puis agissez calmement, avec foi et assurance.

Ce n'est pas toujours facile, mais Jésus a fait cette promesse:

Moi, je suis avec vous tous les jours, jusqu'à la fin du monde.

Matthieu 28.20

Laissez-le tout diriger. Agenouillez-vous et invitez-le à vos côtés. Laissez-lui la possibilité de vous conduire, de prendre les rênes de votre cœur et de votre vie. Soyez le gant de sa main. Il sait ce qu'il y a de mieux pour vous, il le sait mieux que vous. Faites-lui confiance, en toutes circonstances. Sa voie est la bonne, et ses plans pour votre avenir sont sûrs.

6. Notre assurance

Lorsque vous vous trouvez face à un véritable défi, vous devez faire confiance aux systèmes en place. Cela ne s'applique pas uniquement au saut à l'élastique ou au Boeing 747: la Bible contient de nombreuses vérités sur lesquelles vous pouvez bâtir votre vie.

Proverbes 3 nous dit qu'il est stupide de placer notre confiance en nous-mêmes et qu'il est sage de faire confiance à Dieu (v. 35). La réussite au travail, la richesse et la notoriété ont peu de valeur, si nous n'avons pas la paix; et cette paix provient d'une bonne relation avec Dieu (v. 24-25). Si nous vivons ainsi, si nous lui faisons confiance, il nous attire plus près de lui (v. 32), il «fait grâce aux humbles» (v. 34) et il couvre notre existence de ses bénédictions (v. 33-35).

L'Eternel sera ton assurance.

Proverbes 3.26

Nous pouvons faire confiance à l'ordre naturel de l'univers. Nous pouvons faire confiance au Créateur qui nous a faits; à son Fils venu nous guérir; à son Esprit qui agit en nous. Faire confiance à Dieu (c'est-à-dire placer notre confiance en lui) n'est pas une idée saugrenue. C'est tout à fait naturel, c'est dans notre ADN, et c'est ce pour quoi nous avons été créés.

7. Appelés à aimer

A 35 ans, Martin Luther King Jr est devenu le plus jeune lauréat du prix Nobel de la paix. Il est mort quatre ans plus tard. Bien que sa remarquable vie ait été de courte durée, il a vécu assez longtemps pour voir la société se transformer. Une semaine après sa mort, le *Civil Rights Act*[1] entrait en vigueur. Mais son influence a traversé les frontières, et son rêve d'égalité et de justice a touché le monde entier.

- - - -

1 Loi de juillet 1964 mettant fin à toutes les formes de ségrégation ou de discrimination liées à la race, à la couleur, à la religion, au sexe ou à l'origine nationale. (nde)

Martin Luther King Jr était un homme qui suivait Christ. Son programme était celui de Dieu: prendre soin des individus et transformer la société. Et la mission que le Seigneur nous confie n'a pas changé. Nous sommes appelés à aimer les autres, quels qu'ils soient, avec douceur et générosité. La Bible précise comment le faire:

La balance faussée fait horreur à l'Eternel,
mais un poids exact lui est agréable.
[...] Ceux dont le cœur est perverti font horreur à l'Eternel,
mais les hommes intègres dans leur conduite lui sont agréables.
[...] L'âme généreuse sera comblée,
celui qui arrose sera lui-même arrosé.

Proverbes 11.1, 20, 25

Lorsque nous traitons les autres avec justice, lorsque nous vivons dans l'honnêteté, lorsque nous ne nous contentons pas de quelques efforts, mais que nous faisons de notre mieux, des vies peuvent être guéries et des personnes être bénies, nous y compris.

8. Sur terre pour aimer

Lorsque la détresse est à son maximum dans notre vie et que nous ne comprenons pas le sens de ce qui nous arrive, l'amour est très souvent la première chose que nous envoyons valser.

Nous cessons alors d'être bons avec les autres. Nous cessons d'être bons avec nous-mêmes. Et nous cessons de regarder à Dieu pour nous rappeler que tout ira bien. Or, nous bénéficions d'un grand réconfort, lorsque nous choisissons activement de nous tourner vers Dieu, et lorsque nous choisissons activement de nous tourner vers l'amour.

Comme l'a écrit Joyce Meyer, vous devez «déclencher l'amour dans votre vie: envers votre époux ou épouse, envers votre famille, vos amis, vos voisins, vos collègues de travail. Approchez-vous des autres, de ceux qui souffrent et qui sont dans le besoin. Priez pour les autres et bénissez-les.»

L'amour n'a pas de limites. Il n'existe pas un seul endroit au monde qui ne puisse pas être atteint par l'amour de Dieu.

> Ta bonté s'élève jusqu'au ciel,
> et ta vérité atteint les nuages.
>
> Psaume 57.11

Cela doit être notre premier réflexe, même lorsque nous nous sentons au plus bas. Choisir l'amour comme objectif de chacune de nos actions est la manière la plus sage de vivre.

Dégagez du temps pour dire oui à la présence de Dieu, à son soutien, à sa puissance, à sa volonté pour vous. Sachez, au plus profond de vous, que son amour est toujours la réponse. Sachez qu'il ne vous abandonnera jamais et qu'il vous préparera à toutes les situations si vous le lui demandez.

9. Nous contrôler

Voici quatre habitudes que je trouve fort utiles pour parvenir à mener une vie plus productive et plus ancrée dans la foi et dans l'amour:

1. Tâchez de contrôler ce qui occupe vos pensées. La vie que vous menez dépend de ce qui se trouve dans votre cœur. Tentez de vous concentrer sur les bonnes choses, celles qui vous donnent vie et santé. «Garde ton cœur plus que toute autre chose, car de lui jaillissent les sources de la vie», dit Proverbes 4.23.

2. Tâchez de contrôler ce que vous dites. Vos paroles peuvent avoir de l'influence sur les autres, alors pesez bien vos mots. Avant de parler, posez-vous ces trois questions: Est-ce que c'est vrai? Est-ce que c'est bien? Est-ce que c'est nécessaire?

3. Tâchez de contrôler ce que vous regardez, aussi difficile que cela puisse être. Dans le monde actuel, vous devez faire attention aux éléments sur lesquels vos yeux tombent. La pornographie bouleverse très facilement notre vision de la sexualité et des relations. A l'inverse, ce que nous choisissons de regarder peut réellement nous aider. Regardez de bonnes choses: des films inspirants, de beaux paysages de montagnes, de bons livres, de bons morceaux de musique, etc. Jésus l'a dit lui-même: «Si ton œil est en bon état, tout ton corps sera éclairé» (Matthieu 6.22).

4. Tâchez de contrôler la voie que vous empruntez. Il existe énormément de raccourcis. Mais si nous «courons avec persévérance l'épreuve qui nous est proposée [...] en gardant les regards sur Jésus», il crée des voies droites pour nos pieds (Hébreux 12.1-2, 13). Le chemin facile est rarement le bon.

Nous devrions cependant nuancer toutes ces choses et savoir que ces efforts ne sont en aucun cas liés à notre salut. Nous échouons tous, et nous échouons souvent. Mais ces habitudes nous aideront à rester ancrés dans l'amour et à marcher dans la bonne direction.

10. Hériter de la terre

Un grain de moutarde doit être planté dans le sol pour pousser. Une fois planté, il grandit avec une telle force qu'il peut même briser le goudron. La croissance en Dieu est similaire. Sa puissance peut tout transformer.

C'est une chose que Jésus dit dans l'un de ses plus célèbres discours «Heureux ceux qui sont doux, car ils hériteront la terre!» (Matthieu 5.5). «Doux» ne veut pas dire faible, mou ou lâche. C'est un terme qui est utilisé pour décrire Moïse (cf. Nombres 12.3; il peut aussi être traduit par «humble») et un terme choisi par Jésus lui-même pour se décrire (cf. Matthieu 11.29). Il est employé pour parler d'un cheval apprivoisé; il désigne donc une grande puissance sous contrôle, pleine de douceur, de considération et de volonté de protéger les autres.

Dans la société dans laquelle nous vivons, le concept est très peu populaire. Après tout, le monde semble parfois récompenser l'impertinence et la vantardise. Mais Dieu juge selon des règles différentes. Il choisit «les choses folles du monde pour couvrir de honte les sages, et Dieu a choisi les choses faibles du monde pour couvrir de honte les fortes» (1 Corinthiens 1.27).

Somme toute, la leçon est simple: si nous sommes doux, nous recevrons sa puissance, si nous sommes faibles, il sera notre force.

11. Être un tout

«Le Titanic est une métaphore de la vie, a affirmé James Cameron, directeur du film sur le malheureux sort du bateau qui a sombré avec 1513 personnes à son bord en 1912. Nous sommes tous le Titanic.»[1]

Par bien des aspects, il a raison. Le Titanic avait été déclaré insubmersible parce qu'il avait été construit à l'aide d'une nouvelle technologie divisant la coque du bateau en seize compartiments étanches. Quatre de ces compartiments pouvaient être endommagés ou même inondés sans que cela n'atteigne la capacité du navire de flotter.

Pendant de nombreuses années, on a cru qu'il avait coulé parce que cinq compartiments avaient été abîmés lors d'une collision avec un iceberg. Mais le 1er septembre 1985, lorsque l'épave a été retrouvée au fond de l'océan, il n'y avait aucune trace de dommages sur la coque. Seul l'un des compartiments étanches avait été endommagé. Cela avait suffi à dégrader le reste.

J'ai toujours pensé que je pouvais diviser ma vie en différents compartiments et que ce que je faisais dans l'un d'eux n'impacterait pas le reste. C'est une erreur très courante, une erreur à la Titanic.

Le Fils est l'image du Dieu invisible, le premier-né de toute la création. En effet, c'est en lui que tout a été créé dans le ciel et sur la terre, le visible et l'invisible, trônes, souverainetés, dominations, autorités. Tout a été créé par lui et pour lui. Il existe avant toutes choses et tout subsiste en lui.

Colossiens 1.15-17

Tout est lié: nos choix et nos espoirs, nos rencontres et les anges; la vie de Jésus et notre avenir, nos victoires et nos échecs. Dieu, lui, ne compartimente pas. Il veut que nous soyons un tout. Et si nous

- - - -
1 James Rampton, «James Cameron: My Titanic Obsession», *The Independent*, 9 août 2005, https://www.independent.co.uk/artsentertainment/films/features/ jamescameronmytitanicobsession304772.html

l'invitons dans chacune des sphères de notre vie, il peut commencer à calmer nos souffrances, guérir nos blessures, construire quelque chose de grand avec tout cela et transformer notre histoire personnelle en une histoire merveilleuse.

Confiez-vous en lui et laissez-le travailler! Vous le verrez agir.

12. Les clés

Lorsque nous souffrons physiquement, que nous sommes endettés ou bien que nous nous sentons dépassés, nous pouvons très souvent nous sentir sans défense. En réalité, qu'importe ce que nous rencontrons, nous restons forts. Nous ne le savons tout simplement pas.

J'aime beaucoup le passage où Jésus dit à Pierre qu'il lui donne les clés du royaume, l'investissant par là de la même puissance que lui. C'est une promesse qui ne s'est pas éteinte avec le disciple. L'Eglise entière (c'est-à-dire nous tous), depuis ce jour-là, a bénéficié d'une grande puissance et d'une grande autorité. Comme pour toutes sortes de clés, c'est à la fois un privilège et une grande responsabilité.

> Je te donnerai les clés du royaume des cieux: ce que tu lieras sur la terre aura été lié au ciel et ce que tu délieras sur la terre aura été délié au ciel.
>
> Matthieu 16.19

Lorsque nous sommes faibles et en proie à l'inquiétude, il peut être difficile de croire que nous avons ce type de puissance en nous. Mais n'est-ce pas ce que Dieu aime, justement: retourner notre conception de la puissance et de la force? Après tout, il a envoyé son Fils sauver la terre entière sous la forme d'un petit bébé, né d'un jeune couple réfugié, fragile et fatigué. Lorsqu'il est question de Dieu ou de sa puissance, les normes et les standards n'existent tout simplement plus.

13. Plier le genou et lever les yeux

Lorsque vous commencez à comprendre le sens de votre vie, la manière dont vous réagissez face à l'opposition évolue. Si l'on se concentre sur le chemin à parcourir et que l'on respecte le rythme de Dieu, la critique perd de son venin. Les personnes d'amour et de foi le savent et le voient dans leur vie depuis des siècles. J'aime beaucoup la réaction de Paul et de Barnabas face à l'opposition qu'ils rencontrent à Antioche:

> La parole du Seigneur se propageait dans tout le pays. Mais les Juifs excitèrent les femmes pieuses de la haute société et les personnalités de la ville, ils provoquèrent une persécution contre Paul et Barnabas et les chassèrent de leur territoire. Paul et Barnabas secouèrent contre eux la poussière de leurs pieds et allèrent à Iconium. Quant aux disciples, ils étaient remplis de joie et du Saint-Esprit.
>
> Actes 13.49-52

C'est cette dernière partie qui me touche tout particulièrement. Au lieu de prendre à cœur la critique, de réagir de manière démesurée ou encore de se vexer, ils ont secoué la poussière de leurs pieds et ont continué leur route, remplis de joie. C'est une réaction complètement inhabituelle et pourtant typique d'une existence remplie d'amour, de foi et de lumière. Le sens de leur vie et la paix qu'ils ressentaient n'avaient rien à voir avec un quelconque désir d'impressionner les autres ou de se rendre importants. Ils vivaient ainsi parce qu'ils choisissaient de plier le genou et de lever les yeux.

Avoir Christ à nos côtés et en nous chaque jour, c'est être les heureux possesseurs d'une grande liberté. C'est un cadeau dont la valeur est impossible à mesurer. Alors, aimons-le et vivons-le dès aujourd'hui!

14. L'échelle du succès

Il est très facile de lier notre statut à notre importance: si nous sommes à l'aise financièrement, que nous avons une belle voiture, une famille «parfaite» et une carrière idéale ou le corps d'une star de cinéma, nous avons «réussi».

Mais la réussite, ce n'est pas cela. Une personne vraiment sage sait qu'il faut investir sur le long terme et non sur le court terme. La recherche d'une satisfaction personnelle qui flatte l'ego est le comble du court terme. Et, de toute façon, la satisfaction de l'ego conduit toujours au malheur, car il n'est jamais pleinement satisfait.

Dieu nous appelle à vivre sur la base de valeurs différentes, à parier sur le long terme par des actions quotidiennes de foi, de douceur et de soins aux esprits brisés. C'est ainsi que Christ mesure la réussite: dans le service des autres. Le monde ne comprend peut-être pas ce bouleversement des valeurs, mais c'est précisément ce qui mène à la vie et au bonheur. C'est ce qui donne du sens à notre existence.

Nous sommes tous un ouvrage inachevé, et les versets ci-après représentent un défi pour nous tous. Tentons cependant d'en faire un objectif et apprenons à écouter notre cœur, afin de changer la manière dont nous voyons les autres et dont nous donnons de notre temps et de nos ressources:

Je vous encourage donc, frères et sœurs, par les compassions de Dieu, à offrir votre corps comme un sacrifice vivant, saint, agréable à Dieu. Ce sera de votre part un culte raisonnable.

Romains 12.1

Exploiter le faible, c'est insulter son créateur, mais faire grâce au pauvre, c'est l'honorer.

Proverbes 14.31

Si nous faisons de ces paroles notre guide et notre boussole, nous nous placerons sur le chemin de la vie.

15. Pourquoi et comment

L'épanouissement personnel est une chose formidable, mais il est parfois difficile de trouver ce qui peut y contribuer. Souvent, nous poursuivons des objectifs qui nous éloignent des voies à prendre; des lumières brillantes peuvent séduire et égarer les plus rigoureux d'entre nous. L'épanouissement selon Dieu a bien plus d'importance que notre personnalité, notre maison ou nos biens. Avoir de quoi vivre est moins important qu'avoir une raison de vivre. Si nous connaissons le pourquoi, le comment en découlera tout naturellement.

Le sens de la vie selon Dieu nous mène à une vie épanouie et riche en amour:

Ce que l'Eternel demande de toi, c'est que tu mettes en pratique le droit, que tu aimes la bonté et que tu marches humblement avec ton Dieu.

Michée 6.8

J'essaie de me rappeler ce verset le plus souvent possible. C'est un objectif de vie simple, et il me montre le chemin à suivre.

16. Il s'occupe de tout

Lorsque vous vous retrouvez suspendu à une corde, à moitié dans le vide, il est très facile de laisser la peur grandir et vous submerger. J'ai ressenti cela bon nombre de fois. Nous sommes tous humains, mais la manière dont nous réagissons à la peur est ce qui nous différencie les uns des autres.

Paul le savait; c'est la raison pour laquelle ses lettres rappelaient souvent à ses lecteurs qu'à cause de la personne de Jésus, ils pouvaient être remplis de foi et d'assurance. Il nous rappelle continuellement que le Jésus qu'il avait passé du temps à persécuter est incontestablement divin, qu'il est mort et surtout, qu'il est ressuscité. Paul souhaitait s'assurer que la résurrection était ancrée dans des faits, en cohérence avec le reste des Ecritures et confirmée par ce qu'il avait vu.

En réalité, Christ est ressuscité, précédant ainsi ceux qui sont morts. [...] S'il en était autrement [...], pourquoi affrontons-nous à toute heure le danger? [...] Si c'est dans une perspective purement humaine que j'ai combattu contre les bêtes à Ephèse, quel avantage m'en revient-il? Si les morts ne ressuscitent pas, alors mangeons et buvons, puisque demain nous mourrons.

1 Corinthiens 15.20, 29-30, 32

Nous pouvons, vous et moi, tout voir sous un jour différent. Nous le pouvons, si nous comprenons que le remède à la peur, c'est de savoir que Jésus est bel et bien ce qu'il a dit être. Et cela signifie qu'il s'occupe de tout: nous sommes aimés, pardonnés et libérés, fortifiés et acceptés. Et cela fait disparaître toutes nos peurs, aujourd'hui et pour toujours.

17. En première ligne

Raniero Cantalamessa a décrit la vie comme un combat contre «la triple alliance [...] le monde, la chair et le diable; l'ennemi autour de nous, l'ennemi en nous et l'ennemi au-dessus de nous.»[1]
Ses paroles rappellent celles de Paul:

En effet, ce n'est pas contre l'homme que nous avons à lutter, mais contre les puissances, contre les autorités, contre les souverains de ce monde de ténèbres, contre les esprits du mal dans les lieux célestes.

Ephésiens 6.12

S'il est bon de nous reposer sur Dieu, cela ne veut pas dire que nous devions être passifs. Nous devrions être préparés à combattre, mais avec des armes non conventionnelles: l'humilité, la prière, la douceur et le courage. Nous combattons l'obscurité en

----

1 Raniero Cantalamessa, *Come, Creator Spirit: Meditations on the Veni Creator*, Liturgical Press, 2003

nous reposant sur sa puissance, sa présence, sa fidélité et ses promesses. Il ne nous abandonnera jamais.

Nous faisons partie d'une armée où l'endroit le plus sûr est la
première ligne: nous y sommes fortifiés par l'amour et la bonté du
Seigneur, et nous sommes en parfaite sécurité entre ses mains.

18. Rester dans l'amour

J'ai entendu pendant de nombreuses années l'histoire de personnes remplies de haine et se retrouvant libérées par l'amour.
La haine est un fardeau si difficile à porter qu'il finit par étouffer
notre vie. Seul l'amour a le pouvoir de nous transformer.

C'est une vérité que l'on distingue partout dans la vie de Jésus.
Ses paroles répondent aux plus grandes aspirations de ce monde.
Lorsque nous sommes en quête d'épanouissement, d'approbation
ou d'influence, ce que nous recherchons en réalité, c'est l'amour.

A l'inverse, la peur est une chose dont tout le monde cherche à
se débarrasser. Pourtant, le plus souvent, il est plus facile de mener
une vie de peur qu'une vie d'amour. Mais la peur et l'amour sont
pareils à l'eau et à l'huile, qui ne se mélangent pas: là où il y a de
l'amour, la peur disparaît.

L'amour parfait chasse la peur.

1 Jean 4.18

Et souvenez-vous:

Déchargez-vous sur lui de tous vos soucis, car lui-même
prend soin de vous.

1 Pierre 5.7

19. La parole faite homme

«Vous étudiez les Ecritures parce que vous pensez avoir par elles la vie éternelle [...] et vous ne voulez pas venir à moi pour avoir la vie!» (Jean 5.39-40). Ces paroles de Jésus aux pharisiens sont poignantes. L'élite religieuse était si engluée dans la «religion» et dans la recherche du salut dans les Ecritures physiques et historiques qu'elle passait à côté de l'incarnation vivante de ce salut qui se tenait devant elle. Jésus a dit:

Si quelqu'un a soif, qu'il vienne à moi et qu'il boive.

Jean 7.37

C.S. Lewis a remarqué: «La véritable parole de Dieu, c'est Christ lui-même, pas la Bible. Lue avec un esprit bien disposé et avec l'aide de bons enseignants, celle-ci nous amènera à lui. Nous ne devons pas utiliser la Bible comme une sorte d'encyclopédie dont des textes pourraient être tirés et utilisés comme une arme.»[1]

Christ est tout ce dont vous avez besoin pour trouver l'espérance, la vie, le salut et la guérison. Nous n'avons pas à considérer l'objet physique qu'est une bible comme un objet sacré. Les gens, la manière de les aimer et le pardon sont des choses sacrées. La relation que vous avez avec Christ dans votre cœur est sacrée.

Je mettrai ma loi à l'intérieur d'eux, je l'écrirai dans leur cœur, je serai leur Dieu et ils seront mon peuple.

Jérémie 31.33

----

1 C.S. Lewis, *Narnia, Cambridge and Joy: 1950-1963*, vol. 3 dans *The Collected Letters of C.S. Lewis*, Walter Hooper, 2007

S'il y a une chose que nous devons protéger, respecter et savourer, c'est la relation que nous avons avec Christ dans notre cœur.

20. La vie, pas la religion

Les pharisiens, qui étaient très religieux, avaient fini par devenir corrompus, légalistes et rigides. Ils critiquaient Jésus au sujet d'un homme paralysé depuis trente-huit ans qui avait porté son lit un jour de sabbat après avoir été guéri. Mais ce qui l'intéressait, lui, c'était la vie et la guérison, pas la religion.

> Je suis venu afin que les brebis aient la vie et qu'elles l'aient en abondance.
>
> Jean 10.10

Ces paroles sont extraordinaires, et ce ne sont pas celles d'un simple maître, aussi sage soit-il. Les maîtres ne prétendent pas être Dieu. Jésus, lui, est réellement Dieu; il est tout ce que nous pouvons attendre d'un Dieu: un Dieu qui aime, qui pardonne, qui comprend, et qui nous cherche en faisant tomber toutes les barrières que nous dressons autour de nous.

Considérez donc ce que les pharisiens disent de lui: «Il appelait aussi Dieu son propre Père, se faisant lui-même égal à Dieu» (Jean 5.18). Et lorsque Jésus a été interrogé, il a été parfaitement clair: «En vérité, en vérité, je vous le dis, le Fils ne peut rien faire de lui-même, sinon ce qu'il voit le Père accomplir. Tout ce que le Père fait, le Fils aussi le fait pareillement» (v. 19).

La guérison d'un homme le jour du sabbat reflète la merveilleuse nature de Jésus: il ignore les traditions des êtres humains pour nous chercher et nous sauver. C'est encore vrai aujourd'hui.

Parfois, les gens pensent à Dieu comme à une personne loin dans le ciel, distante et froide. Jésus est tout à l'opposé. Son objectif était clair. Il a dit:

> En effet, le Fils de l'homme est venu chercher et sauver ce qui était perdu.
>
> Luc 19.10

Jésus n'a rien caché de sa personne, de son objectif ni de la manière dont il comptait l'atteindre. Ensuite, il a tout accompli.

Nous n'avons donc pas besoin, ni vous ni moi, de devenir «religieux». Tout ce dont nous avons besoin, c'est de lever les yeux et de faire confiance aux promesses de Jésus pour notre vie. Choisissons la vie, pas la religion.

21. Le sens de notre vie

Parfois, la vie ressemble à une fête battant son plein à l'intérieur d'une maison, tandis que nous, nous sommes coincés dehors. Partout où nous regardons, les gens semblent plus heureux, plus accomplis, plus aisés, en meilleure santé, plus forts et plus confiants.

Or, si nous passons notre vie à tenter d'être quelqu'un d'autre, nous serons toujours une pâle imitation de ce que nous avons été appelés à être. Nous comparer aux autres nous vole notre joie. Nous mesurer à l'échelle de ce que sont les autres est un cul-de-sac au fond duquel se trouvent l'anxiété et l'échec.

Heureusement, il existe un bien meilleur moyen d'agir. Nous sommes appelés à nous considérer comme des étrangers sur la terre, appelés à répondre à notre vocation. Nous ne sommes pas là pour nous inquiéter de savoir si nous tenons la distance; nous sommes là pour vivre avec la pleine assurance que nous sommes aimés par Christ et que sa lumière est en nous.

Conduisez-vous comme des enfants de lumière! Le fruit de l'Esprit consiste en effet dans toute forme de bonté, de justice et de vérité. Discernez ce qui est agréable au Seigneur et ne participez pas aux œuvres stériles des ténèbres, mais démasquez-les plutôt..

Ephésiens 5.8-11

Mener une vie caractérisée par l'intégrité, la force, le calme et l'amour, soutenir les faibles, aider les malades, panser les blessures, ramenez ceux qui ont dévié, rechercher ceux qui sont perdus et leur témoigner de la bonté: c'est ainsi que nous devrions vivre, c'est le sens de notre existence.

22. Écouter

La Bible est pleine d'histoires d'Israélites s'attirant des ennuis. Parfois, ils ont été capturés et sont devenus esclaves; d'autres fois, ils ont dû faire face à la pauvreté; il est aussi arrivé qu'ils se retrouvent sous l'emprise d'un envahisseur hostile. Quelles qu'en aient été les conséquences, la racine de ces malheurs semblait toujours être la même: le peuple avait cessé d'écouter Dieu.

Jésus a dit que la clé de la vie consiste à écouter sa voix et à croire en lui: «En vérité, en vérité, je vous le dis, celui qui écoute ma parole et qui croit à celui qui m'a envoyé a la vie éternelle; il ne vient pas en jugement, mais il est passé de la mort à la vie» (Jean 5.24).

La Bible ne se contente pas de raconter l'histoire des personnes qui n'ont pas écouté. Elle montre également de quelle manière elles ont arrangé les choses:

Les Israélites crièrent à l'Eternel.

Juges 6.6

Qu'il s'agisse des Israélites il y a des milliers d'années ou de vous et moi aujourd'hui, la solution reste la même: admettre que nous ne pouvons rien faire seuls et revenir vers Dieu en courant. Alors nous aurons accès à sa bénédiction.

Je suis si reconnaissant pour les moments où le Seigneur a répondu à mes appels à l'aide et m'a restauré!

> La solution reste la même:
> admettre que nous ne pouvons rien faire seuls
> et revenir vers Dieu en courant.

23. Créés pour de bonnes œuvres

Lorsqu'un voyage ne se déroule pas comme prévu, on se demande souvent: Me suis-je trop éloigné de la route que je devais prendre? Est-ce que je vais dans la mauvaise direction?

Il est parfois bon de s'arrêter et de réfléchir, en particulier dans le voyage de la foi. De temps en temps, nous avons besoin que l'on nous rappelle que nous sommes humains: nous nous perdons et nous chutons. Or, vivre, c'est apprendre à être humbles; c'est comprendre quelles sont nos fautes et apprendre à nous relever; c'est nous appuyer sur la puissance et le soutien de Dieu. Comme le disent les scouts, il s'agit de faire de notre mieux.

Lorsque nous le faisons, de bonnes choses en découlent.

Dieu ne s'introduit jamais de force dans notre vie. Il travaille dans des cœurs disponibles et désireux de sa présence. Il ne recherche pas des cœurs vaillants mais des cœurs ouverts, des cœurs et des vies qui accueillent sa présence et qui se laissent diriger vers la vie et la lumière.

> En réalité, c'est lui qui nous a faits; nous avons été créés en Jésus-Christ pour des œuvres bonnes que Dieu a préparées d'avance afin que nous les pratiquions.
>
> Ephésiens 2.10

Si nous lui abandonnons notre cœur et que nous plaçons notre main dans la sienne, il nous dirige. Le chemin par lequel il nous fait passer n'est pas toujours facile, mais c'est toujours le bon. Le laisser faire, c'est agir avec foi et confiance; et ces choses sont la source de toute puissance.

24. Fidèles dans l'adversité

Vous êtes-vous déjà demandé quelle différence votre vie pouvait faire? De quelle manière vous pouviez changer le monde? Si nous voulons mener une vie qui compte vraiment, nous devons rester fidèles à la manière d'aimer et aux paroles de Christ, dans les moments de joie comme dans les moments de douleur.

Presque tous les livres de la Bible nous racontent l'histoire de la fidélité dans l'adversité. Nous le voyons dans les craintes d'Abraham de voir sa lignée s'éteindre, ou dans le fait que Joseph a été enlevé, réduit en esclavage et emprisonné. Mais ces deux hommes sont restés fidèles.

Moïse et Gédéon se sentaient tous deux incapables de faire face aux défis qu'ils avaient devant eux, et l'histoire de Job décrit la manière dont un homme a été éprouvé jusqu'à la limite du supportable. Pourtant, eux aussi sont restés dans la course.

Pierre, Paul et de nombreux autres dans le Nouveau Testament, ont connu des échecs et des oppositions sans fin, mais ils se sont fermement accrochés à Christ, jusqu'au bout.

Ces histoires d'humilité doivent nous aider à mettre nos propres soucis en perspective: elles nous rappellent que nous n'avons pas besoin de toujours faire comme si tout allait bien. Lorsque la vie est dure, il est normal de nous sentir découragés. Mais inutile de céder au découragement. Regardons vers le ciel, pas à nous-mêmes! Cherchons à voir plus large: Dieu est toujours avec nous dans les moments difficiles, toujours tout près de nous, pour nous calmer et nous fortifier.

Cherchons à imiter Paul:

> Nous sommes [...] comme attristés, et pourtant nous sommes toujours joyeux; comme pauvres, et pourtant nous en enrichissons beaucoup; comme n'ayant rien, alors que nous possédons tout.
>
> 2 Corinthiens 6.10

C'est ainsi que fonctionnent ce Roi et sa grâce extraordinaire. Christ renverse les situations et les transforme positivement.

25. Ne pas y aller tout seuls

Nous connaissons tous des moments où nous avons l'impression de ne pas être à la hauteur. Nous avons tous des moments où nous ne savons pas comment appréhender telle ou telle situation. Si cela ne vous est pas encore arrivé, cela vous arrivera tôt ou tard.

Gédéon a connu ce sentiment. Heureusement, son manque d'estime personnelle n'avait aucune importance. Il avait de l'estime envers Dieu. De plus, au cas où il chercherait à trouver sa force et son assurance ailleurs, le Seigneur a réduit son armée de 32'000 hommes à tout juste 300![1]

C'est une leçon d'une importance vitale: si nous plaçons notre cœur et notre confiance en Dieu, il travaillera puissamment en nous, comme il l'a fait avec Gédéon. Il n'a aucune attirance pour les grands nombres. Tout ce qu'il veut, c'est un cœur désireux d'obéir. Lorsque nous le lui présentons, nous sommes remplis d'une immense puissance:

> Gédéon fut revêtu de l'Esprit de l'Eternel.
>
> Juges 6.34

Qu'importe ce que nous réserve la journée qui s'annonce, nous avons tous besoin de l'amour de Dieu pour nous enrichir, nous, nos relations et nos rencontres. Nous avons besoin qu'il nous donne lui-même la force de répondre à l'appel qu'il nous adresse. Nous ne pouvons pas le faire seuls, et nous ne sommes de toute façon pas censés le faire seuls. Restons dans l'équipe gagnante: moins de tentatives bancales, plus de puissance divine dans chacune de nos actions.

- - - -

1   Juges 7.1-8

Force spirituelle

26. Une question de timing

La patience est tout un art. Que nous soyons coincés dans un bouchon ou que nous attendions désespérément que les nuages s'éclaircissent pour atterrir sur un bras de terre dans une jungle reculée, le principe est le même: nous devons nous détendre, accepter le fait que nous ne pouvons pas tout maîtriser et nous concentrer sur ce que nous pouvons contrôler.

Il en va de même pour la vie, la foi et Dieu, sauf que ces réalités-là peuvent être beaucoup plus difficiles à gérer. C'est parce qu'aux yeux du Seigneur, un jour est comme 1000 ans, et 1000 ans sont comme un jour.[1] Sa montre est réglée sur l'éternité, la nôtre ne l'est pas. Ce que nous voulons, nous, c'est voir les choses s'arranger illico presto. Mais le timing de Dieu est parfait. Il n'est jamais en avance et il n'est jamais en retard. Il n'est jamais pressé. Il est toujours à l'heure.

Si nous apprenons à nous contrôler et à nous détendre pour nous attendre à lui lorsque les problèmes semblent s'éterniser, nous en tirerons un grand réconfort et une grande force.

Il posa alors sa main droite sur moi en disant: «N'aie pas peur. Je suis le premier et le dernier.»

Apocalypse 1.17

La prochaine fois que nous nous demanderons pourquoi une période difficile de notre vie dure aussi longtemps, rappelons-nous ceci: tout est entre les mains du Seigneur. Le temps de Dieu n'est pas le nôtre, les tempêtes de notre vie ont toujours un sens, et notre avenir est en sécurité entre ses mains.

– – – –
1   2 Pierre 3.8

27. Sur un petit nuage

Anne avait tenté pendant des années de tomber enceinte. Outre sa souffrance et sa douleur, elle avait été tournée en ridicule et cruellement humiliée par les personnes qui l'entouraient. Mais elle est restée tranquille, elle a refusé d'abandonner et elle a laissé son chagrin la rapprocher de Dieu.

Lorsqu'elle est enfin (miraculeusement) tombée enceinte, sa première réaction n'a pas été d'aller rire au nez de ceux qui l'avaient méprisée. Elle ne s'est pas non plus retranchée ou enfermée dans la peur que tout se passe mal. Au lieu de cela, la Bible dit qu'Anne a remercié Dieu: «Mon cœur se réjouit en l'Eternel», s'est-elle exclamée (1 Samuel 2.1). Elle était follement heureuse d'être enfin enceinte, mais sa joie était due à quelque chose de plus grand encore que l'enfant qu'elle portait: à Dieu lui-même.

Ma force a été relevée par l'Eternel. […] L'Eternel fait mourir et il fait vivre. […] De la poussière il retire le pauvre, du fumier il relève le faible, pour les faire asseoir avec les grands, et il leur donne en possession un trône de gloire..

1 Samuel 2.1, 6, 8

Ce n'est pas toujours facile, mais si nous plaçons tout en Dieu – notre espérance, notre joie, notre confiance –, nous nous retrouvons plus fermement ancrés dans la plus merveilleuse relation qui soit, une relation que nous avons été créés pour aimer.

Rappelons-nous ce qui suit: que nous soyons dans la joie ou dans le deuil, heureux ou tristes, notre plus grand bien, c'est notre amitié avec Christ. C'est une relation qui améliore tout ce que nous avons d'autre dans notre vie. Plus nous faisons de cette relation notre priorité, plus nous verrons agir cette vérité.

Force spirituelle

28. Un moulin à bénédictions

Tout le monde recherche une existence épanouie. Nous voulons tous que notre vie soit plus que de la simple survie, qu'elle ne se limite pas à manger, boire, nous abriter et procréer. En tant que fils et filles de Christ, nous sommes appelés à transmettre sa bonté et sa lumière à ceux qui sont autour de nous, afin de les bénir. L'un de mes amis parle d'être un «moulin à bénédictions», et j'aime beaucoup cette expression.

Comment nous y prendre? Premièrement, nous devons recevoir, afin de donner. Et plus nous sommes liés à l'infinie source d'amour, de lumière et de pouvoir, plus nous pourrons donner aux autres. Lorsque notre vie est remplie de bonté, nous pouvons, nous aussi, devenir des «moulins à bénédictions».

Comme le dit le pasteur Nicky Gumbel, «c'est la bénédiction de Dieu dans votre vie qui vous permet d'influencer celle des autres. Dieu est la source de toute bénédiction. Il aime vous bénir.»[1]

Ce que Dieu veut pour vous est bon. Ce n'est pas toujours facile, mais vous ne serez de toute façon jamais en mesure d'améliorer son plan. Il connaît les moindres subtilités de votre parcours; il les a toujours connues, et il finira par embellir votre existence. Sa promesse, c'est qu'il vous donnera l'énergie nécessaire pour bénir les autres:

C'est Dieu qui produit en vous le vouloir et le faire pour son projet bienveillant.

Philippiens 2.13

- - - -

1 «How to Be a Blessing Machine», *Bible In One Year*, https://www.bibleinoneyear.org/bioy/commentary/1021. Utilisé avec permission préalable

Prenons le temps de réfléchir à tout cela et ne nous lassons jamais de faire preuve de bonté en paroles, en œuvres, en actes et en attitudes. Faisons tourner notre moulin à bénédictions dès aujourd'hui!

29. Sans répit, mais pas pour rien

Augustin a écrit: «Seigneur [...] tu nous as faits pour toi, et [...] notre cœur ignore le repos, jusqu'à ce qu'il se repose en toi.»[1]

Dans les Psaumes, David s'est extasié du fait que l'homme est l'apogée de la création de Dieu, un chef-d'œuvre fait à son image. Dieu ne se contente pas de vous aimer et de prendre soin de vous, mais il vous a également donné d'extraordinaires privilèges:

> Tu lui as donné la domination sur ce que tes mains ont fait, tu as tout mis sous ses pieds.
>
> Psaume 8.7

Nous sommes responsables de tout ce que Dieu a fait. C'est un privilège incroyable! C'est également une grande responsabilité. Si nous croyons cela, nous devons faire tout ce que nous pouvons pour protéger l'extraordinaire création de Dieu, la préserver et en prendre soin. Cela recouvre la terre, les animaux et les êtres humains.

Comment faire? Commençons par comprendre d'où nous vient toute forme d'énergie: de la proximité avec Christ et de la dépendance envers sa force, sa bonté et sa paix. Et lorsqu'il nous arrive de nous éloigner, sachons reconnaître de quelle manière fonctionne

- - - -

1   Augustin, *Les Confessions*, Livre I.1, vers 397 apr. J.-C.

cette sorte de fébrilité qu'il y a en nous. Elle agit comme un aimant, nous ramenant à l'ombre de ses ailes.

Il te couvrira de ses ailes.

Psaume 91.4

30. Un temps de repos

Nous sommes parfois si affairés à toutes sortes de préoccupations quotidiennes que nous ne nous arrêtons pas pour profiter de l'instant ou pour nous délecter de la présence de Dieu. Nous avons tous une foule de choses à faire, et c'est très bien. Mais il est mauvais pour nous de ne pas prendre de temps pour nous-mêmes au milieu de toute cette agitation.

Pour une mère seule ou pour un soldat, cela peut vite se révéler difficile. Il est parfois ardu de prendre un moment de recul, lorsque nous sommes tenus par des délais ou lorsque nous sommes sous pression. Mais Dieu nous rappelle qu'il est important pour notre santé (mentale en particulier) de dégager du temps pour nous reposer. C'est la raison pour laquelle il s'est lui-même reposé le septième jour. C'est la raison pour laquelle nous avons des week-ends (ou au moins, des dimanches). Nous avons besoin de temps pour recharger nos batteries et penser aux bonnes choses que nous avons dans notre vie. Parfois, la reconnaissance a besoin de temps pour se manifester.

Ne nous y trompons pas: le monde ne s'écroulera pas si nous nous permettons de faire une pause, et il n'y a jamais trop à faire pour ne pas prendre un instant de repos. C'est toujours possible. Reprenez vos esprits. Le monde ira très bien sans vous. Prenez le temps de vous reposer et de vous ressaisir. Allez faire une randonnée, allez nager, faites une sieste dans l'herbe ou sous un arbre. Ce sont de bonnes choses, et Jésus les a faites également.

Rappelez-vous:

Jésus-Christ est le même hier, aujourd'hui et pour l'éternité.

Hébreux 13.8

C'est lui «qui au commencement a fondé la terre, et le ciel est l'œuvre de ses mains» (Hébreux 1.10). Tout est entre ses mains. Prenons donc régulièrement un moment pour nous reposer. Cela nous permet de revenir pleins d'énergie, et plus productifs. Dieu le sait, car il nous a faits ainsi. Le lundi ne nous fait pas peur!

LA DÉTERMINATION

La première fois que j'ai postulé pour être sélectionné dans les forces spéciales britanniques, j'étais incroyablement nerveux. Mais je me rappellerai toujours ce que m'a dit le premier officier SAS que j'ai rencontré: «Tous ceux qui postulent ont plus ou moins le même corps: deux bras, deux jambes, une tête et deux poumons qui pompent l'air. Ce qui fait la différence entre ceux qui réussissent et ceux qui ne réussissent pas, c'est ce qui se passe là-dedans, m'a-t-il dit en touchant sa poitrine. Le cœur... C'est ce qui fait toute la différence. Tu es le seul à savoir si tu as ce qu'il faut pour être sélectionné.»

La seule qualification nécessaire battait dans ma poitrine. On l'appelle indifféremment le feu intérieur, les entrailles, les tripes ou l'esprit.

Dans les mois qui ont suivi, j'ai eu tout le loisir de comprendre si ce que j'avais en moi était solide ou non. Les épreuves de sélection commencent par des tests physiques très intenses afin de mettre de côté ceux qui n'auraient même pas dû postuler: des journées et des nuits entières de marche en montagne avec un sac à dos très lourd, des sangles et des armes; des marches bien sûr chronométrées, indépendamment du temps qu'il fait, de l'état du terrain ou de nos doutes personnels.

Les combats face à face de deux minutes où tous les coups sont permis, les interminables séances de pompes et de tractions et les sprints à flanc de montagne (souvent avec une autre recrue sur l'épaule) étaient si éreintants physiquement que nous en arrivions souvent à vomir. Je n'oublierai jamais le pire de tout: les *berganbashes*, des sortes de courses contre la montre dans les forêts montagneuses, avec notre équipement complet et nos sacs (nos «bergans») alors que nous étions déjà épuisés, fatigués, trempés et couverts de cloques.

Votre seul moyen de tenir, c'était de vous donner à 150%, d'être parmi les premiers et de ne jamais abandonner.

Et les choses n'allaient pas en s'améliorant. Si je voulais obtenir mon grade, je devais en donner toujours plus, chaque semaine. Mais au fur et à mesure, quelque chose, en moi, a commencé à changer; je commençais à m'habituer à la douleur. Je découvrais ce qu'était la détermination. J'apprenais à ignorer la douleur temporaire pour me concentrer sur le gain à venir et sur mon objectif.

Aujourd'hui, de nombreuses années plus tard, je suis reconnaissant d'avoir pu apprendre tout cela et de continuer à apprendre. Mais je sais aussi que continuer à avancer en utilisant nos propres forces ne permet qu'un progrès temporaire et faillible. La clé de la persévérance, pour moi, a consisté dans la certitude que j'avais en moi une réserve d'eau vive, que j'avais beau me sentir fatigué ou avoir perdu confiance en moi, il y avait une présence à mes côtés et en moi qui me soutenait, qui m'aidait à tenir debout et qui me faisait continuer.

Cette présence ne demande rien en retour. Elle est forte, bonne et ancrée dans l'amour; comme un père ou une mère encourage son enfant, elle nous encourage, nous guide et protège nos pas.

J'ai toujours su que cette présence m'accompagnait et elle ne m'a jamais abandonné. Certains l'appellent Dieu; d'autres parlent d'une force universelle de pouvoir et d'amour. Jésus avait cette force en lui, tous les jours. Il a dit que cette force, c'était lui-même: «C'est moi qui suis le chemin, la vérité et la vie» (Jean 14.6). Grâce à une existence marquée par toutes sortes d'aventures, j'ai appris qu'il tient ses promesses pour le présent et l'avenir.

La manière dont nous réagissons aux promesses de Christ change tout. Inutile de nous montrer religieux ou d'en faire des tonnes! C'est même le contraire: la foi véritable est souvent sans artifice et honnête, plus forte que jamais dans les moments de lutte et de faiblesse, et elle ne fait jamais défaut.

Prenez courage! Tout ce que nous avons à faire, c'est de nous mettre en marche, et nous aurons en nous un ami à la puissance infinie.

1. Lâcher prise

Très souvent, les moments de lutte résultent de situations où je voudrais avoir le contrôle. Or, la véritable force vient de la capacité de renoncer à tout contrôler. Elle vient lorsque nous comprenons que Dieu sait mieux que nous-mêmes ce qui est le mieux pour notre vie; mais accepter cela demande foi et courage. Rappelons-nous qui il est:

> Il posa son pied droit sur la mer et son pied gauche sur la terre, et il cria d'une voix forte, comme un lion qui rugit.
>
> Apocalypse 10.2-3

Dieu a toujours récompensé la confiance, dans la Bible. Pensez à la jeune Marie, lorsqu'elle a appris qu'elle portait en elle le Messie, ou à Daniel dans la fosse aux lions. Pensez à Joseph en prison ou à Moïse qui a conduit les Israélites hors d'Egypte. Nous sommes entre de bonnes mains.

Nous sommes forts lorsque nous renonçons à tout contrôler et que nous faisons confiance à Dieu pour notre vie, pour notre avenir et pour notre pain quotidien. Il nous aime et, si nous le laissons faire, il nous conduira vers la lumière et la vie.

2. La lumière

Je suis sûr que vous avez traversé des moments sombres dans votre vie. Jean de la Croix appelait cela «la nuit obscure»[1] de l'âme. C'est une bonne description, car ces périodes-là peuvent être froides et solitaires.

Le peuple de Dieu a traversé énormément de moments difficiles, dans l'Ancien Testament comme dans le Nouveau, et l'histoire de l'Eglise est remplie de périodes où les lendemains semblaient très incertains.

Cependant, la lumière de l'Evangile n'a jamais pâli. Jamais.

La lumière brille dans les ténèbres, et les ténèbres ne l'ont pas accueillie.

Jean 1.5

Il est merveilleux de savoir que par le Saint-Esprit, nous avons cette lumière en nous. Partout où nous nous rendons, nous arrivons porteurs d'une lumière qui éclaire les ténèbres. Quelle merveilleuse assurance!

Nous pouvons offrir partout l'amour, la douceur et la bénédiction, tel le moulin à bénédictions que nous sommes.

- - - -
1   Jean de la Croix, *La nuit obscure*, vers 1578

3. Dieu avec nous

Il est vrai que nous lever et nous défendre demande beaucoup de courage et nécessite même, parfois, que nous prenions des risques. Mais lorsque nous avons à nous défendre, une chose dont nous n'avons certainement pas besoin, c'est de grands discours.

Lorsque Jésus s'est tenu devant Pilate, il a été un parfait exemple de calme et d'assurance. Bien qu'il ait dû faire face à de nombreuses insultes (des mensonges, des critiques injustes, des moqueries, des humiliations et de la torture), il a gardé son calme.

Lorsqu'il a demandé à Jésus: «Es-tu le roi des Juifs?» Pilate a eu droit à une réponse très brève: «Tu le dis» (Matthieu 27.11). Aucune fausse modestie. De l'honnêteté pure.

Comment est-il parvenu à répondre ainsi? S'il se tenait physiquement seul face à ses accusateurs, Jésus n'était jamais seul. Il l'a dit: «Le Père et moi, nous sommes un» (Jean 10.30). Considérez un peu l'audace de cette déclaration! Mais si elle est vraie, cela change tout.

Du reste, l'assurance exprimée par Jésus lui venait de l'assurance qu'il avait quant à son identité.

Nous ne sommes pas des dieux, ni vous, ni moi. Néanmoins, nous pouvons avoir Dieu en nous. Jésus a dit, à plusieurs reprises, que nous sommes ses fils et ses filles et qu'il est venu mourir à notre place, afin de payer le prix de nos péchés et de nos fautes. C'est d'ailleurs ce que signifie son nom: il est «celui qui sauve». Jésus est venu dans l'objectif de mourir, d'être séparé du ciel, afin que nous ne soyons plus jamais seuls. Plus nous comprendrons la profondeur de l'immense amour qu'il nous a témoigné, plus nous serons en mesure de tenir bon face à l'opposition.

Si Dieu est pour nous, qui sera contre nous?

Romains 8.31

Qu'importe la difficulté que vous devez affronter aujourd'hui, rappelez-vous que vous n'avez pas à le faire seul(e). Dieu est toujours avec vous. Le prophète Esaïe l'avait prophétisé: «La vierge mettra au monde un fils et l'appellera Emmanuel» (Esaïe 7.14); ce nom signifie littéralement «Dieu avec nous».

4. Ne pas avoir peur

Dans tout périple, il peut arriver un moment où l'on se décourage. Même si nous nous sentions bien jusque-là, il arrive un moment où nous sommes fatigués et stressés, et où la peur commence à grandir en nous. Lorsque cela arrive, nous pouvons facilement perdre notre optimisme.

La foi ne fonctionne pas différemment. Il peut nous arriver d'oublier que Dieu est à nos côtés, qu'il est pour nous et qu'il nous soutient. C'est pourquoi nous ferions bien de garder en mémoire le bon conseil de Moïse:

> Ne tremblez pas et n'ayez pas peur d'eux. L'Eternel, votre Dieu qui marche devant vous, combattra lui-même pour vous.
>
> Deutéronome 1.29-30

> Quelle est, en effet, la grande nation qui ait des dieux aussi proches que l'Eternel, notre Dieu, l'est de nous toutes les fois que nous faisons appel à lui?
>
> Deutéronome 4.7

Il est très facile d'abandonner lorsque les choses commencent à mal aller, mais ne laissez jamais l'opposition vous écarter de votre

Force spirituelle

voie. La plupart du temps, si vous rencontrez de l'opposition, c'est que vous allez dans la bonne direction!

C'est donc dans les combats de la vie que nous pouvons montrer que notre foi est en action. Lorsque l'opposition surgit, ne battez pas en retraite. N'ayez pas peur. Concentrez-vous sur la présence de Dieu. Il est pour nous, à côté de nous, en nous.

5. Un abri

La foi ne vous écarte pas du danger. Elle fait mieux que cela: elle vous aide à le traverser. Je sais que c'est difficile, mais tentez de ne pas vous concentrer sur vos soucis: concentrez-vous sur celui qui vous aide à les affronter.

C'est la raison pour laquelle j'aime énormément le psaume ci-après. Il est centré sur Dieu, optimiste, et il nous restaure:

Je lève mes yeux vers les montagnes:
d'où me viendra le secours?
Le secours me vient de l'Eternel,
qui a fait le ciel et la terre.
Qu'il ne permette pas à ton pied de trébucher,
qu'il ne somnole pas, celui qui te garde!
Non, il ne somnole pas, il ne dort pas,
celui qui garde Israël.
L'Eternel est celui qui te garde,
l'Eternel est ton ombre protectrice, il se tient à ta droite.
Pendant le jour le soleil ne te fera pas de mal,
ni la lune pendant la nuit.
L'Eternel te gardera de tout mal,
il gardera ta vie.

L'Eternel gardera ton départ et ton arrivée
dès maintenant et pour toujours.

Qu'importent l'épreuve et le moment où elle arrive, nous devons toujours rester sous l'abri proposé par Dieu. Faisons-le dans une calme assurance, en lui attribuant toute la gloire qui lui revient. En effet, lorsque nous sommes à l'abri sous sa protection, il est honoré et glorifié.

Laissez-vous abriter par Dieu! Approchez-vous de lui et laissez-le vous guider, car il est bon.

6. L'amour comme marque de fabrique

J'espère de tout cœur qu'à la fin de ma vie, j'aurai fait trois choses: combattre le bon combat, finir la course et garder la foi.

Ce sont des objectifs prodigieux, et ils touchent tous les aspects de mon existence: ma famille, mes amis, mon travail. J'ai besoin de toute l'aide disponible pour les atteindre.

Ce texte est l'encouragement dont nous avons besoin:

L'Eternel est celui qui te garde,
l'Eternel est ton ombre protectrice, il se tient à ta droite. [...]
L'Eternel te gardera de tout mal,
il gardera ta vie.
L'Eternel gardera ton départ et ton arrivée
dès maintenant et pour toujours.

Psaume 121.5, 7-8

Gardez les yeux fixés sur Christ. Gardez ses promesses, reposez-vous sur lui, tirez votre force de lui, voyez les autres avec ses yeux, et faites de l'amour votre marque de fabrique. C'est ainsi que vous serez forts et que vous donnerez du sens à votre vie.

> Combattez le bon combat,
> finissez la course et gardez la foi.

7. Boiteux et blessés

Dieu ne nous a pas créés comme des surhommes. Il nous permet de vivre avec nos faiblesses, car dans ces faiblesses, sa puissance peut agir et travailler.

Jacob était un chouette bonhomme, mais après avoir lutté avec Dieu (littéralement), il s'est retrouvé boiteux. Le cas de Paul, dans le Nouveau Testament, est similaire. Trois fois, il a demandé à Dieu de le guérir d'un problème physique inconnu qu'il qualifie d'«écharde dans le corps» (2 Corinthiens 12.7). Les deux hommes semblent avoir gardé leurs blessures jusqu'à la fin de leur vie.

Une femme très sage a dit: «Je ne fais pas confiance à une personne qui ne boite pas.» Boiter, c'est être honnête et vrai. D'ailleurs, nos faiblesses et nos vulnérabilités n'empêchent pas Dieu de se servir de nous. En fait, c'est même le contraire: il utilise nos faiblesses comme des forces. Paul comprenait bien que la puissance de Dieu «s'accomplit dans la faiblesse» (2 Corinthiens 12.9).

Peut-être avez-vous une écharde dans la chair. Peut-être boitez-vous. Bienvenue au club! Ces blessures ne représentent absolument pas une barrière aux yeux de Dieu. C'est peut-être même justement ce qui vous aidera à marcher dans sa lumière toute votre vie.

Heureux ceux qui reconnaissent leur pauvreté spirituelle,
car le royaume des cieux leur appartient!

Matthieu 5.3

8. Pas une fin

J'ai entendu l'histoire d'un petit garçon d'un an qui est tombé
d'un escalier, et s'est brisé plusieurs vertèbres. Il a passé toute son
enfance et son adolescence à faire des allers et retours à l'hôpital.
Cette histoire était pour tous ceux qui l'entendaient une véritable
tragédie.

Lors d'une interview, il a dit une chose étonnante:
– Dieu est juste.
– Quel âge as-tu? a demandé l'homme qui l'interrogeait.
– Dix-sept ans.
– Et combien d'années as-tu passées à l'hôpital?
– Treize.
– Et tu penses que c'est juste? s'est étonné l'homme.
Le jeune a fait une pause et a souri:
– Dieu a toute l'éternité pour me dédommager.
Ce gars courageux a vu par-delà sa souffrance actuelle.

La souffrance ne fait pas partie de l'œuvre originelle de Dieu. Il
n'y avait pas de souffrance au début du monde, et il n'y en aura pas
non plus lorsque Dieu créera un nouveau ciel et une nouvelle terre
(Apocalypse 21.3-4).

Il essuiera toute larme de leurs yeux, la mort ne sera plus et
il n'y aura plus ni deuil, ni cri, ni douleur, car ce qui existait
avant a disparu.

Apocalypse 21.4

Comprendre cela met en perspective toutes les difficultés que nous rencontrons dans notre vie. Comprendre où nous allons nous aide à persévérer dans les périodes de détresse. Ce que nous vivons n'est pas une fin. Tenez bon, et tout renaîtra. Voyez au-delà des choses présentes.

9. Dans l'épreuve, avoir confiance

Personne ne vit sans faire face un jour ou l'autre à des difficultés. Si l'exemple de David peut nous apprendre quelque chose, c'est que toute personne en position d'autorité aura son lot d'ennuis. Il est également un bel exemple de la réaction à avoir lorsque nous sommes en souci. En dépit de ses grands défis spirituels, mentaux et physiques, il a gardé confiance en Dieu. Au Psaume 31, il évoque toutes sortes de fléaux – la détresse, le chagrin, le deuil, l'angoisse, la frustration, l'affliction, la maladie, la crainte de ses ennemis, le mépris, la terreur – mais il choisit tout de même de faire confiance à Dieu.

> Mes destinées sont dans ta main:
> délivre-moi de mes ennemis [...],
> sauve-moi par ta grâce!
>
> Psaume 31.16-17

C'est dans les moments difficiles que l'objet de notre confiance est le plus mis à l'épreuve. Et si nous souhaitons nous améliorer, eh bien, comme toute qualité que l'on souhaite développer, la meilleure chose à faire est encore de s'exercer. Placez-vous dans des situations où vous devez faire confiance à Dieu. Demandez-lui de vous aider et attendez-vous à sa réponse. Laissez-le vous guider dans les défis qu'il a préparés pour vous. Dieu se manifeste toujours dans notre vie lorsque nous levons les yeux vers lui et que nous l'appelons à l'aide au lieu de nous entêter à faire tout seuls.

Les bons dirigeants savent plier le genou en temps de joie comme en temps de douleur.

10. Ne pas avoir peur

«La vie est juste une foutue chose après l'autre.» Que Mark Twain soit réellement l'auteur de cette phrase ou non, elle n'en reste pas moins vraie: nous sommes tous engagés dans un combat. La vie est pleine de batailles. Les difficultés ne sont jamais loin.

Raniero Cantalamessa a proposé une explication un peu plus poussée de la manière d'envisager ces périodes douloureuses:

Dans les récits des batailles médiévales, il arrive toujours un moment où les rangs d'archers, de cavalerie ou autres sont percés; le combat se concentre alors sur la protection du roi. C'est là que l'issue finale du conflit se décide. Pour nous aussi, une bataille a lieu autour du Roi: la personne de Jésus-Christ.

En tournant les regards vers Dieu, nous remettons les choses en perspective et nous écoutons l'encouragement qui a déjà été donné à l'époque de Moïse: «N'aie pas peur» (Nombres 21.34).

Dieu n'écarte pas toujours les difficultés de notre chemin, mais il nous aide à lutter. Nous n'avons pas à avoir peur. Tout ce que nous avons à faire, c'est l'appeler à l'aide, lui faire confiance, être patients et continuer à avancer, tout en agissant avec amour.

11. Nous accrocher

Lorsque nous faisons face aux tempêtes les plus violentes de notre vie, un choix s'offre à nous: nous pouvons laisser la peur nous envahir, ou alors nous pouvons tourner les regards vers la source de notre force. Ce n'est pas toujours facile à faire, mais de nombreux hommes et femmes de courage, des dirigeants mondiaux et de grands guerriers l'ont fait avant nous:

> Joie qui me cueilles du malheur,
> Comment te refuser mon cœur
> Lorsque l'arc-en-ciel sous l'averse
> Rappelle à mon cœur la promesse
> Qu'apaisées seront mes douleurs.[1]

Ces paroles renferment une grande vérité: nos problèmes n'ont jamais le dernier mot.

Nous trouvons de nombreux exemples de cela dans la Bible. «Mon âme est abattue en moi», a dit le roi David. Mais il ne s'est pas arrêté là: «Aussi, c'est à toi que je pense. [...] L'abîme appelle un autre abîme» (Psaume 42.6-8).

C'est souvent dans les moments de grande difficulté que nous nous enracinons le plus profondément en Dieu; c'est pourquoi «l'abîme appelle un autre abîme».

Nos périodes les plus difficiles peuvent mener aux meilleurs moments de notre vie, en particulier si nous restons déterminés et si nous faisons tout ce que nous pouvons pour nous accrocher à cette promesse:

- - - -

1   George Matheson «O Love That Wilt Not Let Me Go», 1882

Nous savons que tout contribue au bien de ceux qui aiment Dieu, de ceux qui sont appelés conformément à son plan.

Romains 8.28

Lorsque nous nous sentons crouler sous le poids de nos craintes, Dieu n'est jamais trop loin pour nous. En fait, c'est dans ces moments-là qu'il est plus proche encore que nous ne saurions l'imaginer. Rappelez-vous les dernières paroles de Jésus: «Et moi, je suis avec vous tous les jours, jusqu'à la fin du monde» (Matthieu 28.20).

12. L'inquiétude prise en compte

Corrie ten Boom a relevé que l'inquiétude n'enlève pas à demain ses douleurs, mais qu'elle retire à aujourd'hui sa vigueur. La vie est très difficile lorsque nous nous inquiétons. Le remède ne consiste pas à rechercher une existence sans soucis. Personne ne vit sans faire face à des problèmes, des batailles et des sujets d'inquiétude. Ce qui compte, c'est notre manière de réagir.

David a traversé beaucoup de périodes douloureuses dans sa vie; il les décrit dans le Psaume 55. Il dit avoir été trahi par un ami proche, un homme à qui il avait confié ses secrets et en qui il avait confiance. Il avait donc un choix à faire: s'inquiéter ou se tourner vers Dieu.

Quant à moi, je crie à Dieu,
et l'Eternel me sauvera.
Le soir, le matin, à midi, je soupire et je gémis,
et il entendra ma voix.

Psaume 55.17-18

Force spirituelle

Si vous vous trouvez dans une situation tendue avec un ami proche ou un membre de votre famille, tournez-vous vers la sagesse de Dieu, vers son réconfort et sa puissance. Tentez de faire de votre mieux pour pardonner et agir en faisant preuve de grâce. Une telle attitude dénoue énormément de situations compliquées qui ont un impact négatif sur nous. Lorsque vous sentez l'inquiétude commencer à grandir en vous, agenouillez-vous et apportez vos doutes à Dieu. Notre Père dans le ciel se soucie de vous.

Croyez à cette promesse:

Remets ton sort à l'Eternel, et il te soutiendra.

Psaume 55.23

C'est le secret pour vivre mieux et pour trouver la paix.

13. Sa conduite et son appui

La détermination est essentielle à la plupart des situations. Mais elle peut être incroyablement difficile à trouver lorsque nous nous sentons à terre. S'il était si facile de persévérer, personne n'abandonnerait jamais. Comment trouver une source authentique et inépuisable de détermination et de persévérance? La Bible révèle ce qui nous donne la force de continuer à avancer dans les plus sombres vallées et sur les plus hautes montagnes: l'Esprit de Dieu.

Même quand je marche dans la sombre vallée de la mort,
je ne redoute aucun mal car tu es avec moi.
Ta conduite et ton appui: voilà ce qui me réconforte.

Psaume 23.4

C'est une promesse. Il est avec nous. Proclamez cette vérité. C'est un don de Dieu pour vous fortifier.

La conduite et l'appui de Dieu, c'est Christ; il nous aide à marcher. Il est l'arme avec laquelle nous nous défendons. Nous n'avons rien à craindre; nous avons simplement à marcher avec Christ à nos côtés.

14. Les eaux profondes et tranquilles

La vie est pleine de courants agités, et c'est encore plus vrai lorsque vous commencez à vivre dans la lumière et la foi. Etre mis à part pour Dieu peut souvent mener à des conflits. Mais même si mener une vie d'amour, de bonté, de pardon et de foi courageuse est difficile, de nombreux héros du passé nous ont montré que c'était le bon chemin.

Raniero Cantalamessa le dit justement: «Un chrétien en qui habite le Saint-Esprit n'est pas exempté de luttes, de tentations, de désirs troubles et de sentiments de révolte.» Mais lorsque ces choses font surface, le chrétien possède «la paix dans les abîmes du cœur. C'est comme les courants des fonds océaniques: ils circulent toujours régulièrement, sans se soucier du vent et des vagues à leur surface.»[1]

Je pense que nous n'avons pas été créés pour traverser la vie seuls.

- - - -
1 Cantalamessa, *Come, Creator Spirit*, p. 313, 314

C'est moi, l'Eternel, ton Dieu, qui empoigne ta main droite et qui te dis: «N'aie pas peur! Je viens moi-même à ton secours.»

Esaïe 41.13

Pour votre périple, saisissez la paix que Dieu vous offre. Puisez en lui la force de continuer à avancer dans la lumière, et ne cessez jamais de combattre le bon combat.

15. Le combat

L'apôtre Paul a écrit: «Ce n'est pas contre l'homme que nous avons à lutter, mais contre [...] les esprits du mal dans les lieux célestes» (Ephésiens 6.12). Je ne cherche pas à vous faire peur, mais il est bon de nous rappeler que, d'après la Bible, nous sommes engagés dans un combat spirituel. Cela signifie que nous nous battons pour notre cœur.

Soyons donc sur nos gardes vis-à-vis des forces obscures qui tentent de priver notre vie d'harmonie. Nous sommes souvent attaqués dans nos ambitions, nos relations et nos tentations. Etre conscients de cela est d'une grande aide; faisons particulièrement attention à ces aspects-là.

Mais par-dessous tout, rappelez-vous que la puissance de Dieu en vous est de loin plus grande que n'importe quelle puissance obscure. Nous sommes d'ores et déjà vainqueurs. C'est la grande promesse de protection et de rédemption que nous possédons en Christ.

Christ a depuis longtemps gagné tous nos combats; il les a remportés à la croix. Il était seul, oublié, méprisé. Les cieux se sont assombris et le grand rideau du temple s'est soudainement déchiré. Ce combat, c'était le sien, et il l'a remporté pour nous.

Peu importe à quoi nous devons faire face aujourd'hui, si nous nous approchons de lui et que nous lui demandons d'être avec nous et de nous protéger, nous pouvons être sûrs que nous finirons par remporter la victoire. Vous pouvez donc marcher humblement et avec assurance dans sa lumière, car l'amour est toujours vainqueur.

> Nous sommes d'ores et déjà vainqueurs.
> C'est la grande promesse de protection et
> de rachat que nous possédons en Christ.

16. NJA

Smith Wigglesworth était l'un des plus grands prédicateurs du 19ᵉ siècle. Fort des leçons qu'il avait tirées de sa jeunesse dans une pauvre famille de fermiers du Yorkshire, il a un jour déclaré: «Une grande foi est le fruit de grandes luttes. Les grands témoignages proviennent de grandes épreuves. Les grandes victoires ne peuvent venir que de grandes guerres.»[1]

Nous vivons dans un monde corrompu et mauvais. Il n'y existe rien de parfait, pas la moindre chose. Tout le monde, sans exception, connaît des moments difficiles, et nous nous retrouvons souvent à combattre sur tous les fronts, qu'il s'agisse de nos finances, de la justice, de notre santé ou de nos relations. Certains se trouvent même dans des situations où chaque heure du quotidien est une épreuve. La clé consiste à nous accrocher à ce que nous avons de plus précieux. C'est en Christ que nous pouvons trouver la source de notre ténacité. C'est en lui que nous trouvons notre espoir, notre vie, notre paix et notre avenir.

- - - -

1 «Smith Wigglesworth Quotes», Goodreads, https://www.goodreads.com/quotes/621574greatfaithis-theproductofgreatfightsgreattestimonies

Force spirituelle

Prenez courage: vous avez le Tout-Puissant à vos côtés, dans chacune de vos batailles.

Jusqu'à votre vieillesse je serai le même, jusqu'à vos cheveux blancs je vous soutiendrai. Comme je l'ai déjà fait, je veux encore vous porter, vous soutenir et vous préserver.

Esaïe 46.4

La lumière finit toujours par apparaître au bout du tunnel, et l'aube arrive après l'heure la plus sombre de la nuit. N'abandonnez pas, car Christ ne vous abandonnera jamais. Sachez-le et accrochez-vous à lui. Ce qui compte, c'est de ne jamais abandonner. NJA. Tenez bon et soyez fidèle! Jésus a dit:

Celui qui persévérera jusqu'à la fin sera sauvé.

Matthieu 24.13

17. Faire de notre mieux

Très souvent, il nous est difficile de donner tout ce que nous avons. Nous sommes fatigués, découragés, et nous en avons assez. Dans des moments comme ceux-là, la détermination peut être difficile à trouver. Mais il est utile, lorsque nous avons des défis à relever, d'avoir quelqu'un à nos côtés pour nous encourager. C'est exactement ce que fait Dieu dans ce passage:

Je t'ai pris aux extrémités de la terre, je t'ai appelé d'une région lointaine et t'ai dit: «Tu es mon serviteur.» Je t'ai choisi et ne te rejette pas. N'aie pas peur, car je suis moi-même avec toi. Ne promène pas des regards inquiets, car je suis ton

Dieu. Je te fortifie, je viens à ton secours, je te soutiens par ma main droite, la main de la justice.

Esaïe 41.9-10

Lorsque j'étais soldat dans les forces spéciales, je me répétais souvent cette phrase: «Je te fortifie, je viens à ton secours.» Lorsque je peinais dans mes courses chronométrées en montagne avec d'énormes poids sur le dos, ces paroles me revigoraient et la présence du Seigneur était toujours avec moi.

Dieu nous dit qu'il est «un refuge et un appui, un secours toujours présent dans la détresse» (Psaume 46.2). Il est à nos côtés, et c'est ce qui fait toute la différence. Seuls, faire de notre mieux est trop difficile. S'il est à nos côtés, tout un champ de possibilités s'ouvre à nous.

18. Ne jamais abandonner

Winston Churchill a été décrit comme l'un des meilleurs chefs politiques de l'histoire. Il a connu une longue vie héroïque et a rassemblé une nation entière sous son autorité. Mais l'échec ne lui était certainement pas étranger. L'une de ses plus désastreuses décisions a mené à la bataille des Dardanelles de la Première Guerre mondiale, ce qui a causé beaucoup de souffrances et de pertes humaines. En conséquence, Churchill s'est vu contraint de démissionner du gouvernement. Mais cet échec lui a appris une leçon essentielle, qu'il allait respecter toute sa vie.

On dit qu'un jour, alors qu'il visitait son ancienne école pour s'adresser aux petits garçons, les élèves se sont rassemblés autour de lui pour écouter quelques paroles de sagesse. Ce grand homme s'est alors levé et a dit: «N'abandonnez jamais. N'abandonnez jamais. Jamais, au grand jamais, n'abandonnez jamais en rien, si ce n'est pour l'honneur et le bon sens.»[1]

C'est tout ce que nous savons de ce discours. Le discours n'aurait de toute façon duré que quelques secondes, mais personne n'a jamais oublié ces quelques mots.

En termes de ténacité et de volonté de ne jamais abandonner, Jésus est le maître suprême! Le meilleur exemple de sa détermination a été son retour à Jérusalem la dernière semaine de sa vie sur terre. Il savait qu'on se moquerait de lui, qu'on lui cracherait dessus, et il savait qu'il serait torturé jusqu'à la mort. Pourtant, sa résolution a été exemplaire. Il n'a pas abandonné.

Paul a ainsi encouragé l'Eglise de Galatie:

Ne négligeons pas de faire le bien, car nous moissonnerons au moment convenable, si nous ne nous relâchons pas.

Galates 6.9

Churchill, Jésus, et des millions d'autres personnes dans l'histoire ont vécu la véracité de ces paroles. Lorsque nous faisons ce qui est bien et que nous tenons ferme, la victoire (finale) en découle toujours.

19. Patience, patience!

Internet, la récupération de vos bagages à l'aéroport, une belle chance de faire carrière... Lorsque les choses traînent plus que souhaité, il est difficile d'attendre. Mais si vous attendez que les plans de Dieu portent du fruit, sachez que vous n'êtes pas seul(e).

----

1 Winston Churchill, *Discours devant la Harrow School*, 1941

Abraham a attendu vingt-cinq ans que le Seigneur accomplisse sa promesse et fasse de lui un père. Joseph a attendu treize ans avant d'enfin avoir la chance de se tenir devant le pharaon. Moïse a attendu quarante ans dans le désert. Et Jésus a attendu trente ans avant de commencer son ministère. Si Dieu vous fait attendre, vous êtes en bonne compagnie!

> Nous savons que tout contribue au bien de ceux qui aiment Dieu, de ceux qui sont appelés conformément à son plan.
>
> Romains 8.28

Dieu est toujours à l'œuvre pour nous aider, mais nous ne pouvons pas toujours voir ce qu'il fait. Néanmoins, nous savons que nous pouvons lui faire confiance à chaque étape, tout comme un enfant a confiance en ses parents, en étant patients, confiants et toujours fidèles. Lorsque nous lui faisons confiance pour les petites choses, il nous fait confiance pour nous en donner de plus grandes.

20. Défendre les vulnérables

Le général William Booth, fondateur de l'Armée du salut, était un grand exemple de détermination. Il a choisi de se battre pour les autres, et n'a jamais abandonné.

Un jour, il a dit la chose suivante: «Parce qu'en ce moment, des femmes sanglotent, je me battrai; parce qu'en ce moment, des enfants ont faim, je me battrai; parce qu'en ce moment, des hommes font des allers et retours en prison, je me battrai; parce qu'en ce moment il y a de pauvres petites filles à la rue, je me battrai; parce qu'en ce moment, il y a encore des âmes qui ne connaissent pas la lumière de Dieu, je me battrai; je me battrai jusqu'à la fin!»[1]

Nous sommes appelés au même combat que William Booth. Nous sommes appelés à combattre pour le bien, pour la justice, pour ceux qui ne peuvent pas combattre pour eux-mêmes. Mais nous n'avons pas à le faire seuls: nous combattons avec le Créateur de l'univers à nos côtés et en nous. Nous combattons avec sa force, et non la nôtre.

L'Eternel marche devant vous et le Dieu d'Israël est votre arrière-garde.

Esaïe 52.12

Restez vigilants, tenez ferme dans la foi, soyez courageux, fortifiez-vous.

1 Corinthiens 16.13

Les armes de Dieu, ce sont l'amour et la grâce, la bonté et la générosité, le fruit de l'Esprit. C'est la seule armée au monde où la place la plus sûre se trouve en première ligne, en avant, au plus fort du combat, de toute notre force!

21. Ce qu'il faut éviter

Si nous sommes déterminés à vivre de la bonne manière, voici quelques bons conseils que nous prodigue l'auteur des Proverbes:

- - - -

1 «I'll Fight: One Hundred Years Since Booth's Final Address», *The Salvation Army: Doing the Most Good National Blog*, 2017, https://www.salvationarmy.org/nhqblog/news/2012-05-09-ill-fight-100-years-since-booths-final-address

> Eviter la paresse: la paresse ne nous mène nulle part. «A cause du froid, le paresseux ne laboure pas; au moment de la moisson il voudrait récolter, mais il n'y a rien» (Proverbes 20.4).

> Eviter le cynisme: même s'il est très habituel de se moquer des autres aujourd'hui, cela affaiblit les communautés et nuit aux bonnes relations. «Que toute amertume, toute fureur, toute colère, tout éclat de voix, toute calomnie et toute forme de méchanceté disparaissent du milieu de vous. Soyez bons et pleins de compassion les uns envers les autres; pardonnez-vous réciproquement comme Dieu nous a pardonné en Christ» (Ephésiens 4.31-32).

> Eviter le mensonge: la malhonnêteté ne fait que nous créer des problèmes. «Les lèvres mensongères font horreur à l'Eternel, tandis que ceux qui agissent avec fidélité lui sont agréables» (Proverbes 12.22).

> Eviter les querelles: se disputer, c'est aggraver une situation problématique. «C'est une gloire pour l'homme d'éviter les disputes, mais un fou s'y engage» (Proverbes 20.3).

Ces conseils peuvent sembler dépassés, mais ils contiennent une vérité universelle indéniable. Evitez le mensonge, le cynisme, les querelles et la paresse; recherchez plutôt l'encouragement, le courage, la douceur et la productivité dans votre journée.

Si nous apprenons à nous conduire de la manière dont Dieu le veut, nous apprendrons ceci:

L'Eternel redresse ceux qui sont courbés.

Psaume 146.8

Commençons toutes nos journées en nous mettant à genoux devant Dieu, car il est la source de toute puissance.

22. Lutter nous rend plus forts

Jésus n'a pas une seule fois promis une vie sans difficultés. Au contraire, il n'a pas cessé de dire que tous ceux qui veulent vivre selon la douceur, l'amour et la compassion de Dieu auraient à souffrir dans le monde (cf. Jean 16.33). Il n'est donc pas surprenant qu'à l'exception de Jean, qui a passé les dernières années de sa vie en exil, tous les apôtres aient été brutalement tués à cause de leur foi.

Mais une vie d'épreuves et de soucis n'était pas la seule promesse que Jésus a faite à ses disciples. Il leur a promis de l'assurance, de l'aide et du secours.

> Je ne vous laisserai pas orphelins, je reviens vers vous.
>
> Jean 14.18

Ces promesses s'appliquent à nous aujourd'hui. Ces promesses ont rempli d'espérance de courageux hommes et femmes dans toute l'histoire et leur ont permis de faire briller la lumière de Christ dans les endroits les plus obscurs. La lumière a toujours vaincu les ténèbres, et la lumière de la lutte n'est jamais plus belle que lorsqu'elle est associée à l'amitié avec le Tout-Puissant et à l'assurance d'un avenir glorieux.

> Fortifiez-vous et prenez courage! N'ayez pas peur et ne soyez pas effrayés devant eux, car l'Eternel, ton Dieu, marchera lui-même avec toi. Il ne te délaissera pas, il ne t'abandonnera pas.
>
> Deutéronome 31.6

Souvenez-vous: lutter nous rend plus forts.

23. Recommencer... une fois de plus

Tout le monde fait des erreurs, dans la vie. Il y a même des gens qui en font beaucoup. Ce qui compte le plus, c'est que nous soyons capables d'admettre que nous nous sommes mis dans une situation problématique, que nous ayons l'humilité de nous repentir, et enfin, que nous trouvions la détermination de tout recommencer.

Le roi David, psalmiste, s'est très souvent retrouvé dans des situations épineuses. «Toutefois, mon pied allait trébucher, mes pas étaient sur le point de glisser, car j'étais jaloux des vantards en voyant le bien-être des méchants» (Psaume 73.2-3). Mais il a également été capable de reconnaître ses fautes. Et à de nombreuses reprises, il s'est agenouillé devant Dieu, et s'est humblement repenti. A genoux, il s'est rendu compte combien il était béni:

Cependant je suis toujours avec toi:
tu m'as empoigné la main droite,
tu me conduiras par ton conseil,
puis tu me prendras dans la gloire.

Psaume 73.23-24

Il n'existe rien de comparable à la puissante relation que nous avons avec Dieu, profondément ancrée dans le pardon. Si nous nous reposons sur son conseil et sa force, nous serons capables de surpasser toutes sortes d'obstacles, y compris nos échecs et notre fierté.

24. Ecouter pour comprendre

Nous savons tous qu'une bonne communication est la clé d'une relation positive et que l'inverse est également vrai. Ce que les gens ne savent pas forcément, cependant, c'est le rôle que joue le fait d'écouter dans nos amitiés, notre mariage, notre foi et presque toutes les batailles que nous avons dans notre vie. L'écoute est une arme silencieuse et puissante de notre arsenal; pourtant, nous la négligeons souvent.

Le général George Marshall a dit: «Recette pour interagir avec les autres: écouter ce que l'autre a à dire. Ecouter tout ce que l'autre a à dire. Ecouter d'abord ce que l'autre a à dire.»[1] Comme l'a visiblement saisi ce général, il ne s'agit pas d'écouter afin de pouvoir répondre; il s'agit d'écouter afin de pouvoir comprendre.

La Bible met clairement en évidence ce qui se produit lorsque le peuple n'écoute pas. Le livre des Rois tout entier expose les conséquences du refus d'écouter. «Mais ils n'ont pas écouté [...] ils n'ont pas écouté» (2 Rois 17.14, 40). Chacun des rois d'Israël est décrit comme faisant «ce qui est mal aux yeux de l'Eternel» (v. 2), ce qui a mené à la destruction du royaume.

Les rois de Juda se défendaient un peu mieux. Certains d'entre eux ont écouté Dieu, et sous leur règne, la nation a connu la prospérité. Jésus l'a souligné de manière encore plus claire, en plaçant ce commandement dans son discours:

Heureux plutôt ceux qui écoutent la parole de Dieu et qui la gardent!

Luc 11.28

Lorsque nous parlons, nous n'apprenons rien. Si nous écoutons, nous apprenons beaucoup. Apprendre à écouter correctement demande des efforts, de l'humilité et de la patience, mais cela porte bien plus de fruits. Et la bénédiction qui en découle vaut le coup: l'amour que nous transmettons à certaines personnes grandit, et

- - - -

1 Art Buckwalter, *Interviews and Interrogations: Butterworth's Library of Investigation*, Butterworth–Heinemann, 1983

nous parvenons à calmer la colère de celles avec lesquelles nous sommes en conflit.

25. Cela vaut-il le coup?

Avez-vous déjà entendu un vainqueur aux Jeux olympiques dire que l'entraînement ne valait pas le coup? Même si la course ne dure que quelques secondes, les années d'exercices rigoureux et une préparation empreinte de discipline sont un petit prix à payer pour remporter la médaille.

Paul l'avait très bien compris: «Ne savez-vous pas que les concurrents dans le stade courent tous, mais qu'un seul remporte le prix? Courez de manière à le remporter. Tous les athlètes s'imposent toutes sortes de privations, et ils le font pour obtenir une couronne qui va se détruire; mais nous, c'est pour une couronne indestructible» (1 Corinthiens 9.24-25).

Si les récompenses sportives peuvent ternir, ne devrions-nous pas nous exercer et travailler dur pour remporter la récompense de la vie?

Paul a écrit: «Moi donc, je cours, mais pas comme à l'aventure; je boxe, mais non pour battre l'air. Au contraire, je traite durement mon corps et je le discipline» (1 Corinthiens 9.26-27).

La plus grande différence entre les athlètes et nous, si nous connaissons Christ, est celle-ci: ce n'est pas par notre propre force ni par nos propres capacités que nous remportons la course.

C'est Dieu qui est ma puissante forteresse
et qui me conduit dans une voie droite.

2 Samuel 22.33

Force spirituelle

La course est gagnée d'avance. Ce que nous devons faire, c'est tenir bon et continuer de nous entraîner pour la gloire, sans jamais abandonner.

26. Pas une foire d'empoigne

Même si nous en avons parfois l'impression, la vie n'est pas une compétition. Dieu ne nous juge pas en fonction de nos victoires, et nous n'avons pas à nous sentir découragés par nos échecs. La vie n'est pas une foire d'empoigne. C'est bien mieux que cela: il s'agit de créer des relations.

C'est ainsi que Christ a vécu, et c'est une manière différente, plus riche et tout simplement bien meilleure de vivre. C'est une vie plus longue et plus épanouie. Christ nous invite tous à le connaître. Cette offre, qu'il propose à tous, est à la fois un immense privilège et une occasion d'améliorer notre vie. Dieu nous a confié des dons et des capacités, et il souhaite qu'ils servent.

J'aime l'idée que si nous faisons de notre mieux avec ce que nous avons, Dieu nous donnera plus encore. Il dira:

> C'est bien, bon et fidèle serviteur; tu as été fidèle en peu de chose, je te confierai beaucoup. Viens partager la joie de ton maître.
>
> Matthieu 25.21

Comme dans toutes les relations, la communication est absolument cruciale. Nous devons parler, et nous devons écouter. C'est ce que l'on appelle la prière. Vivre de manière centrée sur Dieu, c'est vivre dans une prière constante. Jésus a enseigné à ses disciples qu'ils devaient «toujours prier, sans se décourager» (Luc 18.1).

On y revient toujours: ne jamais abandonner! Plus nous le ferons (communiquer avec Christ), plus nous serons proches de lui, plus nous serons productifs et plus nous serons heureux.

27. Nos blessures

Nous avons tous des blessures, et pas uniquement dans le domaine physique. Nous sommes tous abîmés, du point de vue émotionnel, et les coups peuvent se multiplier au fil du temps.

La vérité à propos des blessures, qu'elles soient d'ordre physique ou émotionnel, c'est qu'il est sage de les soigner. Si nous ne le faisons pas, elles peuvent s'infecter, et d'autres aspects de notre existence commencent à en souffrir. Certaines de mes blessures passées demandent plus d'attention que les autres. Mais pour chacune d'entre elles, le traitement est le même:

Il guérit ceux qui ont le cœur brisé
et panse leurs blessures.

Psaume 147.3

Regarder à l'amour de Dieu pour panser nos plaies est la meilleure chose à faire. Pour cela, la plupart du temps, nous devons tout simplement venir vers lui jour après jour. Nous devons nous reposer sur lui, lui faire confiance et dégager le temps et l'espace nécessaires pour qu'il nous remette sur pied.

L'amour guérit tout. Parfois, la guérison est flagrante et spectaculaire; parfois, elle est lente et douloureuse. Mais si nous laissons le Seigneur intervenir sur les blessures de notre existence, nous serons toujours gagnants.

28. Bien regarder

Francis Collins, directeur du projet génome humain, a dirigé une équipe de plus de deux mille scientifiques travaillant à la détermination des trois milliards de lettres du génome humain; c'est, en quelque sorte, le manuel de notre ADN.

Après des années de recherches rigoureuses et très prenantes, l'un des scientifiques les plus influents de ce monde est arrivé à une troublante conclusion quant aux origines de la vie sur terre: «Je ne vois pas comment la nature aurait pu se créer toute seule. Seule une force surnaturelle, hors de l'espace et du temps, aurait pu faire cela.»[1] J'aime beaucoup l'émerveillement que sa connaissance et ses études lui permettent de tirer de toutes ces données brutes. Une telle déclaration a dû lui demander beaucoup de courage, et elle témoigne de sa perspicacité.

Le ciel raconte la gloire de Dieu
et l'étendue révèle l'œuvre de ses mains.
Le jour en instruit un autre jour,
la nuit en donne connaissance à une autre nuit.

Psaume 19.2-3

La foi ne doit en aucun cas être aveugle. Oui, elle demande parfois le courage d'avancer les yeux fermés, mais nous n'avons pas à arrêter de réfléchir ou de nous poser des questions pour croire au Dieu tout-puissant. Dieu nous invite à observer, à faire des recherches, à nous interroger, et à rencontrer Christ dans des endroits nouveaux et inattendus.

- - - -
1   Francis Collins, *De la génétique à Dieu*, 2010

La science ne doit pas être un obstacle à la foi. Elle devrait être une fenêtre. Notre soif de vérité ne doit pas nous empêcher de nous poser des questions. Nous avons été créés pour explorer, émettre des hypothèses, rechercher la connaissance. Il est bon et réconfortant de le faire; et ce que nous concluons renforce ce que nous croyons dans notre cœur.

Ce que je crois, dans le mien, c'est que Dieu est amour et qu'il est bon.

> Dieu nous invite à observer, à faire des recherches, à nous interroger, et à rencontrer Christ dans des endroits nouveaux et inattendus.

29. Être humbles

Après avoir donné les dix commandements à Moïse, Dieu a informé le peuple des détails du voyage qu'ils allaient faire. De bonnes choses allaient se produire; les anciens esclaves étaient en chemin vers le pays promis.

Mais les instructions étaient on ne peut plus claires:

Sache donc que ce n'est pas à cause de ta justice que l'Eternel, ton Dieu, te donne ce bon pays à posséder, car tu es un peuple réfractaire.

Deutéronome 9.6

Cette idée est reprise trois fois dans le passage, et l'avertissement donné ne peut pas être plus clair: si le peuple était libre, c'était par la grâce de Dieu, et non à cause de sa propre droiture; il devait s'en souvenir et rester humble.

Force spirituelle

L'humilité est l'une des qualités les plus attirantes chez quelqu'un, mais aussi l'une des plus rares. Lorsque nous la rencontrons, elle est merveilleuse. Rester humbles, c'est savoir que l'on nous a beaucoup pardonné. C'est laisser la place aux autres et les considérer comme plus grands que nous. C'est penser moins à nous-mêmes et plus à ceux qui nous entourent. Une humilité de cette nature est ce qui caractérise les hommes et les femmes de grand caractère; c'est la marque de fabrique d'un bon dirigeant.

C'est la raison pour laquelle Dieu nous donne, comme à Moïse, des instructions claires:

Cherchez l'Eternel, vous, tous les humbles du pays, qui mettez ses règles en pratique! Recherchez la justice, recherchez l'humilité!

Sophonie 2.3

La justice, les voies de Dieu et une vie marquée par l'obéissance et la discipline: tels sont les panneaux à suivre si nous voulons emprunter la bonne route.

30. La personne que nous sommes

La manière dont nous nous voyons lorsque nous nous examinons en pleine lumière, que la jolie mélodie s'est tue et que nous avons enlevé nos belles lunettes roses, a beaucoup d'importance dans notre vie. Il est souvent facile d'avoir trop ou trop peu d'estime de soi. Dans un cas comme dans l'autre, nous avons une vision déformée de la réalité, et les conséquences en sont négatives. Savoir quelle est notre véritable valeur et connaître notre identité est la clé du succès, comme le montre ce verset:

Dieu, t'a choisi pour que tu sois un peuple qui lui appartienne parmi tous les peuples qui sont à la surface de la terre.

Deutéronome 14.2

Quelle belle déclaration! Elle est assez puissante pour transformer notre vie et la manière dont nous nous voyons. Bien sûr, cela ne devrait pas nous pousser à l'arrogance ou à l'orgueil: si nous savons réellement ce que nous valons, nous n'avons pas besoin de nous mettre en avant ni d'impressionner les autres.

Au lieu de cela, nous pouvons nous appuyer sur les ressources du ciel: nous sommes calmes, assurés de notre statut d'enfants de Dieu et nous apprenons alors à valoriser les autres. C'est ainsi que nous sommes censés vivre.

J'aime ces paroles de Jésus:

Toute personne qui s'élève sera abaissée, et celle qui s'abaisse sera élevée.

Luc 14.11

Nous valons plus que ce que nous sommes en nous abaissant. C'est l'aventure de la vie.

LES RELATIONS

Le secret de la réussite, c'est d'avoir de bonnes relations. Personne n'est jamais arrivé à faire ce pour quoi il a été créé sans placer ses relations au centre de sa vie.

Une bonne relation avec les autres, c'est un élément nécessaire à une vie saine et épanouie; vous pouvez mesurer votre richesse à la qualité de vos relations. Outre notre argent et nos biens, que possédons-nous? Même si vous possédez des milliards, sans famille ni gens qui vous aiment, vous n'êtes pas riche.

Les relations que nous avons avec les autres couvrent tous les aspects de notre vie: notre travail, notre foyer, nos loisirs. Elles ont de l'importance et elles influencent notre vie à tous les niveaux. Par exemple, ce qui me motive à faire de mon mieux, c'est l'équipe avec laquelle je travaille, en particulier l'équipe de tournage. Nous sommes comme des frères et sœurs. Nous avons grandi ensemble, nous avons assisté aux mariages des uns et des autres, nous nous sommes vus devenir parents, et nous avons lutté dans l'aventure qu'est la vie, dans notre famille, dans notre travail; nous avons pris des risques, tous ensemble. Nous connaissons nos fragilités et vulnérabilités, qu'il s'agisse de la tristesse du temps passé loin de notre foyer, de l'angoisse de sauter du bord d'un avion dans le vide ou de la fatigue de ne plus pouvoir continuer à avancer, après nous être débattus sous la pluie pendant des heures ou des jours. J'aime nous voir comme une équipe de guerriers capables de faire des erreurs mais prenant toujours soin les uns des autres.

Les meilleures relations, que ce soit au sein d'une famille, d'un groupe d'amis ou d'une équipe de collègues de travail, sont celles où vous n'avez pas besoin de cacher vos faiblesses et vos défauts.

Si vous aimez les autres, ce n'est pas parce qu'ils sont intelligents, mais parce qu'ils sont ce qu'ils sont, et parce que vous avez traversé beaucoup de choses ensemble. Ce sont souvent les bizarreries ou les petites maladresses existant dans certaines relations qui les rendent si spéciales.

Je me demande parfois si nous ne manquons pas, dans notre société, de vulnérabilité dans ce domaine. Nous cherchons très souvent à plaire et à bien faire, comme si nous étions parfaitement au contrôle de notre vie, que nous oublions que la vulnérabilité a le pouvoir de nous unir et de créer des liens. L'impression d'être trop «propres» crée le plus souvent de la distance entre les gens.

Sans relations saines, honnêtes et vulnérables, les hommes grandissent dans l'anxiété. Si nous ne permettons pas aux autres de nous connaître, avec toutes nos failles, lorsque nous nous regarderons dans le miroir, nous verrons ce que nous sommes «en coulisses». Et lorsque nous regarderons les autres, tout ce que nous verrons sera une sorte de «bande-annonce» de leurs réussites. Cela détruit l'estime de soi et les effets positifs de nos relations.

Dieu travaille différemment. Avec lui, nous pouvons être vrais, brisés, honnêtes. Lorsque nous trouvons de l'amour et de l'approbation en Christ, nous n'avons plus besoin d'essayer d'impressionner les autres par la vie que nous menons. Nous pouvons être vulnérables et vrais. Cela a pour effet de créer des liens solides avec ceux qui nous entourent. En tant qu'hommes et femmes de foi, nous pouvons aimer tout ce qui n'est pas aimable chez les autres. Nous pouvons pardonner, parce que nous avons nous-mêmes été pardonnés. Nous pouvons protéger, donner, aider et soutenir les autres, parce que nous trouvons tout cela dans la personne du Tout-Puissant.

Somme toute, la foi nous rend capables de créer des liens, parce que nous sommes ancrés dans une source abondante d'amour, de pardon et de bonté. Dieu aime les relations. Il veut bénir nos mariages, nos amitiés et nos relations de travail. Il le résume par les paroles de Jésus:

Aimez-vous les uns les autres comme je vous ai aimés.

Jean 15.12

1. Le pouvoir des mots

Nos paroles ont beaucoup d'impact. Elles peuvent blesser en un instant. Parfois, la blessure ne guérit jamais.

«La violence accompagne tout ce que disent les méchants», dit Proverbes 10.11. «Celui qui parle beaucoup ne manque pas de pécher, mais celui qui met un frein à ses lèvres est un homme avisé» (v. 19).

Il est essentiel d'apprendre à contrôler ce que nous disons, en particulier aujourd'hui, à l'ère du numérique, où les dégâts que causent nos mots n'ont jamais été plus rapides et plus sévères. Comme le disait Abraham Lincoln, «mieux vaut rester silencieux et passer pour un imbécile que parler et ne laisser aucun doute là-dessus.»[1]

Nos paroles peuvent aussi bien encourager que détruire. Par des mots doux et réconfortants, vous pouvez bouleverser la journée d'une personne, voire sa vie entière. Notre bouche a le pouvoir d'apporter de grandes bénédictions:

La bouche du juste est une source de vie. [...]
L'amour couvre toutes les fautes.

Proverbes 10.11-12

- - - -

1 «Citations d'Abraham Lincoln», Evene (http://evene.lefigaro.fr/citation/mieux-vaut-rester-silencieux-passer-imbecile-parler-laisser-dou-39120.php)

Parlez en bien des autres, et parlez bien aux autres. Utilisez vos mots pour répandre la douceur et l'amour, et si vous ne trouvez rien de bon à dire sur quelqu'un, eh bien, ne dites rien! Ceux qui vous entourent sauront apprécier cette superbe qualité qu'est la discrétion.

2. Amis de Dieu

L'amitié enrichit notre vie et nous rend plus forts face à l'adversité. Imaginez-vous, maintenant, avoir le Créateur tout-puissant comme ami le plus proche; avoir cet ami qui vous défend envers et contre tout. Il nous promet que nous pouvons être ses amis, vous et moi. La promesse faite à Moïse («Je marcherai moi-même avec toi et je te donnerai du repos», Exode 33.14) s'applique à nous aussi. Soyez reconnaissant(e) de tout votre cœur pour ce don, et comprenez que ce n'est là que de la grâce.

> Revêtez-vous d'humilité, car Dieu s'oppose aux orgueilleux, mais il fait grâce aux humbles.
>
> 1 Pierre 5.5

Lorsque nous considérons la manière dont Dieu nous inonde de sa grâce, en dépit de tous nos manquements, l'humilité devient toute naturelle. Etre humbles, cela ne veut pas dire que nous devons avoir une mauvaise opinion de nous-mêmes. Comme le relève Rick Warren, la véritable humilité ne consiste pas à ne plus avoir de considération pour nous-mêmes mais à avoir plus de considération pour les autres. Lorsque nous sommes environnés de l'amour de Dieu, nos regards se détachent de nous-mêmes et se tournent vers lui avec amour et reconnaissance. Voilà ce que signifie être humble.

3. Côte à côte

Lord Radstock, le missionnaire qui a joué un rôle très important dans le Réveil russe[1], séjournait dans un hôtel de Norvège. Il a soudain entendu jouer du piano. Le son était si horrible qu'il est descendu de sa chambre pour en savoir plus. Il est tombé sur une petite fille en train de tambouriner avec ses poings sur les touches, sans se rendre compte que la mélodie dissonante qui en résultait le rendait complètement fou.

Pendant qu'il l'observait, Radstock a vu un homme s'approcher du piano et s'asseoir à ses côtés sur le tabouret. La petite fille continuait son tapage, mais l'homme l'accompagnait. A la grande surprise de Radstock, le duo jouait la plus belle des mélodies. Ce n'est que plus tard qu'il a découvert que l'homme était le père de la petite fille. C'était Alexandre Borodine, le compositeur de l'opéra *Le Prince Igor*.[2]

Si nous vivons dans la foi et l'amour, notre vie ressemble un peu à cela: c'est une relation où des notes dissonantes, celles que nous jouons, ne deviennent mélodieuses que lorsque Christ se tient à nos côtés et touche notre cœur. Il nous amène vers son amour et sa lumière, vers sa bonté et ses bonnes œuvres secrètes, vers des choses audacieuses et sages qu'il a prévues pour nous. S'il change notre vie, nous pouvons changer celle de notre entourage. La main

- - - -

1 Débuts de l'arrivée de missionnaires protestants dans la Russie orthodoxe (vers 1870). (ndlt)
2 «PR and the Christian Faith», *Common Ground*, http://www.seekcg.com/?page_id=26

dans sa main chaque jour, ne regardant jamais trop loin devant ni derrière nous, nous verrons sa présence se manifester.

Et comme ce père aux côtés de sa fille, Dieu n'est jamais loin.

L'Esprit aussi nous vient en aide dans notre faiblesse.

Romains 8.26

4. De beaux pieds

On demande souvent à Shane Claiborne comment était Mère Teresa dans la vie de tous les jours. Dans son livre *Une révolution irrésistible*, il explique que, si les gens s'émerveillaient de son rayonnement angélique, la réalité était plus banale. Il la décrit comme une jolie vieille dame très ordinaire: petite, ridée et parfois ronchonne.

Mais il dit n'avoir jamais oublié une chose: elle avait les pieds déformés. Il les observait parfois en se demandant si elle avait contracté la lèpre. Il a fini un jour par apprendre la vérité: chaque fois qu'on lui faisait don de chaussures, Mère Teresa s'arrangeait pour que personne n'ait la plus mauvaise paire. Elle inspectait toute la pile et s'assurait que les plus abîmées lui reviennent. Après des années à vivre de cette manière – c'est-à-dire en aimant son prochain comme elle-même – elle avait des pieds déformés.

Cela s'appelle la grâce. C'est la pratique d'un amour disposé au sacrifice, prêt à privilégier les besoins des autres. C'est ce que signifie l'humilité.

Qu'ils sont beaux les pieds de ceux qui annoncent la paix, de ceux qui annoncent de bonnes nouvelles !

Romains 10.15

Force spirituelle

C'est ce qui doit nous différencier des autres, nous, hommes et femmes de foi. Nous devons penser aux autres d'abord, et avec Christ en nous, nous devons aller toujours plus loin dans le service des autres. Nous tentons d'être à l'image de Christ. C'est ce que faisait Mère Teresa: elle illustrait et transmettait la lumière et l'amour de Christ aux autres par ses actions. Ses pieds reflétaient ce qu'elle avait dans le cœur: ils étaient affreux à voir à cause des pauvres, mais répandaient la bonté.

Aujourd'hui, demandons à Christ que notre cœur et nos pieds soient des instruments d'amour et de courage dans notre manière de vivre.

5. Vivre ensemble

Cela peut sembler aberrant, mais si vous voulez relever les défis de votre vie, vous ne devez pas compter sur vos propres forces. Le roi David avait compris, non sans douleur, que le seul moyen d'avancer est de placer notre confiance en Dieu. L'homme ne peut pas se reposer sur ses propres capacités.

Ce n'est pas une grande armée qui sauve le roi,
ce n'est pas sa grande force qui délivre le guerrier.
Le cheval est impuissant pour assurer le salut,
et toute sa vigueur est incapable de procurer la délivrance.

Psaume 33.16-17

Dieu donne la victoire à ceux qui le craignent:

Le regard de l'Eternel est sur ceux qui le craignent,
sur ceux qui espèrent en sa bonté,

afin de les délivrer de la mort

et de les faire vivre, même en temps de famine.

Psaume 33.18-19

Nous apprenons, dès notre naissance, à ne compter que sur nous-mêmes, mais cela ne nous emmènera jamais bien loin. La vraie puissance vient de la capacité à lâcher prise pour nous appuyer sur quelqu'un de plus grand que nous. Elle vient du moment où nous nous agenouillons et où nous regardons vers le ciel. Dieu a tout ce dont nous avons besoin; faisons-lui confiance. Comme David. Comme Joseph. Comme Moïse et Josué. Comme Jean-Baptiste. Comme Pierre. Comme Paul.

Au lieu de faire vos propres plans et de demander ensuite à Dieu de les bénir, laissez-vous guider par lui. Laissez-le vous diriger, affermir vos pas et bénir votre journée. C'est son plus grand souhait: vous accompagner dans votre vie.

6. L'importance de l'amitié

Comme l'a écrit C.S. Lewis, l'amitié est la couronne de la vie et l'école de la vertu[1]. Avoir de bons amis – des personnes que vous considérez comme des âmes sœurs – est un trésor inestimable. L'amitié multiplie les occasions de joie et divise les occasions de tristesse, et la Bible est emplie de merveilleux exemples à suivre.

David et Jonathan, Moïse et Aaron, Naomi et Ruth, Elie et Elisée: toutes ces personnes se sont mutuellement soutenues en temps de détresse et se sont réjouies ensemble en temps de joie.

_ _ _ _

1   C.S. Lewis, *Les quatre amours*, 1960

Il vaut mieux être deux que tout seul, parce qu'à deux on retire un bon profit du travail. En effet, en cas de chute, l'un relève son compagnon.

Ecclésiaste 4.9-10

Ce beau verset est souvent utilisé pour illustrer l'importance de l'amitié et, parfois, de l'unité dans le mariage, mais dans son contexte original, ce verset parle surtout de l'amitié.

D'une certaine manière, l'amitié est même plus importante que le mariage: le mariage est temporaire, l'amitié est éternelle.

Nous avons donc besoin de bons partenaires dès aujourd'hui. Le fait que Jésus envoie ses disciples travailler deux par deux n'était pas anodin. Il arrive que notre vie, notre travail ou notre mission deviennent très difficiles et que nous nous sentions seuls. Avoir des partenaires dans ces domaines peut faire toute la différence.

Soyons loyaux envers nos amis, surtout lorsqu'ils ne le sont pas envers nous. Soyons de ceux qui font durer les rires plus longtemps et sécher les pleurs plus rapidement. Encourageons-les par nos paroles et par nos actes, par SMS, par e-mail, etc. Fortifions-nous mutuellement. Soutenons-les et parlons d'eux en bien aux autres. Chacun de ces gestes est une nouvelle brique dans la construction d'une amitié qui durera pour toujours.

7. Humilité, amour et tolérance

Jésus n'avait pas encore physiquement quitté la terre et donné l'ordre de fonder son Eglise que déjà, les disciples se disputaient. En fait, son ministère commençait tout juste qu'ils discutaient déjà pour savoir lequel d'entre eux était le plus grand.

Jésus leur a alors donné (et à nous également) des leçons essentielles sur les moyens de garder une amitié solide.

Choisir l'humilité

Il est normal de vouloir nous comparer aux autres, mais la jalousie et la rivalité nuisent aux relations. Jésus a interdit à ses disciples d'avoir des rivalités entre eux, si ce n'est pour vouloir occuper la dernière place: «Si quelqu'un veut être le premier, il sera le dernier de tous et le serviteur de tous» (Marc 9.35).

Choisir l'amour

En prenant un enfant dans ses bras, Jésus a dit «Celui qui accueille en mon nom un de ces petits enfants, c'est moi-même qu'il accueille» (Marc 9.37). Nous sommes appelés à nous aimer et à accueillir favorablement tous ceux qui nous entourent, en particulier les personnes qui ne peuvent pas nous rendre la pareille.

Choisir la tolérance

Parfois, nous nous surprenons à accepter facilement le désordre dans notre vie, tout en étant intolérants avec les autres lorsqu'ils font des erreurs. Jésus nous a appris à traiter les autres avec grâce, mais à être vigilants et intolérants avec le péché dans notre propre vie: «Si ton œil te pousse à mal agir, arrache-le»[1] (Marc 9.47).

Si nous nous efforçons d'agir ainsi envers les autres, nous construisons le type d'amitié qui tiendra bon dans les pires tempêtes.

---

[1] C'est une métaphore, je me dois de le préciser!

8. Paix, paix, paix

La paix est au cœur de tout ce qui est bon dans ce monde. Si vous voulez vivre de belle manière, faites le choix de la paix dans trois aspects de votre vie.

Paix avec Dieu

Si nous voulons vivre en règle avec Dieu et lui témoigner le respect qui lui est dû, la paix en découlera. «Celui qui craint l'Eternel possède un puissant appui, et ses enfants ont un refuge auprès de lui. La crainte de l'Eternel est une source de vie pour détourner des pièges de la mort» (Proverbes 14.26-27).

Paix avec les autres

«Si cela est possible, dans la mesure où cela dépend de vous, soyez en paix avec tous les hommes» (Romains 12.18). La patience, la douceur et la générosité nous aident à enrichir nos relations. De plus, «exploiter le faible, c'est insulter son créateur, mais faire grâce au pauvre, c'est l'honorer» (Proverbes 14.31).

Paix avec nous-mêmes

Nous sommes nombreux à avoir du mal à être en paix avec nous-mêmes. Il est rare que notre esprit soit au repos. Mais nous pouvons connaître une paix durable et véritable par la présence de Christ dans notre cœur: «Un cœur paisible est la vie du corps» (Proverbes 14.30).

La colère, le refus de pardonner, la jalousie et la convoitise laissent derrière eux de la destruction, non seulement dans notre communauté et dans nos relations, mais également dans notre relation avec Dieu. Poursuivre la paix est toujours la bonne chose à faire. Paix. Paix. Paix. Sentez sa présence apaisante dans votre cœur.

9. Désormais parmi nous

Si vous aimez quelqu'un, vous ne souhaitez rien d'autre que sa présence autour de vous. Les photos vous réconfortent. Les appels téléphoniques, les e-mails et les SMS vous donnent de la joie. Skype et FaceTime sont de bons moyens de communiquer. Mais rien ne vaut du temps passé avec la personne que vous aimez.

Lorsqu'Adam et Eve se sont détournés de Dieu, ils ont perdu une chose précieuse: leur véritable lien avec lui.

Plus tard, les Israélites considéraient le temple non pas comme un lieu de sacrifice, mais comme le lieu qui renfermait la présence de Dieu. Dès qu'ils se retrouvaient sous la main de l'envahisseur, ce qui leur était le plus difficile était d'être loin de la présence de Dieu.

Pour nous tous, le moment où Jésus est ressuscité a tout changé. Cela signifie que tout ce qu'il avait dit sur sa propre divinité était vrai. Cela signifie qu'il n'est pas un simple personnage historique appartenant au passé. Non; il est venu accomplir son destin.

L'Ancien Testament regorge de signes pointant vers Jésus. Toutes les prophéties se sont, l'une après l'autre, accomplies dans la personne de ce charpentier nazaréen, qui a vécu parmi nous en tant que Dieu. Par sa vie, sa mort et sa résurrection, nous pouvons désormais goûter à la présence de Dieu parmi nous. Les paroles écrites au sujet de Jésus avant sa naissance sont toujours aussi vraies aujourd'hui:

> Mon Esprit, qui repose sur toi, et mes paroles, celles que j'ai mises dans ta bouche, ne quitteront pas ta bouche.
>
> Esaïe 59.21

Dieu est désormais parmi nous.

Force spirituelle

10. La bonne terre

Si nous souhaitons avoir des relations saines, nous devons traiter les autres avec respect, qu'il s'agisse de notre épouse ou époux, de nos amis proches, de nos parents ou de nos enfants. L'intimité et la confiance ne peuvent se développer que lorsque chacun(e) est à l'écoute, doux, honnête et aimant.

C'est également vrai en ce qui concerne notre relation avec Dieu: la manière dont nous interagissons avec lui a une influence sur la proximité que nous avons avec lui. Nous pouvons l'ignorer, choisir de ne pas le respecter et mener notre vie loin de lui, et il nous semblera être à des millions de kilomètres. (L'ironie, dans cela, c'est que même alors, il reste proche de nous. Toutefois, comme notre cœur est en peine, nous nous sentons seuls.)

Cependant, si nous regardons vers lui avec honnêteté, humilité et respect, alors tout peut changer. Notre vie peut s'épanouir d'une manière que nous n'aurions jamais osé imaginer:

> Une autre partie tomba dans la bonne terre; quand elle eut poussé, elle produisit du fruit au centuple.
>
> Luc 8.8

Il existe un merveilleux paradoxe dans notre vie de foi et d'amour: nous ne sommes pas ses égaux et, pourtant, Dieu nous utilise dans ses plans et nous traite comme ses enfants chéris. Il aurait pu tout faire par lui-même, mais il nous invite à nous rapprocher de lui. Il nous donne une liberté totale, mais il garde le contrôle.

Nous avons tous des choses qui ne vont pas dans notre vie, mais si nous sommes prêts à dire oui à Dieu, les yeux fermés, il travaillera avec nous, dans la situation dans laquelle nous nous trouvons. Notre cœur deviendra un terrain fertile; il l'utilisera et nous bénira.

11. La confrontation

Le conflit fait tout bonnement partie de la vie. Il n'est pas toujours facile à gérer et il est parfois très douloureux, mais la manière dont nous l'abordons fait toute la différence.

Qui, plus que Jésus, a eu à gérer la confrontation (et il n'a jamais, du reste, confondu confrontation et condamnation)? Il ne l'a jamais esquivée et n'a jamais agi dans un autre but que l'amour.

Nicodème était un homme très influent. Il était un pharisien aux valeurs morales affirmées et il était membre du conseil d'autorité juif. Jésus ne s'est absolument pas laissé impressionner par sa position. Il l'a repris avec amour et lui a enseigné qu'il avait besoin de laisser de côté la «religion» pour tout reprendre à zéro; qu'il avait besoin de laisser derrière lui ses blessures, ses habitudes, sa manière de vivre. Jésus lui a fait voir son besoin de transformation de manière claire, douce, et dans aucun autre but que l'amour.

Au fait, à quoi ressemble l'amour?

L'amour est patient, il est plein de bonté; l'amour n'est pas envieux; l'amour ne se vante pas, il ne s'enfle pas d'orgueil, il ne fait rien de malhonnête, il ne cherche pas son intérêt, il ne s'irrite pas, il ne soupçonne pas le mal, il ne se réjouit pas de l'injustice, mais il se réjouit de la vérité; il pardonne tout, il croit tout, il espère tout, il supporte tout. L'amour ne meurt jamais.

1 Corinthiens 13.4-8

Annoncer la vérité de l'amour, c'est notre seul moyen de gérer le conflit, qu'importe à quoi nous devons faire face.

Apprendre à gérer une situation conflictuelle efficacement peut prendre des années, mais, si nous considérons la manière dont Jésus l'a fait, qu'il s'agisse de Nicodème, de Ponce Pilate ou des marchands dans le temple, nous avons l'exemple d'une gestion parfaite. C'est la raison pour laquelle la plupart des gens, croyants ou non, considèrent Jésus comme l'exemple suprême d'autorité, d'amour et de sagesse infinie.

12. Semer et moissonner

Jésus était constamment entouré de toutes sortes de personnes, ce qui fait de son histoire un bon moyen d'apprendre à gérer nos relations, en particulier si l'on s'intéresse à sa relation avec ses disciples.

Si vous aviez eu à créer la communauté de foi la plus influente et la plus solide de tous les temps, auriez-vous choisi ce groupe? Quelle fine équipe! Ils étaient comme vous et moi. Ils échouaient plus qu'ils ne réussissaient. Ils se disputaient et oubliaient la moitié des choses que Jésus leur enseignait. Mais Jésus est resté patient et doux, et il savait qu'ils s'amélioreraient et deviendraient des personnes à même de bâtir son Eglise. Et il pense la même chose de nous.

Jésus savait qu'en ce qui concerne les relations, il existe trois vérités fondamentales:

> Vous récoltez ce que vous avez semé.

> Vous récoltez après avoir semé.

> Vous récoltez plus que vous n'avez semé.

Ces vérités s'appliquent à tous les aspects de notre vie de foi. L'apôtre Paul a écrit:

Sachez-le, celui qui sème peu moissonnera peu et celui qui sème abondamment moissonnera abondamment.

2 Corinthiens 9.6

Si vous voulez mener une vie épanouie, riche et gratifiante, donnez! Ayez pour objectif d'être la personne la plus généreuse de votre entourage, que ce soit en bonté, en enthousiasme, en attitude positive, en biens et richesses, en temps ou en amour.

La vie est, somme toute, très simple: ce que nous y mettons, c'est ce que nous en retirons.

13. Changer les choses

Voulez-vous changer les choses? Marquer des vies? Vous pouvez le faire, et tous les jours. Tout ce que vous avez à faire, c'est laisser Dieu travailler à travers vous. «Le fruit que porte le juste est un arbre de vie et le sage gagne des âmes» (Proverbes 11.30).

C'est tout à fait vrai: si le Tout-Puissant est à nos côtés, toutes sortes de bénédictions en découlent. Galates 5.22 établit la liste de toutes ces bonnes choses: l'amour, la joie, la paix, la patience, la bonté, la bienveillance, la foi, la douceur, la maîtrise de soi.

Si nous voulons changer les choses autour de nous, nous devons laisser Dieu changer les choses en nous; alors nous déverserons sa bonté et sa grâce sur toutes les personnes que nous rencontrerons.

Si quelqu'un est en Christ, il est une nouvelle créature. Les choses anciennes sont passées; voici, toutes choses sont devenues nouvelles. Et tout cela vient de Dieu qui nous a réconciliés avec lui par Jésus-Christ et qui nous a donné le ministère de la réconciliation.

2 Corinthiens 5.17-18

Quelle grande et merveilleuse nouvelle! Par la présence de Dieu et avec le soutien du Saint-Esprit, nous pouvons vraiment changer les choses, partout où nous nous rendons. C'est une présence qui nous soutient infiniment.

Le fruit que porte le juste est un arbre de vie et le sage gagne des âmes.

Proverbes 11.30

14. Toujours plus de bonté

Chacune des personnes que nous rencontrons est en proie à une difficulté dans sa vie, quelle qu'elle soit. Il est bon de nous souvenir de cela, lorsque nous sommes face à une personne particulièrement difficile ou récalcitrante. Il y a de grandes chances pour que cette personne soit confrontée à une situation difficile et que ce soit ce qui explique son comportement désagréable. Rappelons-nous cela, car cela change notre manière de voir les autres. Comme le disait Platon, nous avons à faire preuve de gentillesse envers tous ceux que nous rencontrons: leur combat est peut-être plus dur que le nôtre.

Si nous témoignons de la bonté à ceux qui nous entourent, elle se multiplie. Des relations saines sont créées, des liens sont nourris et des personnes ont à leur tour envie de faire tout ce qu'elles peuvent pour agir, elles aussi, avec bonté. La bonté nous transforme autant qu'elle transforme les autres. Et elle est encore plus appréciable lorsqu'elle est inattendue.

J'aime beaucoup l'histoire de David et de Mephibosheth, un homme boiteux se décrivant lui-même comme un «chien mort» (2 Samuel 9.8). «N'aie pas peur, lui a dit David, car je veux te faire du bien. [...] Je te rendrai toutes les terres de Saül, ton grand-père, et tu mangeras toujours à ma table» (v. 7). Mephibosheth a passé le reste de sa vie dans le palais de Jérusalem. La bonté du roi David a transformé sa vie, et nous en parlons encore aujourd'hui.

Agissez envers les autres avec bonté, toujours plus de bonté. Inscrivez-la dans votre cœur. La bonté est la reine des vertus.

> Si nous témoignons de la bonté à ceux qui
> nous entourent, elle se multiplie.

15. De beaux mensonges

Nous sommes tous tentés. Vivre des relations parfaitement intègres n'est pas facile. Les tentations nous environnent et, parfois, elles peuvent être très fortes, en particulier quand elles concernent le sexe, l'argent ou le pouvoir. Rien de bien nouveau là-dedans. La Bible est remplie d'histoires de personnes qui ont été tentées de tromper leurs partenaires. Bon nombre d'entre elles ont par ailleurs fini par le faire, et beaucoup ont cru des mensonges tels que ceux-ci: «L'eau volée est douce et le pain mangé en cachette est agréable» (Proverbes 9.17)!

Pourtant, c'est faux. L'eau volée n'est jamais douce très longtemps, et le pain mangé en cachette ne nourrit que peu. La dure réalité, c'est que le péché nous éloigne de la liberté et de la lumière. Interrogez toute personne ayant connu une dépendance à la drogue, ayant eu une aventure ou ayant trompé quelqu'un: le frisson ne dure qu'une minute. L'horrible sensation d'être manipulés par nos propres émotions ne produit que la peur et la honte. Et la honte, c'est toujours pire que tout.

> Et il ne sait pas que là se trouvent les défunts,
> que ceux qu'elle a invités sont dans les vallées du séjour des morts.
>
> Proverbes 9.18

C'est pourquoi les paroles de Pierre ont énormément d'importance pour nous:

> Si quelqu'un, en effet, veut aimer la vie et voir des jours heureux, qu'il préserve sa langue du mal et ses lèvres des paroles trompeuses, qu'il se détourne du mal et fasse le bien, qu'il recherche la paix et la poursuive.
>
> 1 Pierre 3.10-11

Dieu est de notre côté. Il sait ce que signifie être tenté, et il sait ce dont nous avons besoin pour résister. Il promet que nous ne serons jamais tentés au-delà de ce qu'il va nous aider à supporter. Concentrons-nous sur la vérité, sur le long terme et sur la valeur de la fidélité. Ce sera difficile, et peut-être que nous échouerons. Sa main qui nous offre le pardon ne fera jamais défaut; le péché, en revanche, nous fait beaucoup de mal.

Du reste, si les moyens de résister et la puissance de Dieu nous ont été donnés, proclamons-le et tenons bon! Toute victoire, aussi petite soit-elle, nous rend plus forts. Comme un muscle, plus nous nous entraînons à résister et à gagner, plus notre persévérance est forte.

16. Des cicatrices

Avec le temps, nous accumulons beaucoup de cicatrices et de blessures. Cela fait partie de la vie, et cela nous rappelle beaucoup de nos aventures. Certaines cicatrices ne me dérangent pas; d'autres, oui. Je suis particulièrement embarrassé par l'état de mes pieds, par exemple. L'un d'entre eux est particulièrement tordu et déformé (et je me souviens très exactement de la chute qui a causé cette déformation, d'ailleurs!).

La vérité, c'est que je ne devrais pas me sentir honteux de mes blessures ni de mon triste état: ce sont des éléments qui montrent que je me suis battu et, surtout, que j'ai survécu.

Parfois, des pieds difformes et des cicatrices corporelles peuvent être splendides: ils sont une illustration de votre dignité et de votre courage.

Jésus le savait bien: ce n'est que grâce à ses cicatrices, après avoir été puni à notre place, qu'il est en mesure de nous sauver. Ses cicatrices sont une porte vers la vie.

> Mais lui, il était blessé à cause de nos transgressions, brisé à cause de nos fautes: la punition qui nous donne la paix est tombée sur lui, et c'est par ses blessures que nous sommes guéris.
>
> Esaïe 53.5

Au lieu, donc, de rechercher la perfection (qui, du reste, n'existe même pas dans cette vie), acceptons avec joie nos déformations et nos cicatrices, car c'est dans les parties les plus sombres de notre existence que la bonté et la tendresse de Christ brillent le plus. C'est ainsi qu'est sa merveilleuse nature. Et sa présence, elle, est toujours bonne et apaisante.

17. Gare aux mots

Nous nous mettons tous en colère, de temps à autre, et nous disons alors des choses que nous regrettons ensuite. Mais ne vous y trompez pas: vos paroles en l'air ne sont pas forcément vite oubliées. Alors, prudence!

> L'homme pervers provoque des conflits et le critiqueur divise les amis.
>
> Proverbes 16.28

(Entre parenthèses, si vous avez peur de cancaner lorsque vous parlez de quelqu'un, posez-vous cette question: la personne à laquelle je suis en train de parler aura-t-elle une moins bonne estime de celle dont je parle après m'avoir entendu? Si oui, ce sont des commérages, et il vaut mieux vous taire!)

Nos paroles peuvent, au contraire, apaiser les autres: «Une réponse douce calme la fureur» et: «Une parole porteuse de guérison est un arbre de vie» (Proverbes 15.1, 4). Si nous encourageons sincèrement les autres, nous leur apportons une lumière verbale, une vérité qui éclaire leur journée, voire qui change leur vie.

En outre, la manière dont vous parlez des autres en dit plus long sur vous que sur eux (c'est ma mère qui me l'a appris). Veillez donc sur vos paroles et comprenez qu'elles ont le pouvoir d'encourager comme de détruire.

18. Longue vie à la loyauté

La loyauté est une qualité très précieuse, mais souvent méprisée dans la société actuelle. Pourtant, c'est quelque chose dont nous avons tous besoin. Sans elle, nos familles, nos commerces, nos communautés, nos systèmes politiques et même nos nations s'effritent et s'effondrent.

La loyauté repose sur un concept simple mais merveilleux: je serai à tes côtés, que tu fasses bien ou que tu fasses mal; si tu fais mal, je te le dirai, et je t'aiderai à faire bien. J'aime les amitiés de ce genre. J'aime que les gens veillent sur moi et que je puisse veiller sur eux. Et j'aime le fait que Jésus veille toujours sur moi. Lorsque je tombe, lorsque je trébuche et que j'échoue, la présence de celui qui me pardonne et me soutient m'aide à me relever et m'encourage à continuer d'avancer.

La persévérance a une tout autre signification lorsque nous sommes soutenus par une puissance qui nous dépasse. Christ est toujours avec nous. Je dépends de lui chaque jour de ma vie.

Je lève mes yeux vers les montagnes:
d'où me viendra le secours?
Le secours me vient de l'Eternel,
qui a fait le ciel et la terre.

Psaume 121.1-2

Si nous faisons confiance à Dieu et que nous regardons à lui pour obtenir de l'aide, les choses se mettent en place comme il faut. Notre vie se déroule de la manière dont elle était censée se dérouler. Nous avons accès à une puissance que nous n'avions jamais connue auparavant. Enfin, nous commençons à vivre librement, honnêtement et efficacement.

Tout cela commence par la loyauté: loyauté envers nous-mêmes et loyauté envers Dieu. De la loyauté dans la joie et dans la détresse, de la loyauté envers et contre tout: tel est le socle de n'importe quelle relation solide.

19. Qu'est-ce que la louange?

Dans certaines Eglises, un temps assez conséquent est consacré à ce que l'on appelle la louange. Un groupe de musique joue, les gens se lèvent, chantent quelques chants, lèvent les mains en l'air, puis se rasseyent. Avant, je trouvais cela un peu bizarre. (Pourtant, la Bible mentionne beaucoup de personnes qui lèvent les mains; c'est l'expression d'un fort engagement envers lui. Elles expriment leur amour et leur reconnaissance à Dieu; j'aime beaucoup cela.) Comprenez-moi bien: très souvent, j'apprécie d'écouter les chants, et on en trouve souvent de très beaux, très bien écrits, mais la louange se limite-t-elle à cela?

Jago Wynne a écrit: «La louange, c'est ce que je dis de mes lèvres. C'est ce que je regarde [...] c'est ce que je pense [...] c'est là où mes pieds m'emmènent.»[1] Elle peut impliquer du chant, mais elle ne saurait être réduite à cela. Elle est forcément beaucoup plus. Louer Dieu, c'est l'honorer. Nous le faisons par la manière dont nous vivons. Chaque action que nous faisons, chaque acte de bonté, chaque moment d'humilité, chaque moment de générosité réjouit Dieu. C'est cela, la louange.

C'est la raison pour laquelle Paul nous encourage à faire attention à la manière dont nous vivons et aux relations que nous avons. Son conseil est essentiellement pratique:

> Pourvoyez aux besoins des saints et exercez l'hospitalité avec empressement. Bénissez ceux qui vous persécutent, bénissez et ne maudissez pas. Réjouissez-vous avec ceux qui se réjouissent, pleurez avec ceux qui pleurent. Vivez en plein accord les uns avec les autres.
>
> Romains 12.13-16

- - - -
1   Jago Wynne, *Working Without Wilting*, InterVarsity Press, 2009

C'est cela, la vraie louange.

20. L'amour ne juge pas

Il nous est très facile de critiquer, en particulier les personnes qui ne voient pas le monde comme nous le voyons. Or, les ordres que nous avons reçus sont très clairs: nous ne devons juger personne, y compris celles qui ont des convictions différentes des nôtres. Laissons Dieu exercer la justice et concentrons-nous sur notre rôle: faire preuve d'amour et de bonté. Paul nous laisse un conseil on ne peut plus limpide:

> Accueillez celui qui est faible dans la foi sans discuter ses opinions. [...] Nous comparaîtrons tous, en effet, devant le tribunal de Christ.
>
> Romains 14.1, 10

Quelles que soient nos convictions ici-bas, nous devrons tous plier le genou devant le Tout-Puissant. La tolérance est toujours au cœur de l'amour, et peut-être que notre manière d'agir n'est pas la seule. Il existe beaucoup trop de divisions et de difficultés dans le monde de la foi. Qui d'entre nous peut prétendre savoir comment les résoudre?

La seule chose dont nous puissions être certains, c'est que l'amour est la seule voie à suivre; il est patient, respectueux, tolérant et bon. Nous pouvons être certains qu'il place nos relations et notre unité avant le besoin d'avoir «raison». Ne jugeons pas. Ne critiquons pas.

Jésus le dit:

Force spirituelle

Ne jugez pas afin de ne pas être jugés, car on vous jugera de la
même manière que vous aurez jugé et on utilisera pour vous
la mesure dont vous vous serez servis. Pourquoi vois-tu la
paille qui est dans l'œil de ton frère et ne remarques-tu pas la
poutre qui est dans ton œil?

Matthieu 7.1-3

L'amour transcende les convictions et ne voit que le meilleur.

21. La solitude

Il y a énormément de solitude dans notre société; sans doute
plus qu'à n'importe quelle période de l'histoire de l'humanité, et
nous en souffrons à n'importe quel âge. Les jeunes ont de moins
en moins d'espace pour gérer leur souffrance grandissante, les
parents luttent pour élever seuls leurs enfants, et les personnes
âgées se retrouvent marginalisées et isolées. Nous nous tournons
vers des solutions qui, nous l'espérons, nous aideront à soulager
notre solitude, mais trop souvent, elles ne font qu'aggraver notre
situation.

Nous n'avons pas été créés pour être seuls. Dieu nous a créés
pour vivre en communauté, et c'est aussi vrai que l'interdépen-
dance des membres de notre corps. Comme un corps est fait de
différents membres, nous aussi, nous appartenons aux autres, et
les autres nous appartiennent. Peut-être pensez-vous qu'un rein
est moins important qu'un bras, mais vous avez tort:

Les parties du corps qui paraissent être les plus faibles sont
nécessaires.

1 Corinthiens 12.22

Nous avons désespérément besoin les uns des autres: nous sommes étroitement liés.

Veillons les uns sur les autres pour nous inciter à l'amour et à de belles œuvres. N'abandonnons pas notre assemblée, comme certains en ont l'habitude, mais encourageons-nous mutuellement. Faites cela d'autant plus que vous voyez s'approcher le jour.

Hébreux 10.24-25

Si vous voyez une personne isolée, seule, ou en détresse, allez vers elle. Nous sommes une famille, et nous sommes tous des êtres humains: nous avons été merveilleusement créés pour être avec Dieu et pour être ensemble.

22. Les étiquettes

Plus il y a de diversité dans le monde, plus nous avons besoin de travailler ensemble pour travailler efficacement.

C'est la raison pour laquelle il est peut-être temps de laisser tomber les étiquettes: cessons de nous décrire ou de décrire les autres comme un type particulier de chrétiens.

Mais par-dessus tout cela, revêtez-vous de l'amour, qui est le lien de la perfection.

Colossiens 3.14

Comme les membres d'un corps, nous sommes différents, mais nous sommes unis. En tant qu'ambassadeur en chef du mouvement scout, je vois 200 pays de cultures différentes, d'apparence et de langues différentes, liés par les mêmes valeurs positives. Cela fonctionne merveilleusement bien, car l'amour, le respect et la tolérance sont les fondements de ce que signifie être scout.

Ainsi, lorsque nous croisons une personne différente de nous, sur notre chemin de la foi, rappelons-nous de quelle manière Dieu la voit: comme un bijou unique et précieux. Apprécions la diversité, valorisons nos différences et délectons-nous de ce qui nous rapproche plutôt que de ce qui nous sépare, en gardant toujours nos regards fixés sur l'amour. C'est ainsi que Dieu a désiré établir sa famille; et chacune de nos rencontres est une chance de témoigner de son amour et de le transmettre.

23. Au plus près d'abord

Nos paroles, nos actions et nos attitudes ont le pouvoir de transformer des vies. Elles peuvent guérir les gens, les communautés, les nations. Notre vie devrait être guidée par la «règle d'or» de Jésus (Matthieu 7.12):

> Tout ce que vous voudriez que les hommes
> fassent pour vous,
> vous aussi, faites-le de même pour eux.

Comme le dit John Wesley, attachez-vous à faire «tout le bien possible, par tous les moyens possibles, de toutes les manières possibles, partout où c'est possible, dès que c'est possible, à toutes les personnes possibles, aussi longtemps que possible»[1].

- - - -
1 Les origines exactes de cette citation sont inconnues, mais on suppose que John Wesley a prononcé des paroles similaires dans ses prédications en 1799.

Comment faire? Cela semble impossible. Heureusement, nous n'avons pas à le faire tout seuls. Nous n'avons pas à garder ce fardeau sur nos épaules. C'est la raison pour laquelle Dieu nous a donné son aide, le Saint-Esprit.

> Il nous a sauvés […] à travers le bain de la nouvelle naissance et le renouvellement du Saint-Esprit qu'il a déversé avec abondance sur nous par Jésus-Christ notre Sauveur. Ainsi, déclarés justes par sa grâce, nous sommes devenus ses héritiers conformément à l'espérance de la vie éternelle.
>
> Tite 3.5-7

Seuls, nous faisons très peu. Mais si nous avons l'humilité de plier le genou devant le Tout-Puissant, il nous donne toute la force dont nous avons besoin pour transformer des vies autour de nous. Par qui commencer? Toujours par les personnes les plus proches de nous.

24. Le risque et sa récompense

Comme le souligne Rick Warren, la critique est le prix à payer pour l'influence. «Si vous n'avez aucune influence, personne ne dira quoi que ce soit à votre sujet. Mais plus vous êtes influent, plus vous recevrez de critiques.»[1]

----

1   Rick Warren, «Hardest Criticism to Swallow Is Claim That All Megachurches Are the Same», *Christianity Today*, https://christiantoday.com.au/news/rickwarren-criticismhardesttoswallowisclaimthatallmegachurchesarethesame.html

Cela ne s'applique pas uniquement aux personnes en position d'autorité ou à celles qui influencent des foules entières. Nous avons tous de l'influence sur quelqu'un, que ce soit dans notre couple, auprès de nos amis, de nos collègues ou même de personnes que nous rencontrons. Ainsi, nous sommes tous, en quelque sorte, dans une position d'autorité.

D'après les sociologues, même les individus les plus introvertis peuvent influencer près de 10'000 autres personnes dans leur vie. Cela signifie que nous serons tous exposés à la critique, à la souffrance et à la perte. C'est le prix des relations et de l'influence.

Lorsque Jésus a rencontré un jeune homme riche et l'a invité à le suivre, il lui a dit: «Viens, suis-moi» (Marc 10.21). Il ne lui a pas offert de conseil d'investissement; il lui a proposé une relation, avec tous les risques que cela comporte. C'est cette même relation, qui prend au cœur, est porteuse de difficultés et de coûts mais est aussi inspirante, qu'il nous offre aujourd'hui.

Mais c'était trop pour ce jeune homme. Il s'est éloigné de Jésus. Et nous pouvons, nous aussi, nous éloigner de lui, si c'est ce que nous voulons faire. Cependant, en restant près de lui, nous gagnerons plus que nous ne perdrons:

> Toute personne qui aura quitté à cause de moi ses maisons ou ses frères, ses sœurs, son père, sa mère, sa femme, ses enfants ou ses terres, recevra le centuple et héritera de la vie éternelle.
>
> Matthieu 19.29

En tant que personne d'influence et personne de foi, vous connaîtrez des périodes difficiles et, à coup sûr, des critiques. Considérez cela comme une partie et comme le prix à payer pour l'aventure que vous vivez. Gardez les yeux sur la récompense et sur celui qui la donne!

25. A 2800 mètres d'altitude

Le mont Hermon est une immense montagne. Si vous vous trouvez au nord d'Israël et que vous regardez vers le nord, vous le verrez. Il se trouve plus haut, à la frontière entre la Syrie et le Liban, et atteint presque 2800 mètres d'altitude, ce qui signifie qu'il neige au sommet une bonne partie de l'année. Les sources et les fleuves qui s'en écoulent, notamment le Jourdain, irriguent la terre à des kilomètres alentour.

Lorsque la Bible décrit le fait d'être unis comme ressemblant à «la rosée de l'Hermon» (Psaume 133.3), c'est une image frappante, et son influence est facile à déceler. Dieu aime l'unité. A de nombreuses reprises, j'ai vu l'impact positif de l'unité dans les mariages, les familles, les équipes, les communautés et même les nations.

> Oh! Qu'il est agréable, qu'il est doux
> pour des frères de demeurer ensemble!
>
> Psaume 133.1

Comme l'eau que l'on récupère des flancs de l'Hermon, l'unité a le pouvoir de maintenir la vie. Si nous choisissons de nous unir (et, parfois, de ravaler notre fierté), nous héritons de la bénédiction de Dieu. L'unité pave le chemin de sa puissance: elle passe d'une personne à l'autre, sans qu'aucun lien ne soit brisé.

Soyons des personnes qui choisissent de s'unir plutôt que de se diviser. Ainsi, la bénédiction de Dieu coulera sur nous.

> Personne n'a jamais vu Dieu. Si nous nous aimons les uns les autres, Dieu demeure en nous et son amour est parfait en nous.
>
> 1 Jean 4.12

26. Totalement personnel

Dans les hauteurs du Pays de Galles, deux pasteurs ont un jour rencontré un jeune berger qui avait perdu l'ouïe et qui était illettré. Ils ont tenté de lui expliquer que Jésus souhaitait être son berger et veillerait toujours sur lui, un peu comme lui, il veillait sur son troupeau.

Ils ont appris cinq simples mots au garçon: «Le Seigneur est mon berger» (cf. Psaume 23.1). Utilisant le pouce et les doigts de sa main droite, ils les lui ont répétés encore et encore. Chaque fois qu'ils arrivaient au quatrième, «mon», ils marquaient une pause et lui rappelaient que ce psaume était pour lui personnellement.

Quelques années plus tard, l'un d'entre eux, qui repassait par ce village, a demandé des nouvelles du berger. On a répondu que l'hiver précédent, il y avait eu d'affreuses tempêtes, et le jeune garçon était mort dans les montagnes, emporté par une avalanche. Le villageois qui lui racontait cette histoire a ensuite déclaré: «Il y a une chose, cependant, que nous n'avons jamais comprise. Lorsque son corps a été retrouvé, il tenait dans sa main le quatrième doigt de sa main droite.»[1]

Beaucoup pensent aujourd'hui à Dieu comme à une sorte de grande force invisible, mais la présence de Jésus change tout. Comme l'a écrit l'apôtre Paul, il est le «Fils de Dieu qui m'a aimé et qui s'est donné lui-même pour moi» (Galates 2.20).

Il est «mon Dieu» (Philippiens 4.19) et il peut aussi être le vôtre. Comprendre cela nous remplit d'une puissance, d'une intimité avec lui et d'une force qui dépassent de loin tout ce que ce monde connaît.

---

1 George Angus Fulton Knight, *The Psalms*, vol. 1, Westminster Press, 1982, p. 117-118

27. En avant, tous ensemble

J'essaie toujours de commencer la journée à genoux. Je me rappelle l'importance de démarrer avec Christ: je me rappelle que je suis un gant sur sa main; j'essaie de l'écouter et de me tenir tranquille; ensuite, je lis une petite partie de la Bible, je le remercie pour toutes les bonnes choses qu'il m'accorde, et je lui demande de l'aide pour tout ce qui va arriver. Cela ne me prend que dix minutes environ, mais c'est là que je trouve les ressources dont j'ai besoin pour la journée et pour les tâches que j'ai à accomplir.

Où que je sois dans le monde, je sais que l'un de mes amis les plus proches, Jim, fait la même chose que moi. Comme moi, il est très occupé, mais il ne laisse pas passer un jour sans faire cela. Nous le faisons en même temps, tous les jours, y compris à Noël. Et chaque année, nous nous engageons à renouveler cet engagement. Nous lisons les mêmes versets, puis nous nous envoyons un e-mail pour décrire nos pensées, nos doutes, nos sentiments. Cette amitié fraternelle est une source d'énergie pour nous deux. La responsabilité que nous avons l'un envers l'autre, l'amitié que nous avons en commun et notre croissance sont inextricablement liées.

C'est ce que disent les Proverbes:

> Tout comme le fer aiguise le fer, l'homme s'aiguise au contact de son prochain.
>
> Proverbes 27.17

Nous ne sommes pas faits pour vivre isolés. Nous sommes faits pour vivre dans une communauté où l'amour et la fraternité sont présents, où les personnes de paix tentent de se soutenir et de s'encourager tous les jours. C'est ainsi que nous pouvons grandir et construire des relations solides dans notre vie: en entretenant une véritable amitié avec les autres, en leur rendant des comptes, en relevant des défis avec eux, en nous encourageant mutuellement et en demeurant fermement engagés auprès d'eux. Merci infiniment, Jim.

23. Faire tomber les barrières

Apartheid, racisme, discrimination: rien de tout cela ne devrait même plus exister. Et bien évidemment, les sexes ne devraient pas être en guerre. Pour reprendre les termes du pape Benoît XVI, «en Christ, la rivalité, l'hostilité et la violence qui défiguraient les relations entre les hommes et les femmes peuvent être surmontées et ont été surmontées»[1].

Il y a deux mille ans, Jésus nous a montré comment réagir face aux barrières érigées par la haine qui oppriment les personnes différentes. Il a choisi une Samaritaine, membre d'une minorité méprisée, sans ressources et sans valeurs. «Les Juifs n'ont pas de relations avec les Samaritains» (Jean 4.9).

Et pour bien appuyer son action, Jésus a choisi une femme. Pas n'importe laquelle: une femme au passé de relations échouées, que même son propre peuple considérait comme méprisable. Alors qu'elle puisait de l'eau au milieu de la journée, Jésus lui a demandé à boire. On ne le voit pas la reprendre ou la réprimander. Il lui demande tout simplement de l'aide. Et, au lieu de s'enfuir, effrayée ou honteuse, cette femme décide de rester à ses côtés. Son monde est

- - - -

1 «Letter to the Bishops of the Catholic Church on the Collaboration of Men and Women in the Church and in the World», http://www.vatican.va/roman_curia/congregations/cfaith/documents/rc_con_cfaith_doc_20040731_collaboration_en.html

bouleversé lorsqu'elle se rend compte que l'eau qu'il donne est «une source d'eau qui jaillira jusque dans la vie éternelle» (Jean 4.14). Jésus était venu apporter de l'eau à tous, et en mesure égale pour tous.

Il n'y a plus ni Juif ni non-Juif, il n'y a plus ni esclave ni libre, il n'y a plus ni homme ni femme, car vous êtes tous un en Jésus-Christ.

Galates 3.28

Dieu nous aime, quels que soient notre couleur, nos principes, notre origine, notre genre, notre vie passée et notre vie présente. C'est sa grâce envers nous.

29. Assez

Un jour, le chanteur pop Robbie Williams, victime d'une fièvre acheteuse à Los Angeles, s'est offert sept voitures, dont une Ferrari, une toute nouvelle Porsche et une superbe Mercedes. Une semaine plus tard, il regrettait tous ces achats.

Dans sa chanson «Feel», il exprime le vide qu'il a en lui, un vide qui ne peut être rempli que par l'amour.

Il faut tout de même applaudir la transparence dont cet artiste fait preuve. Il a toujours été d'une implacable honnêteté par rapport à ses addictions à la drogue et à l'alcool, et honnête avec lui-même. Il n'est cependant pas la première personne à ressentir un tel vide en lui. Nous avons tous un manque et une douleur en nous. Ce n'est pas une erreur ni une malfaçon: c'est Dieu qui a voulu cela, qui l'a implanté en nous. Il a créé ce désir de «ressentir l'amour véritable». Il m'a fait ainsi: j'ai un «trou dans mon âme»[1]; et il vous a créé(e), vous aussi, avec un trou dans l'âme.

Ce trou ne peut pas être comblé par des voitures, des richesses, le succès ou la drogue. C'est un trou en forme de Dieu. Le philosophe français Blaise Pascal le savait bien: «Il y a un vide en forme de Dieu dans le cœur de chaque homme qui ne peut être rempli par aucune chose créée, mais seulement par Dieu le Créateur, révélé par Jésus-Christ.»[2]

Jésus parle directement à la douleur qui existe en chacun(e) de nous:

> Si quelqu'un a soif, qu'il vienne à moi, et qu'il boive.
>
> Jean 7.37

Ce que Jésus nous donne, c'est une source éternelle de vie, d'amour, de liberté et de grâce. Tout cela coule de la croix, de ses mains ouvertes, dans le cœur des hommes et des femmes.

J'ai vu de nombreuses choses dans ma vie, mais l'eau vive que l'on trouve en Christ est pour moi la seule qui soit capable de guérir cette immense douleur. Et elle se renouvelle pour nous tous, chaque jour.

30. Nous laisser restaurer

Tout le monde, y compris les grands hommes et grandes femmes de Dieu, connaît des moments de découragement. Regardez donc le grand chef d'Israël qu'était Elie: après avoir tué 400 prophètes de Baal, on serait en droit de penser qu'il pouvait tout affronter. Il

- - - -

1   Références au texte de «Feel» de Robbie Williams. (ndlt)
2   Blaise Pascal, *Pensées*, VII, 1670

a semblé, pendant un moment, qu'il le pouvait bel et bien, comme le montre le fait qu'il ait battu les chars et les chevaux d'Achab. Mais finalement, l'épuisement l'a gagné. L'extrême fatigue qui l'a atteint lui a fait ressentir de la peur et de l'anxiété, et il a fini par s'abandonner au désespoir.

Nous avons tous besoin, lorsque nous prenons d'immenses risques émotionnels, spirituels et physiques, de reprendre des forces. Et Elie n'était pas différent. Il avait besoin de dormir, de manger, de faire de l'exercice, d'avoir des amis, et de ressentir la présence de Dieu l'apaiser et le restaurer. Il avait besoin de savoir que Dieu veillait sur lui. Dieu n'est pas loin de chacun de nous, d'après Actes 17.27. Vous sentez-vous fatigué(e)? A bout? Epuisé(e)? Veillez bien à vous reposer correctement. Faites une pause et sachez que Dieu est tout près, prêt à vous raviver, comme toujours, de manière parfaite.

> Celui qui habite sous l'abri du Très-Haut
> repose à l'ombre du Tout-Puissant.
> Je dis à l'Eternel: «Tu es mon refuge et ma forteresse,
> mon Dieu en qui je me confie!»
>
> Psaume 91.1-2

Dites-le, comprenez-le: Dieu est avec vous, comme il a été avec Elie.

UNE VISION

Il y a quelques années, la situation au travail s'est fortement compliquée. Nous essayions de trouver notre voie, de gagner notre vie en faisant quelque chose de bien, en accord avec notre foi. Mais lorsque nous en sommes arrivés à la troisième saison de *Seul face à la nature*, nous avons été très critiqués dans la presse, et l'émission a failli être annulée. Finalement, la Discovery Channel a choisi d'investir dans l'émission au lieu de la laisser mourir. Bien que nous ayons connu une période difficile, c'est à ce moment-là que notre popularité a augmenté de manière considérable.

Une personne que j'aime beaucoup – pour laquelle j'ai toujours eu énormément de respect et qui m'a toujours aidé dans ma foi – m'a dit, un jour, que l'appel de Dieu a toujours une naissance, une mort et une résurrection.

Parfois, lorsque vous faites ce que vous avez à cœur de faire, et que vous allez là où vous mènent vos compétences, les choses tournent à la catastrophe. Vous pensez que c'est la fin. Mais c'est justement le moment où vous devez apprendre à voir loin devant vous et à tenir bon. C'est le moment où vous devez creuser plus profond et croire que Dieu bénira les plans qu'il a commencé à mettre en place dans votre vie.

Il est facile de voir loin lorsque le ciel est bleu et que l'eau est paisible. Mais il est plus utile de le faire lorsque vous vous retrouvez dans la tempête et que le vent et les débris vous aveuglent. C'est alors que vous apprenez à dépendre de Dieu et non de votre propre courage.

De fait, que nous ayons l'impression de suivre notre vocation sur terre ou non, il est important de nous rappeler que le seul plan qui compte réellement dans notre vie est celui qui nous place entre les mains de Christ. Notre vocation terrestre a pour but de nous faire voyager sur terre et récolter autant de fruits que possible en chemin. Après tout, nous avons à cœur de faire le bien sur terre, n'est-ce pas? Pourtant, même si c'est très important, cela compte bien moins que notre véritable appel: être avec Christ.

En ce qui concerne ma vocation terrestre, je m'y tiens heureusement toujours, et mon équipe également. Nous faisons de notre mieux pour aider et encourager les autres, à la télévision, dans nos livres et par d'autres moyens. Mais aujourd'hui, je peux regarder derrière moi, vers le jour où l'avenir de notre émission était plus qu'incertain, et me dire que cela a été un moment décisif de notre vie. C'est le moment où j'ai dû avoir le courage de tenir bon, de ne pas paniquer, de ne pas abandonner et de tout remettre entre les mains de Dieu.

C'est le moment où j'ai découvert quelle était la véritable vocation de Dieu pour moi.

Avoir ce genre de vision, c'est tenir bon lorsque le ciel n'est pas aussi dégagé qu'on le voudrait. C'est persévérer dans le voyage, même lorsque vous ne voyez pas plus loin que le bout de votre nez.

1. Une paire de jumelles

Si vous craignez que les obstacles se multiplient devant vous ou que la tempête dure éternellement, rappelez-vous ceci: ce que Dieu voit n'est pas ce que nous voyons.

Ce que nous voyons, c'est ce qui se passe dans l'immédiat; c'est notre peur que la situation dans laquelle nous sommes ne se dénoue jamais. Mais Dieu en sait beaucoup plus que nous. Il sait que «sa grâce [dure] toute la vie: le soir arrivent les pleurs, et le matin l'allégresse» (Psaume 30.6). Inutile de nous laisser tétaniser par la peur ou de craindre que l'avenir ressemble pour toujours à un ciel nuageux. La vérité qui transforme notre vie, c'est que le Tout-Puissant est à l'œuvre:

> En effet, moi, je connais les projets que je forme pour vous, déclare l'Eternel, projets de paix et non de malheur, afin de vous donner un avenir et de l'espérance.
>
> Jérémie 29.11

Lorsque vous vous trouvez dans la tempête, gardez cette vérité en mémoire et sachez que votre vie est entre ses mains. Ses plans sont bons, et sous sa protection, vous êtes en sécurité.

2. L'intégrité

L'ancien président des Etats-Unis Dwight Eisenhower, commandant suprême des forces alliées en Europe occidentale pendant la Première Guerre mondiale a déclaré: «La plus grande qualité du leadership est indubitablement l'intégrité. Sans elle, il n'existe aucune réelle victoire possible, que ce soit [...] sur un terrain de football, à l'armée ou dans un bureau.»[1]

L'intégrité, c'est l'opposé de l'hypocrisie. La racine latine de ce mot est la notion de «tout» ou d'«entièreté» et évoque une existence non compartimentée: la vie personnelle et la vie publique sont alignées.

- - - -

1 «Supreme Commander of the Allied Forces – Dwight D. Eisenhower», Business & Leadership, 15 août 2018, https://www.businessandleadership.com/leadership/item/dwightdeisenhoweralliedforcessupremecommander/

Des pharisiens ont déclaré à Jésus: «Maître, nous savons que tes paroles sont vraies» (Marc 12.14). Jésus était la vérité et l'amour personnifiés.

La proximité avec Christ nous fait prendre conscience de nos échecs et de notre besoin de soutien. Elle nous apporte également la paix, le courage et la joie, et cela nous mène à une vie d'intégrité: nous n'avons pas à prétendre être une personne que nous ne sommes pas. Nous sommes libres.

On se retrouve souvent à graviter autour d'une personne intègre. C'est une qualité qui attire les autres comme un aimant.

Le général Norman Schwarzkopf, commandant des forces de coalition pendant la guerre du Golfe, a affirmé: «Le leadership, c'est une combinaison puissante de stratégie et de caractère. Mais si l'une de ces deux choses devait vous manquer, manquez de stratégie.»[1]

3. Doutes et questionnements

Tout le monde passe par des périodes de doute. Et il est bon de nous poser des questions; certaines ne trouveront d'ailleurs jamais de réponse de ce côté-ci du ciel. Si nous menons une vie d'amour et de foi, il est inutile d'enterrer ces questionnements et de prétendre qu'ils n'existent pas. Les disciples de Jésus ne l'ont jamais fait.

Même lors de la cène, alors qu'ils prenaient leur dernier repas avec lui et qu'ils l'écoutaient pour la dernière fois avant qu'il ne meure, ils étaient encore en proie aux questionnements. Thomas ne savait pas que Jésus remonterait au ciel (Jean 14.5-6) et Philippe ne semblait pas comprendre l'objectif de Jésus sur terre (v. 8-10).

- - - -
1 James Charlton, *The Military Quotation Book*, Thomas Dunne Books (repiquage de Saint Martin's Press, 2002), p. 83

Après tout le temps passé avec lui, et malgré tout ce qu'ils l'avaient entendu proclamer et enseigner, les disciples étaient toujours perdus. Mais Jésus était patient et doux avec eux, comme il l'est avec nous lorsque nous sommes confus, déconcertés, ou que nous chutons.

Après sa résurrection, Jésus a dit à Thomas:

> Avance ton doigt ici et regarde mes mains. Avance aussi ta main et mets-la dans mon côté. Ne sois pas incrédule, mais crois!
>
> Jean 20.27

C'est ainsi que se déroule le voyage de la foi: les doutes et les questionnements en font partie. Mais même lorsque vous doutez, gardez les yeux et le cœur tournés vers Christ. Cherchez des réponses et demandez de l'aide à des personnes que vous respectez.

Mais sachons aussi que nous ne sommes ni les seules personnes à douter, ni les premières. Jésus comprend nos doutes. Il nous console et nous soutient. Il murmure la vérité à notre cœur par la Bible, par son Saint-Esprit et par ceux qui nous entourent.

Comme le disait souvent mon grand-père, il y a toujours de la musique dans le jardin, mais parfois, notre cœur doit être très silencieux pour l'entendre. Et chaque fois que nous revenons avec foi et courage dans sa présence, nous affermissons notre caractère, notre force et notre sagesse. C'est l'aventure de la foi.

4. Pourquoi moi? (1)

Moïse était un grand chef. C'était un homme perspicace et courageux, qui a sorti une nation entière de l'esclavage pour la mener vers la liberté. Mais il était également réticent à l'action. Souvent, il prenait peur, et cela le paralysait. Il cherchait toutes les excuses possibles pour ne pas faire ce que Dieu l'avait appelé à faire.

Moïse a commencé par lui reprocher son choix: «Qui suis-je, moi?» (Exode 3.11), a-t-il dit. Il ne se sentait pas à la hauteur, comme si la mission était trop grande pour lui et qu'il n'avait pas assez de valeur ou de ténacité. La réponse de Dieu a été parfaite:

Je serai avec toi.

Exode 3.12

Et c'est tout ce qui compte. A de nombreuses reprises dans ma vie, j'ai ressenti les mêmes peurs que Moïse: la peur de l'inconnu et des difficultés à venir. Il est normal, par moments, de douter de soi-même et d'avoir peur d'échouer. Mais ces excuses ne tiennent pas devant Dieu. Si nous voulons garder les yeux fixés sur la vision qu'il nous a donnée, nous devons le laisser nous guider et nous fortifier.

Tout ce dont nous avons besoin, c'est d'avoir confiance en lui. Ensuite, nous pourrons marcher avec foi, avec un cœur rempli d'amour et une colonne vertébrale d'acier. C'est Dieu qui nous fournira tout cela jour après jour.

5. Pourquoi moi? (2)

Lorsque Dieu a révélé son plan pour sauver les Israélites, Moïse a paniqué. Il a commencé par se demander ce qu'il se produirait si le peuple commençait à douter de lui. Dieu avait parlé de manière calme et rationnelle jusque-là, et il a choisi alors une approche différente: il a accompli deux signes surnaturels, le genre de miracles qui nous laisserait sans voix. Mais pas Moïse. Il a vu son bâton de marche se transformer en serpent et redevenir normal. Il a vu sa main se couvrir de lèpre et guérir toute seule. Mais cela n'a pas suffi: «Ah, Seigneur, je ne suis pas un homme doué pour parler. [...] En effet, j'ai la bouche et la langue embarrassées» (Exode 4.10).

Mais Dieu s'est montré doux et encourageant. Il l'a assuré qu'il l'aiderait malgré tout. Toujours pas convaincu, Moïse a fini par avouer quel était le cœur du problème: il pensait que quelqu'un d'autre serait plus apte que lui à accomplir cette tâche: «Ah, Seigneur, envoie quelqu'un d'autre que moi!» (v. 13).

Quelle a été la réponse de Dieu?

Je vous enseignerai ce que vous devrez faire.

Exode 4.15

Nous pouvons trouver des centaines de raisons pour lesquelles Dieu ne devrait pas nous utiliser. Et la meilleure d'entre elles, c'est la peur. Mais lui, il aime nous fortifier, afin que nous puissions surmonter nos peurs en comptant sur sa présence à nos côtés. Et cette présence n'est que l'une de ses nombreuses et merveilleuses promesses.

La leçon à retenir est simple: Dieu est toujours avec nous. Il nous enseigne. Il a des plans pour nous. Il est bon. Parfois, nous trouverons cela éreintant, mais si nous lui faisons confiance et que nous regardons à lui, nous serons vainqueurs.

6. Rechercher la vraie richesse

La société accorde énormément d'importance et de valeur à l'argent. Or, l'histoire nous a montré à de nombreuses reprises que la richesse est dangereuse et doit être gérée avec précaution, si nous voulons protéger nos relations.

Bien sûr, l'argent a de l'importance, mais il est très facile de lui accorder une valeur excessive et de lui laisser la première place dans notre existence. Comment employons-nous notre temps, nos efforts et notre énergie? Si nous les utilisons pour accumuler de la richesse, nous courons le risque de nuire à ceux qui nous entourent et à nous-mêmes. C'est une manière de vivre qui n'apporte rien.

L'argent est incapable de remédier aux mariages malheureux, aux amitiés brisées ou aux années perdues. Jean Paul Getty, qui a été, à une certaine période, l'homme le plus riche des Etats-Unis, a déclaré: «J'échangerais volontiers tous mes millions contre un simple mariage durable et réussi.»[1]

Lorsque nous avons de bonnes relations, c'est tout bénéfice pour nous (Proverbes 31.11).

Des fermiers peuvent nous en apprendre bien plus sur les relations que des banquiers. Les fermiers doivent planter généreusement, puis nourrir et protéger leurs graines. Si vous cherchez à économiser en plantant le minimum de graines, en utilisant le fertilisant le moins cher et une eau trouble, votre récolte sera loin de la perfection. Mais si vous traitez votre culture avec affection, amour, patience et attention, le moment venu, vous moissonnerez avec un grand sourire sur les lèvres.

Celui qui sème peu moissonnera peu et celui qui sème abondamment moissonnera abondamment.

2 Corinthiens 9.6

----

1 Linda Bloom and Charlie Bloom, «The Price of Success», *Psychology Today*, 24 avril 2012.

Notre relation avec Dieu fonctionne de la même manière: si nous lui offrons notre temps, nos dons, nos ambitions et nos ressources, il les multiplie. Quoi qu'on lui offre, Christ le bénit et le transforme en quelque chose de plus grand. Il le fait parfois d'une manière tout à fait inattendue.

Si vous voulez être riche, investissez dans des choses de valeur: de bonnes relations d'amitié avec les hommes et avec Dieu.

7. Aussi célèbres que Dieu

J'ai lu dans un sondage effectué auprès d'une population de *millennials* (ou génération Y), que 50% d'entre eux avaient pour but de devenir célèbres.

Madonna a dit: «Je ne serai pas satisfaite tant que je ne serai pas aussi célèbre que Dieu.»[1] Rechercher la célébrité ou la notoriété est une voie sans issue. La notoriété ressemble à ce que l'eau salée est pour la personne qui a soif: plus vous en avez, plus vous en voulez.

Le roi David était en quelque sorte une star, mais on ne trouve nulle part l'idée qu'il ait un jour cherché à se mettre en avant. Il cherchait toujours à amener les autres à Dieu; il les encourageait à vivre pour le Tout-Puissant plutôt que pour eux-mêmes.

Mon pied tient ferme dans la droiture; je bénirai l'Eternel dans les assemblées.

Psaume 26.12

----

1 *Guardian*, https://www.theguardian.com/lifeandstyle/2008/may/18/madonna. Utilisé avec permission préalable.

David était un personnage public, mais il ne s'élevait pas au-dessus de son peuple. Il était roi, mais il s'humiliait et il ne cherchait qu'à refléter la bonté et l'amour de Dieu. Il est pour nous un exemple à suivre: nos pieds doivent nous garder fermement debout, et nos yeux doivent regarder vers Dieu. (Après tout, ceux qui regardent à eux-mêmes nous paraissent très petits!) Dans le royaume de Dieu, si nous voulons être rois, nous n'avons qu'à être serviteurs.

Rendez donc toujours à Dieu la gloire qui lui est due pour toutes vos réussites; et si vos réussites se multiplient, vos efforts pour rester humble devront eux aussi se multiplier. La notoriété n'est jamais la réponse: elle laisse un vide dans le cœur. En revanche, une vie affermie par Christ nous permet de nous élever et de voler comme l'aigle.

Humiliez-vous devant le Seigneur et il vous élèvera.

Jacques 4.10

8. L'essence de la joie

Jésus n'a pas eu une vie facile. Né réfugié, il a échappé de peu à un massacre d'enfants à Bethléhem. Adulte, il a été incompris, faussement accusé et piégé avant d'être torturé et tué. Il ne s'est pourtant pas détourné du chemin prévu pour lui; il a continué à y marcher avec joie.

Cette joie lui venait de nombreuses choses: il était proche de Dieu et passait du temps avec lui; il entretenait de bonnes relations avec les autres et il jouissait du monde que Dieu avait créé. (Personne, plus que Jésus, n'aimait une bonne fête!)

Si nous vivons ainsi – en jouissant de l'intimité, de la liberté et de l'amitié que l'on trouve en Christ, et en aimant les personnes et le monde qu'il a créés – alors nous changerons. Notre manière d'envisager les difficultés du quotidien, notre vie et son influence sur le monde qui nous entoure: tout se retrouvera transformé.

Mais, pour ce faire, nous devons rester attachés à notre source:

> Que le Dieu de l'espérance vous remplisse de toute joie et de toute paix dans la foi, pour que vous débordiez d'espérance, par la puissance du Saint-Esprit!
>
> Romains 15.13

C'est seulement alors que nous vivrons de la manière dont nous sommes censés vivre. Notre joie n'a rien à voir avec les circonstances dans lesquelles nous nous trouvons; elle est liée à ce que nous sommes. Or, nous sommes en Christ; cela nous apporte une force, une liberté et une joie supérieures à tout ce que le monde peut nous apporter.

9. Sauter

Le pasteur Nicky Gumbel a raconté une histoire qui s'est déroulée durant la Seconde Guerre mondiale, pendant l'horrible période du Blitz. Tenant son jeune fils par la main, un père s'enfuyait d'un bâtiment touché par une bombe. Il y avait, dans le jardin, un cratère causé par un obus. Pressé par le besoin de trouver un abri le plus rapidement possible, le père a sauté dans le cratère et a ensuite tendu les bras vers son fils, afin qu'il le suive. L'enfant, terrifié malgré la voix de son père qui lui criait: «Saute!» a répondu: «Je ne te vois pas!» Le père a alors adressé à la silhouette de son fils l'encouragement suivant: «Mais moi, je te vois. Saute!» L'enfant s'est exécuté, car il avait confiance en son père. En d'autres termes, il l'aimait, il croyait en lui, il lui faisait aveuglément confiance.[1]

> Oui, c'est lui qui te délivre du piège de l'oiseleur
> et de la peste dévastatrice.
> Il te couvrira de ses ailes
> et tu trouveras un refuge sous son plumage.
> Sa fidélité est un bouclier et une cuirasse.
>
> Psaume 91.3-4

Espérez dans les bonnes promesses de votre Père céleste pour votre vie. Croyez qu'il vous tient dans sa main, qu'il contrôle tout et que votre avenir est assuré en lui. Ces vérités vous donnent du courage, de l'apaisement, de l'assurance et de la force.

10. Un Dieu qui en vaut la peine

Lorsque nous regardons autour de nous et que nous voyons la souffrance, l'isolement et l'injustice dans le monde, il est normal de nous demander pour quelle raison Dieu ne fait rien pour y remédier. En réalité, il a déjà fait quelque chose. Il a envoyé son Fils unique, Jésus, pour nous chercher et nous secourir, pour nous sauver, nous racheter et nous restaurer. La promesse qu'il nous a faite sur la terre reste:

----

1   Nicky Gumbel, «You Can Trust God», *Bible In One Year*, 1er février, jour 32, 2018

Force spirituelle

[...] afin que quiconque croit en lui ne périsse pas mais qu'il ait la vie éternelle.

Jean 3.16

La vie est un champ de bataille, mais elle ne se limite pas à cela. La réponse à la souffrance, à la douleur et à la cruauté qui existent sur la terre se trouve dans le fait que Jésus comprend cette souffrance. En effet, il l'a lui-même subie pour nous, et il souffre avec nous.

J'aime beaucoup les paroles de l'écrivain Anthony Burgess: «Si Dieu est comme Jésus, c'est un Dieu qui vaut la peine de croire en lui.»[1]

Ce que nous devons faire sur terre, c'est plus ou moins ce que l'ami le plus proche de Jésus, Jean-Baptiste, a fait il y a deux mille ans: «Je ne suis pas digne de détacher la courroie de ses sandales» (Jean 1.27). La mission de Jean-Baptiste, et la nôtre aujourd'hui, est d'arrêter de regarder à nous-mêmes pour regarder vers Christ, le Créateur, la Lumière du monde, celui qui transforme les vies et nous révèle qui est Dieu.

La réponse à la souffrance du monde et à notre avenir se trouve en lui.

> La vie est un champ de bataille,
> mais elle ne se limite pas à cela.

— — — —

1 Will Carr, «The Last Temptation of Christ», *The International Anthony Burgess Foundation*, 25 avril 2014, https://www.anthonyburgess.org/blogposts/thelasttemptationofchrist/

11. A la manière de Jésus

La notoriété de Jésus a considérablement augmenté, à un certain stade, et les pharisiens gardaient le compte du nombre de baptêmes qu'il faisait. Lorsqu'ils se sont rendu compte qu'il baptisait plus que Jean, un plan leur est venu en tête: les monter l'un contre l'autre.

Ils ont lamentablement échoué. Dès qu'il a eu vent de ce qu'ils disaient, Jésus a quitté la Judée et est retourné en Galilée (Jean 4.3). Il ne s'intéressait guère à la rivalité, à la notoriété ou à la compétition. Il ne jouait pas selon les règles humaines. Il avait une mission à accomplir:

Jésus dit: [...] «Le Fils de l'homme est venu chercher et sauver ce qui était perdu.»

Luc 19.9-10

Si nous voulons garder les yeux fixés sur notre vision, si nous voulons aider les autres à trouver la source de la lumière et de la joie, nous devons nous laisser guider par Dieu. Avoir de l'autorité, cela ne veut pas dire être au-dessus des autres; cela veut dire s'occuper d'eux, marcher à leurs côtés et les diriger vers la vérité. Soutenir les autres signifie puiser notre force en Dieu et rester humblement dans sa présence.

L'Eternel sera constamment ton guide,
il répondra à tes besoins dans les endroits arides
et il redonnera des forces à tes membres.
Tu seras pareil à un jardin bien arrosé,
à une source dont l'eau n'arrête jamais de couler.

Esaïe 58.11

Dieu agit à sa manière. Il ne s'effraie pas de notre vulnérabilité et ne se frustre pas de notre besoin constant d'être guidés. Au contraire, notre faiblesse devient sa force en nous. «Il faut qu'il grandisse et que moi, je diminue» (Jean 3.30).

12. Des Jésus déguisés

Lord Longford était un personnage très controversé. Il a passé une bonne partie de sa vie à rendre visite à des prisonniers, y compris des meurtriers. En dépit des critiques qu'il recevait à cet égard, on ne pouvait que peu douter de sa compassion et de sa fidélité, non seulement envers Dieu, mais également envers tous ceux qu'il visitait. A sa mort, d'anciens prisonniers se sont joints à ceux qui le pleuraient pour dire adieu à un homme qui avait passé sa vie à combattre fidèlement pour les personnes en marge de la société.

Sur son lit de mort, il a demandé à sa femme: «Sais-tu quel est le passage le plus important de la Bible?» Et, dans son dernier souffle, il a cité les paroles de Jésus: «J'étais en prison et vous êtes venus vers moi» (Matthieu 25.36).[1] Lord Longford savait que, lorsque Jésus disait cela à ses disciples afin qu'ils servent les pauvres, les opprimés et les marginalisés, il ne parlait pas en l'air.

Toutes les fois que vous avez fait cela à l'un de ces plus petits de mes frères, c'est à moi que vous l'avez fait.

Matthieu 25.40

La prochaine fois que vous vous demanderez comment utiliser vos dons et vos talents avec sagesse, rappelez-vous ces paroles de

— — — —
1 *Bible In One Year 2017*, jour 38, Bible.com, https://www.bible.com/enGB/reading plans/3420bibleinoneyear2017/day/38

Mère Teresa: «Les mourants, les méprisés, les délaissés, c'est Jésus sous le déguisement désolant du pauvre.» Si nous parvenons à aller vers les personnes vulnérables, nous changeons la manière dont nous aspirons à dépenser notre temps, notre amour et notre énergie.

Avant de commencer notre journée, gardons notre cœur et nos yeux grand ouverts vis-à-vis de tous les Jésus déguisés qui se trouvent autour de nous.

13. La vie éternelle

Jésus fait une merveilleuse promesse à tous ceux qui choisissent de le recevoir: «Je leur donne la vie éternelle» (Jean 10.28). «Eternelle» ne signifie pas uniquement sans fin en termes de quantité. Cela évoque également la qualité. Christ assouvit de manière totalement unique notre faim et notre soif spirituelles.

Si nous dédions notre vie à être ses fils et ses filles et à nous rapprocher de lui, nous trouvons une profonde satisfaction d'âme qui ne saurait tout simplement pas se trouver ailleurs qu'en lui. Christ nous promet une relation avec lui qui durera toujours; et elle commence dès maintenant. Ce que nous avons gagné, une fois à bord, nous ne le perdrons jamais.

Il a promis:

Personne ne pourra les arracher à ma main.

Jean 10.29

Le chemin sera parsemé d'embûches. Les tentations seront nombreuses. Mais si vous donnez votre vie à Christ, vous êtes protégé(e) par la plus grande puissance qui existe. Nous pourrions perdre notre emploi, notre argent, notre famille, notre liberté, et même, notre vie, mais nous ne perdrons jamais le don de son éternelle présence. Vivez dans l'assurance de cette vérité!

14. L'Eglise en nous

Même dans vingt ans, certaines modes, influences ou marques qui attirent tous les regards aujourd'hui auront disparu. Elles ne seront plus que des fantômes, de pâles souvenirs du passé. Mais les communautés de personnes qui connaissent et aiment Christ dans leur cœur seront toujours là.

Si ces communautés-là ont survécu à de grands empires, des systèmes philosophiques hostiles et des états totalitaires, c'est pour cette seule et unique raison: l'Eglise ne se trouve pas dans un bâtiment. L'Eglise n'est pas un édifice ni une liste de règles. L'Eglise est en nous, hommes et femmes, garçons et filles, menant humblement une vie d'amour et de foi. Elle est riche de relations et ancrée dans la liberté qui se trouve en Christ.

Heureux le peuple qui sait t'acclamer: il marche à ta lumière, Eternel, [...] car c'est toi qui fais sa beauté et sa puissance.

Psaume 89.16, 18

Qu'importe ce que vous pouvez penser de ces bâtiments et des cultes qui s'y déroulent, faites de cette grâce la priorité dans votre vie. C'est une communauté, une Eglise sans murs, sans normes à respecter, sans limites, sans exclusions et sans fin. Christ est venu sur terre pour nous sauver, pour nous trouver. Nous tous, des quatre coins du monde, quels que soient notre passé et notre religion. Nous sommes à lui pour toujours.

15. Dieu voulant

Il est bon de faire des plans, pourvu que nous gardions en mémoire cette simple vérité: «Vous ne savez pas ce qui arrivera demain» (Jacques 4.14). Nous ignorons tout. Nous pouvons élaborer des projets, imaginer l'avenir, avoir une attitude positive et une carte routière, mais en définitive, nos lendemains dépendent totalement de Dieu, et c'est ainsi que les choses devraient être.

Il est bon d'utiliser l'expression «Dieu voulant» lorsque nous faisons des plans ou que nous parlons de nos aspirations. Cela montre notre humilité et notre acceptation du fait que nous ne sommes pas aux commandes. «Dieu voulant» nous ramène à notre place: nous sommes dépendants d'un Père parfait et aimant, qui sait exactement ce dont nous avons besoin, bien plus que nous ne le savons nous-mêmes.

J'aime la manière dont David décrit l'objectif de sa vie:

> Je demande à l'Eternel une chose, que je désire ardemment:
> je voudrais habiter toute ma vie dans la maison de l'Eternel,
> pour contempler la beauté de l'Eternel et pour admirer son
> temple.
>
> Psaume 27.4

David voulait tout simplement être proche de son Créateur. Il savait qu'il était ami de Dieu, et que le reste était sans grande importance. Oui, il devait faire sa part du travail et rester fidèle, travailleur, sage, déterminé et courageux, mais, au-delà de tout cela, il devait remettre ses lendemains à la bonté de Dieu. Il devait faire confiance à Dieu pour veiller sur ses plans et sur lui-même.

Si vous voulez être guidé(e) dans votre vie, soyez comme David: ne tentez pas de faire rentrer Dieu dans vos plans. Vivez comme il le désire dans vos paroles, vos actes et vos attitudes. Laissez-le

Force spirituelle

ensuite guider votre cœur et décider de ce que vous devez faire de vos jours. Dieu travaille souvent à travers nos désirs.

16. Paix, parfaite paix

En 1555, Nicholas Ridley, un théologien londonien, a été brûlé sur un bûcher à Oxford à cause de sa foi. La veille de son exécution, son frère lui a proposé de passer la nuit avec lui dans sa cellule afin qu'il ne reste pas tout seul. Nicholas a décliné l'offre. Loin de rester éveillé toute la nuit, dans l'anxieuse attente de ce qui se produirait le lendemain matin, il préférait aller se coucher et dormir tout son soûl.[1]

La paix de Dieu est une arme puissante. Le terme hébreu désignant la paix, *shalom*, qui correspond au mot grec *eirênê*, signifie bien plus que l'absence de guerre ou d'hostilité. La paix de Dieu, c'est la plénitude, la tranquillité, le bien-être et la communion avec lui, toutes sortes de bénédictions et de bonnes choses. Le monde qui nous entoure a besoin de cette paix. Nous en avons besoin tous les jours, en temps de tranquillité comme en temps de luttes. Mais pour la transmettre aux autres, nous devons tout d'abord la trouver et la garder en nous.

Dieu est pour nous un refuge et un appui,
Un secours toujours présent dans la détresse.
C'est pourquoi nous sommes sans crainte.

Psaume 46.2-3

- - - -

1 John Foxe, *The Acts and Monuments of the Church Containing the History and Sufferings of the Martyrs*, Scott, Webster and Geary, 1838

La crainte nous vole notre joie, mais en Christ, nous n'avons rien à craindre. Son amour chasse la peur. Et en lui, nous jouissons de sa présence et de sa paix.

Soyez une personne de paix, dès aujourd'hui. Demandez à Dieu de vous remplir de sa plénitude, de son bien-être et de la communion avec lui, surtout lorsque vous sentez que vous en avez terriblement besoin. Cherchez des occasions de transmettre ces bénédictions aux autres et gardez-les dans votre cœur.

17. La fin de la religion

Jésus est venu détruire la religion.

Certaines Eglises sont de belles communautés qui honorent Dieu. Mais certaines ne le sont pas. Lorsque les choses tournent mal, la religion est un terreau fertile pour nos pires impulsions. De nombreuses choses épouvantables sont faites en son nom: corruption, division, maltraitance. Elle permet aux hommes de se construire des empires par le pouvoir, l'argent, l'influence, la notoriété, la réputation ou même simplement par un mauvais sens des responsabilités.

Il existe une manière bien plus libre, authentique et affermie de vivre, hors de la religion. Nous n'avons pas besoin d'être religieux, d'accomplir certains rituels, d'avoir un comportement lisse et sans relief, comme si nous maîtrisions tout dans notre existence, ou encore de nous rendre à l'église avec l'optique de pouvoir y gagner la présence de Dieu.

Toutes ces choses sont des illusions. La foi véritable nous permet d'être vrais, totalement honnêtes et aussi remplis de défauts que nous pouvons l'être parfois. La foi véritable nous permet d'être calmes et bons, d'être libres – de tomber à genoux devant Christ –, d'être toujours conscients du besoin que nous avons de son aide et de sa force pour nous aider à avancer.

Quand vient l'orgueil, vient aussi le mépris, mais la sagesse est avec les humbles.

Proverbes 11.2

En définitive, que notre vie semble être un échec ou que les autres puissent afficher un palmarès plus impressionnant que nous, cela n'a pas d'importance: tout cela est passager. Ce qui compte réellement, c'est de rechercher Dieu avec humilité, simplicité, détermination, amour et courage. Si nous le faisons, il viendra toujours nous trouver.

18. Si nécessaire, utiliser les mots

Les réseaux sociaux apportent leur lot de pression. Ils donnent de fausses impressions de perfection et font des promesses montées de toutes pièces. Très souvent, ce que nous y voyons est mensonger. Combien de fois avons-nous été trompés par des choses qui paraissaient formidables, à première vue, et qui se sont révélées vides de sens?

La philosophe française Simone Weil avait une bonne conception de toutes ces vérités de la vie: «Le mal imaginaire est romantique, varié, le mal réel morne, monotone, désertique, ennuyeux. Le bien imaginaire est ennuyeux; le bien réel est toujours nouveau, merveilleux, enivrant.»[1] Je souhaite remplir ma vie de la lu-

- - - -
1   Simone Weil, *La Pesanteur et la Grâce*, 1947

mière qui découle du bien véritable, je veux fuir ces illusions qui me tirent vers les ténèbres. Voici comment le faire:

> Dire ce qui correspond à la saine doctrine [...], être sobres, respectables, réfléchis, solides dans la foi, l'amour et la persévérance [...], enseigner ce qui est bien [...], se montrer réfléchis et purs [...], se montrer toujours dignes de confiance, afin d'honorer pleinement la doctrine de Dieu notre Sauveur, [...] vivre dans le temps présent conformément à la sagesse, la justice et la piété.
>
> Tite 2.1-3, 5, 10, 12

Ne vous laissez pas tromper par les étoiles et les paillettes. Faites confiance à votre instinct et faites la différence entre ce qui est bon pour vous et pour ceux qui vous entourent, et ce qui ne l'est pas. Notre cœur peut être une boussole bonne et fiable, du point de vue moral. Ecoutez-le!

Si nous recherchons ces belles qualités, nous deviendrons des personnes de caractère, qui n'ont que faire des diktats de la société. Et lorsque nous vivrons ainsi, et que nous aimerons ainsi, d'une manière intègre et les regards fixés sur notre objectif, les autres graviteront autour de nous, ils voudront savoir d'où vient la lumière que nous avons. C'est ce que l'on appelle l'annonce de l'Evangile.

19. Chaque jour compte

Dieu promet que son amour pour nous durera toujours, et il tient ses promesses. Les bonnes choses qu'il nous offre n'ont pas de date de péremption.

Dieu n'est pas un homme pour mentir,
ni le fils d'un homme pour revenir sur sa décision.
Ce qu'il a dit, ne le fera-t-il pas?
Ce qu'il a déclaré, ne l'accomplira-t-il pas?

Nombres 23.19

Grâce à Jésus et à ce qu'il a fait, nous héritons, vous et moi, des promesses réservées à ses enfants. Vous êtes aimé(e). Vous êtes au bénéfice de son pardon. Vous êtes béni(e). Il vous remplira de sa force.

Ne gâchons donc pas notre vie: saisissons chaque moment comme une chance. Soyons audacieux, faisons preuve de bonté, soyons déterminés et ne craignons pas l'échec! Vous avez en vous la plus grande des ressources (le Saint-Esprit), et vous n'avez rien à perdre ni à prouver. Vous n'avez que du bien à offrir, de l'amour à transmettre et un feu de détermination en vous.

Tout cela est votre force et votre source d'énergie.

Va manger ton pain dans la joie! [...]
Jouis de la vie!

Ecclésiaste 9.7, 9

20. Si ce n'est pas le Seigneur...

Si notre perspective est de vivre et de travailler pour notre propre gloire, et si nous considérons la réussite comme une fin en soi, la route peut être pavée de solitude et le fardeau être lourd à porter. En revanche, si notre objectif est de servir Dieu, les choses sont très différentes. Comme l'a écrit Victor Hugo, «ayez courage pour les grandes douleurs de la vie, et patience pour les petites. Et puis, quand vous avez laborieusement accompli votre ouvrage de chaque jour, endormez-vous avec sérénité, Dieu veille.»[1]

J'essaie de considérer le travail que j'effectue de la manière suivante: ce n'est pas mon travail; c'est celui de Dieu, et il m'a inclus dans son œuvre. C'est très libérateur. Nous sommes appelés à faire de notre mieux avec détermination, intégrité et fierté. Cependant, notre travail n'a pas forcément à porter des fruits sur cette terre. Le véritable but de ma vie est d'être proche de la lumière et de l'amour de Christ. C'est là que je trouve ma véritable identité, pas dans mon travail, dans mes capacités ou dans des éloges sans valeur.

Vivre en considérant Christ comme notre objectif, notre guide et notre soutien, cela change la manière dont nous envisageons l'existence. Elle ne tourne plus autour de nous, de ce que nous pouvons gagner ou accumuler pour nous-mêmes. Elle devient un chemin bien plus épanouissant et une manière bien moins futile de passer nos journées.

> Si une maison n'est pas construite par l'Eternel,
> ceux qui la construisent travaillent inutilement;
> si une ville n'est pas gardée par l'Eternel,
> celui qui la garde veille inutilement.
> C'est inutilement que vous vous levez tôt,
> que vous vous couchez tard.
>
> Psaume 127.1-2

- - - -

1   Victor Hugo, *Lettres d'exil*, 1851-1871

Assurons-nous que nous travaillons pour une cause qui nous dépasse. Nous ne pourrons pas le faire à chaque instant; parfois, nous serons distraits. Néanmoins, nous bénéficions d'une grande puissance et d'une grande liberté, lorsque nous cessons de penser à notre travail comme nous appartenant et que nous laissons Dieu prendre les commandes.

Par expérience, je sais qu'il y sera plus efficace que moi. Il voit tout, il peut tout bénir et il peut nous aider à chaque instant. Notre rôle est de continuer à avancer, fidèlement et humblement.

> Quant à vous, soyez forts et ne baissez pas les bras, car il y aura un salaire pour vos actes.
>
> 2 Chroniques 15.7

21. Le chemin de la vie

Les panneaux d'avertissement affichés sur les étroits sentiers de montagne sont là pour assurer notre sécurité. Ils sont placés avec soin et bienveillance. Il en va de même avec la Bible. Les paroles d'avertissement qu'elle renferme ont été écrites pour nous maintenir sur le sentier qui mène à la vie. Comme le dit Jésus, il y a un chemin qui mène à la vie et il y en a un qui mène à la destruction (cf. Matthieu 7.13-14).

Dieu désire que nous marchions dans ses voies. C'est la raison pour laquelle il nous conduit par un chemin bien droit, pour que nous arrivions dans une ville où nous puissions habiter (cf. Psaume 107.7). Il ne veut pas nous voir errer sans fin dans le désert, en chemin dans les lieux arides, sans trouver de ville où habiter, souffrant de la faim et de la soif, l'âme abattue (Psaume 107.4-5).

Voici ce qu'avait dit le Seigneur, l'Eternel, le Saint d'Israël:
«C'est dans le retour à moi et le repos que sera votre salut,
c'est dans le calme et la confiance que sera votre force», mais
vous ne l'avez pas voulu!

Esaïe 30.15

Lorsque je l'ai compris pour la première fois, ce verset a été de la musique à mes oreilles et du baume pour mes craintes.

Rappelez-vous aujourd'hui que Dieu cherche activement à nous bénir et à être avec nous. Alors, laissons-le faire!

22. Pratiquer l'altruisme

Pour beaucoup d'entre nous, il est très naturel de prendre les choses en main et de faire tout ce qui est en notre pouvoir pour nous assurer que nos plans se déroulent comme prévu. Mais si nous sommes trop pris par nos plans personnels, par nos familles et par notre carrière, c'est que nous vivons les regards tournés vers l'intérieur. Et des yeux tournés vers l'intérieur sont des yeux qui ne voient pas les choses clairement.

La Bible nous rappelle constamment que mener une vie enrichie et épanouie signifie faire confiance à Dieu et vivre en aimant les autres, coûte que coûte. Nous le voyons dans l'existence de tous ceux qui ont marqué l'histoire biblique: Noé, Abraham, Daniel, Esther, David, Jean-Baptiste, Pierre et Paul. Leurs vies ont été très différentes, mais elles avaient toutes un point commun: elles étaient ancrées dans la foi et remplies de pas courageux.

Dieu veut être impliqué dans tous les domaines de notre vie, afin de nous y bénir et de nous faire voir au-delà de nous-mêmes.

Force spirituelle

Si nous voulons que notre travail produise des fruits durables, nous devons nous assurer que nous sommes en partenariat avec la source de toute lumière, de tout amour et de toute force, et non nous entêter avec orgueil dans la mauvaise direction.

L'Eternel terminera ce qu'il a commencé pour moi.

Psaume 138.8

Il le fera. Christ est notre plus grande ressource, et il donne du sens et de l'épanouissement à notre vie. Espérez dans cette grande promesse, suivez ses voies, écoutez ce qu'il murmure à votre cœur, et il vous emmènera dans une aventure extraordinaire.

23. En position d'autorité (1)

Si vous voulez que votre vie influence les autres, il n'y a pas de meilleur exemple à suivre que Jésus. Voici deux de ses six traits de caractère principaux que nous devrions nous efforcer d'imiter.

Etre vrais

Lorsque Jésus avait de durs reproches à faire, c'était habituellement l'hypocrisie des chefs religieux qu'il visait. Il détestait leur manière d'utiliser leur position d'autorité pour placer sur les autres un lourd fardeau de culpabilité, au lieu de les aider à porter ce fardeau. Etre vrais signifie que nous n'essayons pas d'impressionner ou d'opprimer les autres. Ce qui compte, c'est la personne que nous sommes, même lorsque personne ne nous regarde. Jésus la définit comme votre vie «secrète» avec Dieu (Matthieu 6.6). Efforcez-vous, autant que possible, de développer une relation authentique, honnête et intime avec Dieu.

Jésus nous met en garde contre l'amour du rang social ou des éloges. Une position d'autorité ou une flatterie publique peut parfois nous nuire, car lorsqu'on ne nous traite pas comme les autres, nous commençons nous-mêmes à nous sentir exceptionnels. Jésus nous invite à ne pas laisser les autres nous mettre sur un piédestal.

Celui qui s'élèvera sera abaissé et celui qui s'abaissera sera élevé.

Matthieu 23.12

C'est Christ, et non nous-mêmes, que nous devons mettre en avant.

24. En position d'autorité (2)

Si nous observons la vie de Jésus, nous voyons de manière indéniable qu'il possédait l'autorité la meilleure et la plus influente au monde. Il y a deux autres traits de son caractère qu'il serait bon de développer dans notre existence.

Voir loin

Si vous avez une position d'autorité, soyez visionnaire. Visez les étoiles et ne vous enfermez jamais dans un esprit de crainte ou de timidité. C'est pourquoi, du reste, Jésus n'a jamais cherché à éviter la confrontation avec les chefs de son époque, qu'il qualifiait même de «conducteurs aveugles» (Matthieu 23.16). Demandez à Dieu de vous faire voir ce qu'il souhaite que vous fassiez, de vous faire voir si loin que sans lui, accomplir la mission qu'il vous donne est impossible. Prenez pour exemple Noé et son arche, ou Moïse et son bâton.

Rester concentrés

Ne vous laissez pas déconcentrer par de menus détails ni par le besoin de tout diriger. Formez les autres à certaines tâches, et laissez-les faire leur travail. Ensuite, épaulez-les, soutenez-les et faites-leur confiance.

Jésus condamnait fermement les basses guerres de territoire et l'attitude légaliste et méprisante des chefs religieux. Il nous encourage à nous concentrer sur «ce qu'il y a de plus important dans la loi: la justice, la bonté et la fidélité» (Matthieu 23.23). Un bon chef se concentre sur ce qui compte: il voit le tableau dans son ensemble. Il lutte contre l'injustice, défend les pauvres et est fidèle dans ses relations avec sa famille et avec les autres.

25. En position d'autorité (3)

Voici les deux dernières leçons à tirer de l'incroyable vie de Jésus. Pouvez-vous imaginer à quel point le monde serait meilleur si nous nous efforcions de les respecter?

Faire preuve de compassion

A la fin de sa vie, Jésus nous a montré ce qu'est la compassion véritable et entièrement désintéressée en se laissant torturer et mettre à mort à notre place sur la croix. Mais l'histoire nous apprend que sa vie entière a été un exemple de cette compassion, et qu'il n'a jamais cessé de servir et de témoigner de l'amour aux personnes marginalisées et méprisées de la société. Il a également accusé les chefs religieux d'entraver la bonne marche de leur peuple.

Vous fermez aux hommes l'accès au royaume des cieux, a-t-il dit. «Vous n'y entrez pas vous-mêmes et vous ne laissez pas entrer ceux qui le voudraient» (Matthieu 23.13). Un bon chef doit être justement le contraire: ouvert, accueillant et dévoué à tous, pour encourager, accueillir et édifier les autres. C'est dans les calmes moments d'une bonté sans tapage que nous nous définissons réellement. C'est ainsi qu'une personne en position d'autorité agit.

Être généreux

La générosité, c'est le contraire de la cupidité et de l'indulgence vis-à-vis de soi. Elle revient à exprimer extérieurement la reconnaissance que nous ressentons intérieurement pour tout ce qui nous a été donné. Soyez généreux en toutes choses: en temps, en aptitudes, en possessions. Plus nous donnons, plus nous obtenons. Un bon chef garde toujours cette idée à l'esprit.

> Que votre lumière brille devant les hommes afin qu'ils voient votre belle manière d'agir et qu'ainsi ils célèbrent la gloire de votre Père céleste.
>
> Matthieu 5.16

«Le don est la véritable possession»[1], a déclaré Charles Spurgeon. Les bons chefs donnent constamment de leur amour, de leur temps et d'eux-mêmes pour servir les autres. C'est ce qui distingue Jésus des autres grands chefs: la mesure avec laquelle il a donné de sa personne.

----

1 D'après http://christian-quotes.ochristian.com/christian-quotes_ochristian. cgi?find=Christian-quotes-by-Charles+Spurgeon-on-Giving

26. Espérer qu'on tiendra bon

Le monde est rempli d'injustices. De mauvaises choses arrivent aux bonnes personnes; le mal semble souvent prospérer sans que rien ne s'y oppose, et de nombreux enfants subissent des sévices abominables. Mais l'histoire n'a pas à s'arrêter là. Notre espérance proclame que l'amour finira par gagner.

L'espérance est une force immense. C'est bien plus qu'un sentiment ou une émotion. La véritable espérance n'évolue pas en fonction des circonstances. Dans sa forme la plus solide, elle nous remplit de la certitude que, quelle que soit la situation dans laquelle nous nous trouvons, nous ne sommes pas seuls, et notre avenir est assuré.

«L'espérance a la peau dure, et elle supportera toutes sortes de coups, a écrit John Bunyan. Elle supportera tout, pourvu qu'elle soit le bon type d'espérance.»[1]

Quel est donc le «bon type»? Lesslie Newbigin l'explique de cette manière:

L'horizon du chrétien, c'est: «Christ reviendra» et: «Nous attendons la venue du Seigneur.» Cela peut être demain, ou un jour lointain, peu importe: cela doit être notre ligne d'horizon. Mais cet horizon est essentiel, car c'est ce qui nous remplit d'espoir et c'est ce qui donne du sens à notre vie.[2]

Notre espérance repose sur les vérités fondamentales qui nous viennent de Christ: la présence, la puissance et la paix qu'il

----

1 John Bunyan, *The Works of That Eminent Servant of Christ, Mr. John Bunyan: Minister of the Gospel, and Formerly Pastor of a Congregation*, Palala Press, 2015, p. 693

2 Andrew Walker, *Different Gospels: Christian Orthodoxy and Modern Theologies*, SPCK, 1993

apporte; l'assurance d'une espérance et d'un foyer éternels après cette vie éphémère. L'espérance peut tout changer. C'est pourquoi...

> retenons fermement l'espérance que nous proclamons, car celui qui a fait la promesse est fidèle.
>
> Hébreux 10.23

27. L'amour, pas toujours rose

«L'amour» est un terme que nous entendons souvent, mais en donner une définition est assez difficile. Lorsque je pense aux films qui m'émeuvent le plus, je me rends compte qu'ils tournent autour de l'amour.

Souvent, le héros ou l'héroïne sacrifie une chose qu'il ou elle possède (un emploi stable, sa sécurité personnelle, sa gloire, sa richesse, etc.) afin de sauver, d'aider ou d'encourager quelqu'un. (Parfois, il s'agit de sauver une personne de sa famille, de sauver le monde ou de laisser à quelqu'un qui en a plus besoin que lui ou elle la gloire d'une réussite.) Les scénarios d'héroïsme ressemblent souvent à cela, et ce n'est pas surprenant. L'amour nous inspire et nous pousse à accomplir des choses extraordinaires.

Cela nous rappelle aussi que l'amour n'est pas niais ni superficiel. Il est ce qu'il y a de plus puissant sur cette terre. Il se donne pour le bien des autres; il le fait humblement, discrètement, et sans rien exiger en retour.

J'aime beaucoup la description qu'en fait Paul:

> *L'amour* est patient, il est plein de bonté; *l'amour* n'est pas envieux; *l'amour* ne se vante pas, il ne s'enfle pas d'orgueil, il ne fait rien de malhonnête, il ne cherche pas son intérêt, il

ne s'irrite pas, il ne soupçonne pas le mal, il ne se réjouit pas de l'injustice, mais il se réjouit de la vérité; il pardonne tout, il croit tout, il espère tout, il supporte tout. *L'amour* ne meurt jamais.

1 Corinthiens 13.4-8

Quelqu'un m'a suggéré de remplacer le terme «amour» par mon nom, dans ce passage, et de voir si je parviens à respecter tout ce qu'il évoque (c'est un vrai défi, je vous l'assure!). Mais, si nous voulons mener une vie riche et pleine d'amour, ces paroles sont une véritable boussole pour nous: nous devons protéger, faire confiance, espérer, persévérer.

28. Un refuge en Christ

Dès le début de sa vie, Jésus a été mis en danger par le roi Hérode, par des forces obscures, par des foules dans le temple et par des chefs religieux. Nombreux étaient ceux qui se remplissaient de colère et de haine dès que quelqu'un venait menacer leur autorité, c'est-à-dire transmettait un message d'amour et de bonté.

C'est la raison pour laquelle énormément de membres de l'élite religieuse conspiraient contre Jésus pour le mettre à mort. Mais il savait que les choses se passeraient ainsi. La Bible l'avait prédit:

Les rois de la terre se soulèvent
et les chefs se liguent ensemble
contre l'Eternel et contre celui qu'il a désigné par onction.

Psaume 2.2

Mais Jésus connaissait également la solution à tous ces pièges:

Heureux tous ceux qui se confient en Dieu!

Psaume 2.12

Lorsque nous nous trouvons dans les tempêtes inévitables de la vie, la meilleure des choses à faire est de lever les yeux. Sachons que Jésus a connu bien pire. Il sait ce que nous traversons, et il sera toujours à nos côtés pour nous aider.

Espérez avec l'assurance que la bonté vaincra. Toutes les choses que nous vivons correspondent à des combats que Jésus a menés il y a longtemps et qu'il a déjà remportés. Lui faire confiance pour votre vie et pour votre avenir, c'est un véritable signe de foi; or, la foi, l'espérance et l'amour ne mourront jamais.

Votre Père sait de quoi vous avez besoin avant que vous le lui demandiez.

Matthieu 6.8

29 Continuer à avancer

Winston Churchill aurait déclaré: «Le succès consiste à aller d'échec en échec sans perdre votre enthousiasme.»

Lorsque nous poursuivons l'objectif de notre vie, il est possible (et même normal) que nous ayons à travailler dur. Nous devons être concentrés, nous devons persévérer, et ne pas nous laisser distraire par les faux pas et les échecs auxquels nous serons confrontés en chemin.

Nous avons beau nous penser forts, notre force est inférieure à ce dont nous sommes capables si nous tirons notre énergie et notre vitalité de Christ. C'est d'ailleurs le rôle du Saint-Esprit: nous garder près du Seigneur, nous aider à continuer à avancer, à faire preuve de bonté, à être courageux et toujours motivés par l'amour.

Quelle que soit l'épreuve que nous traversons (qu'elle soit spirituelle ou physique), Dieu est la source suprême de victoire, et il est de notre côté.

> Tends ton oreille vers moi,
> viens vite à mon secours!
> Sois pour moi un rocher protecteur, une forteresse
> où je trouve le salut!
>
> Psaume 31.3

Si nous nous appuyons sur Dieu, nous sommes revêtus d'assurance. Nous n'avons pas à faire comme si nous avions les choses en main, comme si nous avions tout réussi, comme si nous étions forts et heureux tous les jours. Nous pouvons être bien plus honnêtes que cela avec nous-mêmes et avec Dieu.

Parfois, la vie est dure, mais en toutes circonstances, sa main d'amour est toujours tendue vers nous pour nous aider, quel que soit notre état d'esprit. Faites-lui confiance, car il est bon!

30. Finir la course, garder la foi

Sur la fin de sa vie, Paul a écrit: «Le moment de mon départ approche. J'ai combattu le bon combat, j'ai terminé la course, j'ai gardé la foi» (2 Timothée 4.6-7).

Voilà quelles sont les paroles d'une personne dont la vie a été un supplice et qui a tout risqué. L'apôtre a été torturé, battu; il a fait naufrage, il a été abandonné et il a supporté la faim. Il a grandement souffert et a travaillé sans relâche pour les autres. C'était un homme qui gardait les yeux fixés sur sa vision, un homme qui a fait tout ce qu'il était en son pouvoir de faire.

J'espère, lorsque mon heure viendra, que je pourrai regarder ma vie et dire que j'ai terminé la course et gardé la foi. Je ne le dirai peut-être pas de manière aussi assurée que Paul, mais je le dirai à ma façon imparfaite. Offrir de la bonté, de la douceur et de l'amour à tous ceux que je rencontre, c'est un bel objectif.

Il est bon de nous souvenir que ce long voyage est constitué de petits pas. Paul écrit ensuite:

C'est le Seigneur qui m'a soutenu et fortifié.

2 Timothée 4.17

N'abandonnons jamais! Dans les bons comme dans les mauvais moments, n'abandonnons jamais! Même lorsque notre route, devant nous, nous semble trop difficile, n'abandonnons jamais. Que nous soyons au début ou près de la fin, avec lui à nos côtés, nous n'abandonnerons jamais.

> Même lorsque notre route, devant nous, nous semble trop difficile, n'abandonnons jamais.

LA SAGESSE

Vous avez 11 ans, et un ami vous lance un défi qui a l'air cool mais dangereux. Difficile de dire non, même si vous savez en vous-même que c'est un défi stupide; même si toutes les fibres de votre corps vous disent que c'est une mauvaise idée.

Voilà comment je me suis retrouvé dans la marée boueuse d'un port non loin de mon domicile. Je n'avais jamais vu personne descendre dans l'eau à cet endroit, et au bout de dix pas, j'ai immédiatement compris pourquoi: la vase et la boue gluantes s'attachaient à mes membres comme du ciment. Plus j'avançais, pire cela devenait.

Bien évidemment, pas question de renoncer. A environ un tiers de notre trajet, nous nous sommes retrouvés coincés. Impossible de bouger. Nous nous étions enfoncés dans cette argile, cette boue, cette vase noire et collante; et nous étions épuisés. Chaque fois que nous essayions de bouger, nous nous sentions nous enfoncer plus profondément encore, et je sentais un horrible sentiment de panique m'envahir. C'est le genre de sentiment qui s'empare de vous lorsque vous vous retrouvez dans une situation que vous ne pouvez plus contrôler.

Heureusement, deux choses se sont produites. Tout d'abord, je me suis rendu compte que si j'agitais et sortais de la boue un membre à la fois, et que je tentais de «nager» à la surface, je pouvais ramper vers l'avant et avancer petit à petit. Nous nous sommes donc retournés et avons entrepris de rebrousser chemin, un centimètre à la fois.

Ensuite, une personne sur le rivage nous a aperçus et a appelé un bateau de sauvetage. Je savais que nous allions nous attirer des problèmes, que nous parvenions à nous sortir de là ou non. Nous nous sommes donc hâtés de nous extirper de là et, à peine sur le rivage, quelques secondes avant que n'arrive le bateau de sauvetage, nous nous sommes séparés et nous sommes rués chez nous, avec l'allure de deux petits monstres sortis des abîmes.

Bien sûr, ma mère a fini par apprendre ce qui s'était produit et m'a envoyé chez le barreur du bateau pour m'excuser en personne et lui proposer de faire des corvées pour l'équipage, en guise de punition.

C'est une leçon qui m'a servi dans beaucoup de mes situations de survie: nos décisions ont des conséquences. Ne vous embarquez pas dans une aventure sans une bonne issue de secours, et ne vous laissez pas convaincre de faire quelque chose, si votre instinct vous dit que ce n'est pas une bonne idée. Cela s'appelle la sagesse de la vie. Une personne intelligente apprend de son vécu, ou même mieux: elle apprend des autres.

Malheureusement, cette escapade n'a pas représenté ma dernière bêtise, ni même la dernière fois où je suis rentré à la maison couvert de boue. Mais le voyage de la vie est souvent ainsi: nous faisons tous des choses qui ne sont pas très malignes; l'expérience nous corrige sévèrement et, après, nous rentrons à la maison épuisés, en espérant nous remettre sur pied et en nous promettant d'être plus sages la prochaine fois.

Si nous sommes pleins d'une puissance et d'une énergie indociles et indomptables, mais que nous ne savons pas où nous allons, cela peut nous mener sur des sentiers où nous chuterons et où nous nous blesserons. Il est tentant d'écrire nos propres règles et de suivre nos propres envies, dans l'existence. Mais, de manière assez ironique, c'est en réalité un moyen infaillible de nuire à notre énergie et notre influence naturelles.

Comprenez-moi bien: il peut être bon de remettre en question l'autorité et de prendre des risques, mais, à moins que nous n'apprenions à contrôler et encadrer nos désirs d'indépendance, nous nous retrouverons très vite dans des situations particulièrement délicates.

A l'inverse, si nous maîtrisons et canalisons notre énergie pour la diriger vers des chemins qui sont bons pour nous et pour les autres, nous pouvons aller loin et faire beaucoup. C'est ainsi que fonctionne la sagesse: il s'agit d'utiliser notre expérience, nos capacités, nos connaissances et notre instinct pour prendre des décisions intelligentes sur ce que nous devons faire, dire et suivre chaque jour. Si nous prenons les bonnes décisions, cela se voit dans notre vie et nous récoltons beaucoup de fruits.

Heureusement, la Bible est pleine de sagesse, même pour les pires têtes brûlées parmi nous! Elle nous montre comment maîtriser et diriger nos passions et comment prendre les bons risques. Et, surtout, elle nous montre le chemin vers Christ et vers son amour.

Esaïe a écrit:

> L'Esprit de l'Eternel reposera sur lui: Esprit de sagesse et de discernement, Esprit de conseil et de puissance, Esprit de connaissance et de crainte de l'Eternel.
>
> Esaïe 11.2

Toute sagesse que nous pouvons avoir commence par la crainte de l'Eternel: le respect du Tout-Puissant et de ses vérités. En effet, si nous avons vraiment la crainte de Dieu (dans le sens biblique d'un saint respect), nous n'avons à avoir peur de rien ni de personne.

Oh, et surtout, n'essayez pas de traverser un port à marée basse alors que vous savez que c'est une idée stupide!

1. La confiance en mouvement

La vie est courte, bien trop courte pour que nous nous préoccupions de choses qui n'ont que peu de valeur en termes d'épanouissement, de bonheur et de paix. Il est bien trop facile de nous inquiéter pour notre argent, notre statut, notre santé, de chercher à savoir l'opinion que les autres ont de nous, de nous demander si nous sommes assez beaux ou assez drôles. L'inquiétude est tout à fait compréhensible, mais c'est nous qui lui donnons le pouvoir de nous mettre à terre.

Mais ce n'est pas irrémédiable. Même lorsque l'inquiétude menace de nous étouffer, il existe toujours d'autres choix possibles. Nous pouvons choisir de voir au-delà de tout cela. Nous pouvons choisir de plier le genou et de faire part de nos craintes à Dieu, celui qui connaît toute notre vie et qui ne nous abandonnera jamais.

Des choses merveilleuses se produisent lorsque nous lâchons prise et que nous remettons nos inquiétudes à Christ, que nous regardons la main qu'il nous tend par la croix. Nous n'avons pas à craindre pour les choses qui nous inquiètent, car il s'occupe de tout. Il a tout entre ses mains. Il s'occupe de vous. Ayez confiance et tenez-vous tranquille! Après tout, la sérénité, ce n'est que de la confiance en mouvement.

> C'est pourquoi je vous le dis: ne vous inquiétez pas pour votre vie de ce que vous mangerez, ni pour votre corps de ce dont vous serez habillés.
>
> Luc 12.22

Même lorsque vous vous sentez submergé(e) par l'inquiétude, faites le choix de continuer à faire confiance à Christ. Continuez à placer votre confiance en lui. Continuez à l'écouter et à le suivre. Il ne vous décevra jamais. Qu'importe ce que vous avez à affronter aujourd'hui, il ne sert à rien de vous laisser renverser par vos épreuves. Nous pouvons tous choisir d'agir différemment, d'agir de manière plus sage.

Rappelez-vous ceci : nous sommes fils et filles du Tout-Puissant. Tout ira bien.

2. Une compréhension limitée

Parfois, les gens me posent des questions difficiles au sujet de la foi : ils m'interrogent sur la souffrance ou la justice, sur le ciel et l'enfer, sur les anges et les démons, sur le divorce, la sexualité et de nombreuses autres choses. Très souvent, je ne sais pas quoi leur répondre. Cependant, voici ce que je sais :

> Dieu est plus juste et plus compatissant que le plus aimant des êtres humains. Nous pouvons lui faire confiance pour notre existence.
> Cette vie n'est pas la fin. Un jour, tout sera restauré.
> Il y a certaines choses que notre cerveau n'est pas capable de concevoir. Néanmoins, plus j'ai connaissance de découvertes scientifiques, plus ma foi est affermie.
> L'amour et le pardon taclent la religion et le légalisme, en toutes circonstances.

Et je me confie dans les paroles de Jésus : « Ce que je fais, tu ne le sais pas maintenant, mais tu le comprendras par la suite » (Jean 13.7). Il y a certaines choses que nous mettons une vie entière à comprendre. Et il y en a d'autres que nous ne comprendrons qu'à la fin des temps. Peu importe : je me confie dans le fait que Dieu est amour et que je lui appartiens.

Les plus grands esprits de ce monde en sont également arrivés à cette conclusion, souvent après une vie de questionnements, d'expériences et d'études. Et si leurs études, fondées sur des preuves tangibles, suffisent à les convaincre, eh bien, cela me suffit à moi aussi.

Il ne s'agit pas d'éviter les problèmes; il s'agit de dire que, même si je trouve difficile de comprendre certaines choses, je crois fermement que la justice de Dieu est parfaite et qu'il est bon et toujours prêt à pardonner.

3. Mouvement et direction

Il existe deux manières de traverser la vie. La première consiste à décider que nous allons en être les seigneurs, que nous pouvons tout faire par nous-mêmes, sans Dieu. Nous élaborons alors des plans indépendants de lui, en cherchant à plaire à nous-mêmes. C'est une tendance populaire, qui a sa part de défauts. Le danger, comme l'histoire l'a montré à plusieurs reprises, c'est de vivre pour nous-mêmes, par nous-mêmes, comme maîtres de nous-mêmes; cela nous rend inefficaces, égoïstes et fermés d'esprit.

L'autre moyen de vivre est de regarder vers le ciel, de nous y accrocher et de recevoir les bénédictions d'en haut, de vivre pour les autres, en ayant Christ en nous qui nous conduit, nous fortifie et parfois nous teste, nous aide à grandir et à donner. Nous chuterons et nous échouerons, mais il nous prendra la main, chaque fois, et nous remettra sur pied. Alors, nous continuons à avancer vers la lumière. C'est ainsi que la grâce fonctionne. Cela demande du courage et de l'humilité, mais c'est un chemin qui nous rapproche de Dieu.

Avant la gloire se trouve l'humilité.

Proverbes 18.12

Vivre ainsi ne signifie pas que nous devrions arrêter de faire des plans. L'apôtre Paul était un fin stratège, et il a minutieusement planifié sa vie. Mais il avait également compris que, s'il est bon de faire des plans, il est essentiel que nos pas soient guidés par Dieu.

Le cœur de l'homme peut méditer sa voie, mais c'est l'Eternel qui dirige ses pas.

Proverbes 16.9

Coopérez humblement avec Dieu. Soyez prêt(e) à laisser de côté tout ce qui concerne votre ego et qui entre en conflit avec ses projets remplis d'amour pour vous. Et n'oubliez jamais que, même si le mouvement vient de nous, c'est lui qui dirige tout.

4. La quête

Si la Bible est pleine d'histoires concernant Dieu, le livre de l'Ecclésiaste est très différent. Salomon a cherché à y reproduire la quête du sens de la vie menée par quelqu'un qui ne veut pas de Dieu.

Quelle en est la conclusion?

Je me suis dit dans mon cœur: «Allons! Essaie la joie et tu goûteras au bonheur!» J'ai constaté que cela aussi, c'était de la fumée.

Ecclésiaste 2.1

Salomon a pourtant tout essayé:

Je me suis lancé dans de grandes entreprises: je me suis
construit des maisons, je me suis planté des vignes, je me
suis fait des jardins et des vergers. [...] J'ai aussi possédé des
troupeaux de bœufs et de brebis, plus que n'importe qui
avant moi. [...]
J'ai même amassé de l'argent et de l'or, les richesses des rois et
des provinces. Je me suis procuré des chanteurs et des chan-
teuses et ce qui fait le plaisir des hommes: des concubines en
quantité. Je suis devenu grand, plus grand que n'importe qui
avant moi. [...] Je n'ai privé mon cœur d'aucune joie.

Ecclésiaste 2.4-10

Salomon a obtenu tout ce qu'il souhaitait sur terre, et il a exa-
miné le fruit de ces acquisitions:

Puis j'ai réfléchi à tout ce que mes mains avaient entrepris, à
la peine que j'avais eue pour le faire, et j'ai constaté que tout
n'est que fumée et revient à poursuivre le vent. Il n'y a aucun
avantage à retirer de ce qu'on fait sous le soleil.

Ecclésiaste 2.11

«Quel avantage l'homme retire-t-il de toute la peine qu'il se
donne sous le soleil?» a conclu Salomon (Ecclésiaste 1.3).

Nous avons tous soif d'épanouissement. Cependant, cette soif
ne peut pas être étanchée par ce que nous achetons ou ce que nous
construisons ici-bas. Pour nous désaltérer, nous devons lever les
yeux. Il existe un vide en chacun de nous, et ni la connaissance ni
le pouvoir ne sont en mesure de le remplir, pas plus que l'argent ou
le sexe. Une vie solitaire, séparée de Dieu, nous laisse vides. C'est
un trou en forme de Dieu que seule une amitié avec le Créateur

Force spirituelle

peut remplir. Nous sommes ainsi faits pour une bonne raison : afin que nous levions les yeux vers lui.

5. Être une bonne nouvelle

Le message de grâce, d'amour et de pardon que Jésus nous adresse est le plus grand message du monde. C'est une bonne nouvelle. Elle change des vies. Elle change des villes. Elle change le monde. Ne gâchez donc aucun des précieux jours que Dieu vous a donnés. Quel que soit son appel pour vous, quelle que soit la difficulté des circonstances, vous pouvez éprouver de la fierté par rapport à cet appel et remplir votre rôle avec joie.

Voici de quelle manière Paul passait ses journées :

> Il parcourut cette région en adressant de nombreuses paroles d'encouragement aux croyants.
>
> Actes 20.2

Si nous sommes sur cette terre, c'est pour être comme Paul : pour encourager toutes les personnes que nous rencontrons, partout où nous allons. C'est ainsi que nous apportons la lumière de Christ à tous. Nous sommes appelés à manifester son amour, sa douceur et sa bonté aux autres.

6. L'épaule des géants

Isaac Newton était un grand homme. C'était un mathématicien, un physicien, un astronome, un théologien et un auteur ;

aujourd'hui encore, il est considéré comme l'un des scientifiques les plus influents de tous les temps.

Newton était également assez sage pour voir ses réussites d'un œil honnête. Dans une lettre à son grand rival Robert Hooke, il a écrit que son travail sur la théorie de la gravité n'avait été possible que grâce aux recherches de ceux qui l'avaient précédé. «J'ai vu plus loin que les autres parce que je me suis juché sur les épaules de géants.»[1]

Je l'admire encore plus à cause de cette phrase. Et j'aime la manière dont cette idée rappelle ce que dit Jésus:

> Celui qui s'élèvera sera abaissé et celui qui s'abaissera sera élevé.
>
> Matthieu 23.12

Etre humbles ne signifie cependant pas cacher nos dons ni avoir peur de nous démarquer. L'humilité est tout simplement le mot d'ordre du sage:

> Celui qui est humble d'esprit obtiendra la gloire.
>
> Proverbes 29.23

Nous, nous sommes juchés sur les épaules du plus grand des géants: le Dieu tout-puissant, celui qui ne souhaite rien d'autre que nous bénir, nous, ses enfants. Quel merveilleux don!

> Certainement, je te comblerai de bénédictions.
>
> Hébreux 6.14

----

1 Lettre d'Isaac Newton à Robert Hooke, le 5 février 1676, telle que transcrite dans Jean-Pierre Maury, *Newton et la mécanique céleste*, 1990

7. Un remède à l'anxiété

Le remède au stress, à l'anxiété et à la peur ne sera jamais la richesse, le succès, les beaux vêtements ou les diamants. Nous avons beau tenter de nous guérir à l'aide de ce genre de choses, l'histoire a montré à maintes reprises que cela ne fonctionne pas. Plus nous poursuivons les possessions matérielles, moins elles nous apporteront de satisfaction.

En revanche, plus nous nous laissons transformer par l'amour de Dieu, plus nous connaîtrons sa paix. Nos craintes s'évanouissent en sa présence.

> Dieu est pour nous un refuge et un appui,
> un secours toujours présent dans la détresse.
> C'est pourquoi nous sommes sans crainte.
>
> Psaume 46.2-3

Si nous souhaitons vivre avec sagesse et efficacité, nous n'avons pas besoin d'un compte en banque bien fourni, d'une maison grande comme un palace ni même d'un diplôme flanqué d'élogieuses lettres de recommandation. Si nous voulons affermir notre caractère, notre amour et notre force, nous n'avons qu'à revenir à la source de tout ce qui est beau et bon: le Créateur de l'univers qui nous a faits et souhaite tant préserver notre vie qu'il est venu parmi nous pour mourir à notre place.

Jésus est venu afin de nous restaurer par sa présence. Si nous laissons de côté nos distractions, nos peurs et notre propre personne, nous lui faisons de la place pour que sa lumière brille en nous et par nous. C'est là le sens d'une vie épanouie: laisser la lumière et l'amour de Christ nous éloigner de nos peurs, de notre stress et de notre anxiété pour nous ramener vers ses bénédictions.

8. Créés pour l'émotion

Devenir sages ne veut pas dire que nous éliminions de notre existence toutes sortes de passions. Au contraire, l'émotion joue un rôle clé dans nos relations, avec Dieu en particulier. L'honnêteté est une bonne chose; savoir exprimer franchement nos émotions est tout aussi sain et naturel. Du reste, un peu de colère de temps en temps n'est pas une mauvaise chose. Jésus lui-même a exprimé une sainte colère, devant l'hypocrisie et la corruption dont il était témoin. Mais rappelons-nous le bon conseil que nous a laissé Paul:

> Si vous vous mettez en colère, ne péchez pas. Que le soleil ne se couche pas sur votre colère, et ne laissez aucune place au diable.
>
> Ephésiens 4.26-27

C'est là une belle parole de sagesse qui peut nous aider à gérer nos émotions dans notre vie. Lorsque nos émotions se déchaînent – qu'il s'agisse de colère, de frustration, d'agacement ou de tristesse – nous devons comprendre ces sentiments et non les enfouir en nous. Le plus important est de ne pas nous laisser contrôler, submerger ou éloigner de Dieu par nos émotions.

Développez une sagesse capable de faire la différence entre les émotions positives et négatives. Remettez à Jésus vos émotions négatives et laissez-les à ses pieds. Laissez-le les apaiser et les porter pour vous. Accueillez avec joie vos émotions positives et servez-vous d'elles comme moteurs de vos actions.

Dieu nous a créés en tant qu'êtres émotionnels; voyez donc ces émotions comme une simple partie de vous-même. Certaines sont bonnes, d'autres le sont moins. Sachez les distinguer. Laissez vos émotions vous enrichir et non vous contrôler.

9. Un carburant quotidien

Si nous ne mettons pas le bon carburant dans notre corps au début de la journée, nous le regretterons plus tard. Il en va de même pour le temps que nous passons avec Dieu. J'ai le sentiment que mes journées se passent toujours mieux lorsque je les démarre en passant un moment avec Christ. (Note: «mieux» n'est pas synonyme de moins de soucis. Ce que je veux dire, c'est que je me sens plus calme, plus fort, plus libre, plus assuré et plus perspicace. Et cela aide toujours!)

Il ne s'agit pas d'un simple rituel du matin. Il ne s'agit pas de lire quelques versets ni de répéter quelques prières. Cela n'a rien à voir avec la religion ni avec le fait de répéter des paroles en boucle. Il s'agit de rechercher les ressources nécessaires pour affronter la journée qui s'annonce. Lire un passage de la Bible, prier et écouter ce que notre cœur nous dit, cela nous rapproche de la source de toute sagesse: Jésus.

Cela ne prend que quelques minutes et pourtant, cela peut bouleverser une journée entière.

Très vite, cette habitude s'enracine, et alors que nous avançons dans notre journée, nous commençons à remarquer la présence de Dieu, même dans les moments les plus agités. Nous commençons à reconnaître sa voix, ses encouragements, son conseil et sa protection.

En d'autres termes, les moments «tranquilles» au cours desquels nous passons quelques minutes à tenter de sentir la présence de Dieu se multiplient et remplissent notre journée. Voilà un bel objectif à atteindre pour chacun(e) de nous!

Paul l'a écrit:

Je combats ainsi afin que, unis dans l'amour, ils soient encouragés dans leur cœur [...] pour connaître le mystère de

Dieu, aussi bien du Père que de Christ. C'est en lui que sont
cachés tous les trésors de la sagesse et de la connaissance.

Colossiens 2.2-3

10. Une discipline quotidienne

Mieux vaut, à tous les coups, agir avec le bon caractère qu'avec
la bonne stratégie. En fait, le caractère est la seule chose qui compte
réellement. C'est un message que la Bible ne cesse pas de communiquer: si nous voulons développer de bonnes racines et grandir de
manière à devenir forts et grands, nous devons protéger et développer notre caractère.

Jésus est un exemple parfait du point de vue du caractère, et les
mots d'ordre de sa vie ont été l'humilité, le service, le courage, la
compassion, l'intégrité et la persévérance.

En effet, ceux qui ont bien rempli leur service gagnent
l'estime de tous et une grande assurance dans la foi en
Jésus-Christ.

1 Timothée 3.13

C'est la raison d'être de ce livre: que nous forgions notre caractère, ensemble, jour après jour.

Que vous ayez déjà lu cela auparavant ou que vous le lisiez pour
la première fois, il est bon de savoir que vous n'êtes pas seul(e). Je
me sens moi-même profondément encouragé de savoir que nous
construisons ensemble une communauté de personnes qui uti-
lisent ensemble tous les jours ce livre de réflexions spirituelles, ou
un livre similaire.

L'exercice physique est utile à peu de chose, tandis que la piété est utile à tout, car elle a la promesse de la vie présente et de la vie à venir.

1 Timothée 4.8,

> Mieux vaut agir avec le bon caractère
> qu'avec la bonne stratégie.

11. Rien ne bat l'amour

Pourquoi tant de cruauté et de souffrance dans le monde? Pourquoi tant de divisions autour de nous? Pourquoi tant de combats, même dans notre propre vie?

J'aime beaucoup cette citation d'Albert Einstein: «Le problème aujourd'hui, ce n'est pas l'énergie atomique mais le cœur des hommes.»

L'histoire montre qu'il suffit d'un rien pour que les êtres humains deviennent cruels et se maltraitent les uns les autres. En l'absence d'amour, le mal prospère. Le bien et le mal commencent tous deux dans notre cœur. Ils évoluent selon la manière dont nous choisissons de vivre, selon les objectifs que nous poursuivons et selon ce que nous considérons comme ayant de la valeur. Je ne suis bien évidemment pas le premier à souligner la noirceur de la nature humaine.

D'où viennent les conflits et d'où viennent les luttes parmi vous? N'est-ce pas de vos passions qui combattent dans vos membres?

Jacques 4.1

Heureusement, ce n'est pas une situation irrémédiable. Nous pouvons transformer le monde et notre cœur par nos paroles, nos actions, nos attitudes. Le bien finira toujours par vaincre. Rien ne bat l'amour.

> Soumettez-vous donc à Dieu, mais résistez au diable et il fuira loin de vous.
>
> Jacques 4.7

C'est une grande vérité, que nous ferions bien d'apprendre par cœur et de mettre en pratique tous les jours: nous éloigner du mal, marcher vers le bien, garder les yeux et le cœur fixés sur Christ. C'est le moyen le plus naturel et le plus efficace de mener une vie positive, vertueuse et épanouie.

12. La main du Seigneur

> Voici ce que dit le Seigneur, l'Eternel: J'enlèverai moi-même une pousse de la cime du cèdre majestueux et je la déplacerai [...] sur une montagne particulièrement haute.
>
> Ezéchiel 17.22

> Je vous donnerai un cœur nouveau et je mettrai en vous un esprit nouveau.
>
> Ezéchiel 36.26

La vocation d'Ezéchiel était très claire: il devait écouter les paroles de Dieu et les transmettre aux autres, afin qu'ils grandissent dans la foi et l'amour. Notre vocation n'est pas différente, et nous

Force spirituelle

avons beaucoup à apprendre de ce prophète. Il passait beaucoup de moments de paix avec Dieu, à rechercher sa présence et ses conseils; ensuite, il se confiait en lui et lui obéissait. Il a vu des choses épouvantables, mais il a toujours été fidèle à Dieu.

Ezéchiel est un bel exemple de ce que disait D.L. Moody: «Un chrétien à genoux en voit plus qu'un philosophe sur la pointe des pieds.»[1] Nous pouvons, comme Ezéchiel, connaître cette incroyable intimité: «La main de l'Eternel reposait sur moi» (Ezéchiel 37.1). Cette promesse s'accompagne de celle d'une grande force.

Mes jeunes fils me posent souvent des questions sur l'assurance que j'affiche. Je leur réponds que celle que j'ai me vient de cette vérité. L'assurance n'a rien à voir avec la confiance en soi. Elle est plus forte que cela. C'est la main de l'Eternel qui nous la donne; elle nous conduit et nous affermit lorsque surviennent les tempêtes. Notre rôle, c'est d'avoir un cœur fidèle et des pieds prêts à avancer. Notre chemin et la force de le parcourir nous viennent de Dieu. Ezéchiel le savait bien, et c'était la source de son efficacité quotidienne.

13. Pas tout mais assez

Josaphat avait toutes les raisons du monde de céder à la panique: trois armées avaient conclu une alliance pour l'attaquer, et elles n'étaient qu'à quelques jours de marche. Mais il était clairvoyant. Pendant des années, il avait affermi le royaume de Juda en formant des alliances avec le nord et en faisant prospérer son peuple. C'était un bon roi, à la perspicacité évidente.

- - - -

1   William R. Moody, *Record of Christian Work*, W.R. Moody, 1913, p. 513

Alors que les armées se rapprochaient, Josaphat n'a pas eu peur de se tenir debout dans le temple afin de crier à Dieu: «Nous ne savons que faire, mais nos yeux sont sur toi» (2 Chroniques 20.12).

Prier demande beaucoup de courage: le courage de nous montrer vulnérables et de plier le genou. Et Dieu a répondu à la prière de Josaphat:

> N'ayez pas peur et ne vous laissez pas effrayer! Demain, sortez à leur rencontre et l'Eternel sera avec vous.
>
> 2 Chroniques 20.17

Cette promesse est aussi pour nous aujourd'hui. Dieu répond à la prière, et il est toujours avec nous. Lorsque vous vous retrouverez dans un combat, gardez le regard fixé sur la seule puissance sur laquelle vous pouvez réellement compter. Comme le disait Charles Spurgeon, «la prière est le fin nerf qui actionne les muscles de la toute-puissance de Dieu»[1].

> Prier demande beaucoup de courage: le courage de nous montrer vulnérables et de plier le genou.

14. Luttes et bénédictions

Nicky, un de mes amis, se souvient d'un discours qu'il a entendu, où l'orateur disait que la vie du chrétien était «luttes et bénédictions, luttes et bénédictions, luttes et bénédictions, luttes et bénédictions, luttes et bénédictions, luttes et bénédictions».

- - - -
1   Charles Spurgeon, *Spurgeon's Sermons*, vol. 12, 1866, https://www.ccel.org/ccel/spurgeon/sermons12.html

C'est une leçon toute simple, mais très profonde. Lorsque la vie est remplie de défis, il est difficile de croire que les luttes finiront par prendre fin. Et lorsque tout va bien, il y a en nous la tentation de nous attendre à ce que ce soit toujours le cas. Mais la vie n'est pas comme cela. Elle est plutôt une suite de luttes et de bénédictions.

La sagesse est l'art de naviguer efficacement entre ces luttes et ces bénédictions et de vivre fidèlement, quelle que soit la situation dans laquelle vous vous trouvez.

Et voici la bonne nouvelle: si nous avons besoin de plus de sagesse, tout ce que nous avons à faire, c'est la demander. Sa sagesse fait partie, comme son pardon et sa présence, des choses que Dieu nous donnera toujours:

> Si l'un de vous manque de sagesse, qu'il la demande à Dieu, qui donne à tous simplement et sans faire de reproche, et elle lui sera donnée.
>
> Jacques 1.5

Demandez-la donc et attendez-vous à la recevoir! Dieu aime bénir ses enfants en leur accordant sa sagesse et les aider à avancer sur le bon chemin dans l'existence.

15. Une sagesse à contre-courant

Plus j'avance dans la vie, plus je me rends compte de l'importance de la sagesse. C'est la raison pour laquelle j'aime énormément ces versets des Proverbes:

> Que ton cœur retienne mes paroles! Obéis à mes commandements et tu vivras. Acquiers la sagesse, acquiers

l'intelligence! N'oublie pas les paroles de ma bouche et ne t'en détourne pas!

Proverbes 4.4-5

Cela me rappelle que la sagesse n'a pas pour finalité de nous faire paraître intelligents; son objectif est plutôt de nous faire vivre de manière plus vraie, plus profonde, plus riche. Et celle que Dieu nous donne est d'une grandeur impossible à mesurer. Rien ne peut l'égaler:

Voici le commencement de la sagesse: acquiers la sagesse, et avec tout ce que tu possèdes acquiers l'intelligence.

Proverbes 4.7

La sagesse n'a rien à voir avec l'intellect, avec des résultats d'examens ni avec des éloges. Elle consiste à savoir que nous avons besoin du pardon divin, à avoir l'humilité de demander son aide à Dieu et à avoir le courage de continuer à avancer fidèlement, en utilisant l'amour de Christ comme boussole.

C'est la raison pour laquelle la femme qui se débattait dans la foule pour parvenir à toucher Jésus et le voleur sur la croix à côté de Jésus étaient tous les deux plus sages que les érudits sadducéens qui l'ont condamné par la suite. Dieu a toujours agi de manière inattendue et bouleversé les diktats de la société. D'après Joyce Meyer, la sagesse consiste à choisir de faire maintenant ce que vous serez heureux d'avoir fait plus tard.[1] Poursuivons-la donc! Si nous grandissons en sagesse et en intelligence, notre existence en sera transformée:

- - - -

1   Joyce Meyer, «Wisdom Is Calling Out to You», Joyce Meyer Ministries, 22 décembre 2017, https://www.joycemeyer.org/dailydevo/2017/12/1222 wisdom is calling out to you. Utilisé avec permission préalable.

Tiens-la [la sagesse] en haute estime et elle t'élèvera. Elle fera ta gloire, quand tu l'embrasseras. Elle mettra sur ta tête une couronne de grâce, elle t'ornera d'un magnifique diadème.

Proverbes 4.8-9

16. Les anges

Ainsi commence la sagesse: par la «crainte de l'Eternel». C'est ainsi que «la connaissance commence» (Proverbes 1.7).

Le terme «crainte» pourrait être traduit par «respect». Il s'agit de respecter et honorer Dieu. Cela implique de construire notre vie, jour après jour, en plaçant Christ au centre. Et nous n'avons pas à le faire seuls. Les anges et l'esprit de Dieu nous guident. Ils ont aidé Jésus et, même si nous n'en avons pas conscience, ils nous aident constamment, nous aussi. Ce verset nous donne une idée de la bonté de Dieu envers nous et du rôle des anges:

Les anges eux-mêmes désirent y plonger leurs regards.

1 Pierre 1.12

Le terme grec utilisé pour «plonger leurs regards» signifie se tenir sur la pointe des pieds, comme si vous tentiez, du milieu d'une foule, de voir une parade. C'est comme si les anges étaient si curieux de voir l'amour de Dieu en action qu'ils se tiennent sur la pointe des pieds pour voir le déroulement de son plan de salut pour notre vie, comme s'ils ne parvenaient pas à croire que l'amour et la bonté de Dieu soient déversés sur des personnes aussi mauvaises.

Mais c'est ce que l'on appelle la grâce. Et le rôle des anges dans la Bible semble toujours être de nous aider à mieux comprendre l'amour de Dieu.

17. Gérer le succès

A tout point de vue, le roi David avait réussi. Il était un grand chef et un guerrier redoutable, un poète talentueux et un politicien ingénieux. Il a régné pendant quarante ans et, sous sa direction, Israël est devenu l'une des plus grandes nations de la région. Bien sûr, il a aussi fait des erreurs; mais il s'en est toujours repenti et a montré sa force et son humilité en revenant à Dieu. Il a géré la réussite et l'échec de la meilleure des manières:

> Eternel, j'aime la maison où tu résides,
> le lieu où ta gloire habite. [...]
> Mon pied tient ferme dans la droiture;
> je bénirai l'Eternel dans les assemblées.
>
> Psaume 26.8, 12

David savait à quoi son cœur devait être attaché, et il n'a pas cherché à se vanter. Au lieu de cela, il a attribué à Dieu toute la gloire, tout le mérite et toute la reconnaissance que pouvaient lui valoir ses réussites, et il a encouragé les autres à faire de même. Son influence ne venait pas de sa propre importance mais de sa reconnaissance et de son amour pour Dieu. Il ne s'élevait pas au-dessus de son peuple; il gardait la tête froide et élevait son cœur et sa voix vers le Tout-Puissant.

Voyez l'importance de l'humilité et de la reconnaissance dans notre vie ici-bas! Qu'importe notre statut social, nous servons le même Dieu que le roi David. Alors, comme lui, rejoignons les assemblées où il est célébré, brillons de son amour et de sa compassion, transmettons sa bonté et rendons à notre Père céleste le mérite et la reconnaissance qui lui sont dus.

Gérer le succès signifie comprendre que tout vient de lui. Toute chose bonne que nous avons lui appartient; c'est un don qui nous est fait. Faisons donc de l'humilité et de la reconnaissance des mots d'ordre de notre vie, et ne considérons jamais le succès comme nous appartenant.

18. La porte avec une seule poignée

Je dois tous les jours me rappeler qu'une spiritualité centrée sur Christ est comme une porte qui ne peut s'ouvrir que d'un côté: Jésus ne forcera jamais l'entrée. Nous devons nous-mêmes ouvrir la porte et le laisser entrer dans notre vie.

Jésus nous donne la liberté de nos choix chaque jour, et nos choix ont de l'importance. Ils déterminent quel est notre chemin, ce que nous pensons et quels sont nos plus grands désirs. Ce que nous pensons détermine nos actions; nos actions deviennent des habitudes; nos habitudes forment notre caractère; et notre caractère devient notre existence. Le tableau de notre vie est la somme de millions de petites décisions. Si nous souhaitons bien vivre, nous devons nous souvenir que tout commence dans notre cœur. C'est la raison pour laquelle nous devons choisir quels sont nos centres d'intérêt, comme l'a fait le roi David:

C'est vers toi, Eternel, Seigneur, que je tourne le regard.

Psaume 141.8

Si nous le faisons, c'est parce que Dieu est le seul à pouvoir nous mener à bon port.

Il appartient à chacun de nous d'ouvrir ou non la porte de notre cœur pour y laisser entrer l'amour de Dieu. C'est à nous de décider de tourner les regards vers lui et de savoir si nous voulons de sa présence rassurante dans notre existence.

Il n'y a pas de règle ni de prérequis; cela ne concerne que notre cœur et notre volonté. De quoi voulons-nous remplir notre cœur? D'où voulons-nous tirer notre force?

Quels que soient nos choix, la même vérité s'applique à nous tous: Christ nous attend. Il est toujours prêt, et tout ce qu'il souhaite nous communiquer, c'est son amour, sa grâce et sa bonté.

19. Assez de soupirs

Lorsque la vie nous présente ses défis les plus rudes, et que la terreur s'empare de nous, la sagesse peut être difficile à trouver. Nous sommes souvent aveuglés par l'immédiateté des problèmes que nous avons, et la panique peut entraver notre jugement et brouiller notre vision à long terme.

Il est très facile de nous sentir piégés. Or, c'est dans ces moments-là que nous avons le plus besoin de sagesse et que nous devons plus que jamais prier. C'est le moment de «nous approcher du trône et non du téléphone», pour emprunter les mots de Joyce Meyer[1]. La prière est pareille à une arme surpuissante. Au 16e siècle, lorsque le pasteur écossais John Knox a été mis en prison, Mary, reine d'Ecosse, aurait dit: «Je crains plus les prières de John Knox qu'une armée de dix mille hommes.»[2]

La prière a un pouvoir grand et réel. Parfois, il est difficile de prier, et c'est normal. Ce n'est pas grave. Mais si vous priez, vous ne serez jamais seul(e).

----

1 Joyce Meyer, *New Day, New You: 366 Devotions for Enjoying Everyday Life*, Hachette, 2007. Utilisé avec permission préalable de Joyce Meyer, https://www.joycemeyer.org/.
2 John Charles Ryle, *Practical Religion*, Wisdom Books, 2018

L'Esprit aussi nous vient en aide dans notre faiblesse. En effet, nous ne savons pas ce qu'il convient de demander dans nos prières, mais l'Esprit lui-même intercède pour nous par des soupirs que les mots ne peuvent exprimer.

Romains 8.26

Dieu ne nous attribue pas de note selon l'éloquence de nos prières (encore heureux!). Il aime simplement nous voir venir à lui, quel que soit l'état dans lequel nous nous trouvons. Et il nous envoie son esprit pour nous aider à prier, même lorsque tout ce que nous parvenons à exprimer, ce sont des soupirs ou des gémissements.

Qu'importe la situation dans laquelle vous vous trouvez, priez! Même lorsque vous ne parvenez pas à trouver les mots, videz simplement votre cœur. Mais par-dessus tout, tenez-vous prêt(e) à accueillir la réponse de Dieu. Il promet de ne jamais être loin de ceux qui ont le cœur brisé.

20. Plier le genou

Lorsque nous avons une trop haute opinion de nous-même, les choses commencent à aller de travers. Dans notre vie, notre société, notre pays et le monde entier, lorsque nous croyons et agissons comme si nous étions supérieurs aux autres, l'injustice, la souffrance et la douleur ne tardent jamais à arriver.

Un abbé a décrit l'opposé de l'arrogance de la manière suivante: «L'humilité est l'approche honnête de la réalité de notre vie et la compréhension que nous ne sommes pas plus importants que d'autres personnes.»[1] Considérer chacune des personnes qui nous

----

1 Christopher Jamison, *Finding Happiness: Monastic Steps for a Fulfilling Life*, Liturgical Press, 2008 © ordre de Saint-Benoît. Utilisé avec permission préalable.

entourent comme aussi importantes que nous, cela correspond à une manière de vivre merveilleuse et libératrice.

Rappelez-vous qu'au nom de Jésus, chacun est amené à plier le genou (Philippiens 2.10; voir aussi Apocalypse 19.4, 6). Si nous plions volontairement le genou devant Christ et lui reconnaissons la pleine autorité dans notre existence, nous nous inquiétons moins pour des facteurs qui étouffent d'ordinaire les autres, tels que notre estime de soi, notre identité et le sens de la vie. Notre relation avec Christ apporte une réponse à toutes ces questions.

Vivre de cette manière demande de l'humilité et de l'assurance; cela implique également que nous reconnaissions une pleine autorité à Christ et lui cédions les rênes de notre existence. Mais, si vous comprenez que Dieu est pleinement en votre faveur, cela devient simplement logique. C'est de cette manière que nous pouvons connaître la véritable liberté.

21. Autorité et sagesse

Peu de gens ont eu à gérer des groupes de personnes et des entreprises comme Ken Blanchard, auteur de l'ouvrage *Le manager minute*. Son livre a connu un succès si grand et si fulgurant qu'il a eu beaucoup de difficultés à gérer les éloges qui y étaient associés. Il a donc commencé à penser à Dieu et à lire la Bible. Il a commencé par les Evangiles, car il voulait savoir ce que Jésus avait fait.

Il a été fasciné par la manière dont Jésus a transformé la vie de douze personnes ordinaires, anodines, aux réactions parfois saugrenues, pour faire d'elles la première génération de chefs d'un mouvement qui continue à influencer le cours de l'histoire, près de deux mille ans plus tard.

Plus Blanchard poursuivait ses recherches, plus l'image se précisait: tout ce qu'il avait écrit sur les qualités d'un leader efficace, Jésus l'avait déjà enseigné à la perfection. Toute sagesse qu'il pensait avoir découverte, Jésus l'avait déjà enseignée magistralement.

Blanchard a alors pris conscience de ce que signifie réellement être un bon meneur d'hommes. Il a appris que, pour guider les autres, ce que nous sommes compte plus que notre position. Nous devons être doux et ne pas être prompts à juger; nous devons éviter l'arrogance et l'étalage de notre autorité, et avoir le courage d'affronter les autres lorsque cela se révèle nécessaire. Nous devons rechercher la puissance spirituelle, pas les aptitudes mises en avant par le monde. Et surtout, nous devons toujours faire de la prière – c'est-à-dire du temps passé avec Dieu – la plus essentielle de nos priorités.

Aucune de ces choses n'est facile à réaliser (et se trouver en position d'autorité ne l'est jamais), mais, si nous nous y attachons, nous en verrons les fruits.

22. Le cœur du problème

Alexandre Soljenitsyne, lauréat d'un prix Nobel qui était le plus important auteur russe de la seconde moitié du 20ᵉ siècle, a été emprisonné et torturé pendant huit ans pour avoir critiqué Staline. Il a écrit ces paroles: «La ligne qui sépare le bien et le mal est franchie, non par les Etats, non par les classes, non par les partis politiques [...] mais par le cœur humain, par tous les cœurs humains.»[1]

- - - -

[1]   Alexandre Soljénitsyne, *L'Archipel du Goulag*, 1973

C'est une grande vérité, qui fait parfaitement écho à la sagesse de la Bible. Nous ne servons pas un Dieu qui s'intéresse à des rituels ni à des démonstrations religieuses. Nous ne sommes pas impliqués dans un jeu de rôles finement élaboré dans lequel la seule chose qui compte, ce serait une prétendue sainteté et une pseudo-droiture.

Mener une vie de foi, c'est tout simplement connaître Dieu et être connus de lui: c'est trouver notre foyer et la paix en lui; c'est être préparés, affermis et défendus dans nos combats; c'est combattre avec amour, avec bonté et savoir pardonner.

> Sois pour moi un rocher protecteur, une forteresse
> où je trouve le salut!
> Oui, tu es mon rocher, ma forteresse;
> à cause de ton nom tu me conduiras, tu me dirigeras.
> Tu me feras sortir du piège qu'ils m'ont tendu,
> car tu es mon protecteur.
>
> Psaume 31.3-5

Le don de rester dans la grâce du Tout-Puissant est le plus grand qui puisse être fait à quelqu'un sur cette terre.

23. L'origine de la sagesse

Avoir de la connaissance, comme beaucoup l'ont observé, c'est savoir qu'une tomate est un fruit. Avoir de la sagesse, c'est ne pas mettre de tomate dans une salade de fruits!

La connaissance est importante et nous aidera énormément dans notre vie; mais, seule, elle n'a pas le pouvoir de nous sauver. Nous avons également besoin de sagesse: nous avons besoin d'être

Force spirituelle

guidés et d'avoir nos yeux ouverts par celui qui voit le tableau général.

Comment obtenir de la sagesse? C.S. Lewis a écrit: «Ce qu'il y a de mieux après avoir obtenu la sagesse, c'est de s'entourer de personnes qui sont sages elles aussi.»[1] Dieu promet de nous accorder la sagesse, si nous la recherchons. Il nous la révèle par la Bible, par l'expérience, par son esprit et par les autres. C'est en observant et en écoutant que nous l'acquérons, et nous la trouvons dans notre cœur, par un instinct que Dieu nous donne et qui nous aide à comprendre ce qui est intelligent, droit et vrai. Nous l'acquérons également par le biais de la prière:

> Si l'un de vous manque de sagesse, qu'il la demande à Dieu, qui donne à tous simplement et sans faire de reproche, et elle lui sera donnée.
>
> Jacques 1.5

Recherchez la sagesse partout où vous allez, et elle vous aidera à rester ancré(e) en Christ, conduit(e) par son amour et en sécurité dans sa grâce.

24. La guerre du contrôle

Dieu permet que nous ayons certaines tentations dans notre vie, même si elles ne durent pas aussi longtemps que les quarante jours que Jésus a passés à être tenté dans le désert. Mais la tentation que nous rencontrons parfois peut être forte au point même de nous submerger et de nous apparaître irrésistible.

----

1 C.S. Lewis, «Hamlet: The Prince or the Poem», dans *Selected Literary Essays*, Cambridge University Press, 2013. Copyright © C.S. Lewis Pte. Ltd., 1969

La tentation fait partie de notre quotidien, et il est bon de la considérer avec honnêteté. Elle tourne souvent autour du sexe, du pouvoir, de l'influence et des désirs. Mais Dieu sait que c'est par ces épreuves que notre foi s'endurcit. Chaque fois que nous résistons, nous devenons plus forts, comme le fait un muscle qui s'exerce. Et si nous chutons, il sera toujours là pour nous remettre sur pied. Ce qu'il veut, c'est notre cœur, pas nos grossières tentatives d'être justes.

C'est Dieu qui s'occupe de nous rendre justes et de nous restaurer en Jésus. Son pardon et l'épanouissement dans sa présence sont des dons qui nous viennent de Christ; il les a obtenus à un grand prix, mais il nous les offre, gratuitement.

Sur cette terre, nous vivons dans un monde déchu, et la tentation nous environne. Nous lui résistons, car ce que nous voulons avoir dans notre vie, ce sont des choses qui nous rapprochent de l'amour et de la lumière de Christ.

Quelle que soit la tentation que nous rencontrons, Jésus l'a déjà vécue. Le diable s'en est d'abord pris à son appétit physique, alors qu'il était affamé et assoiffé. Il lui a offert de satisfaire immédiatement ses besoins.

«L'homme ne vivra pas de pain seulement», a répondu Jésus (Matthieu 4.4). Il savait que vivre dans le simple désir d'une récompense passagère n'apporte que la désillusion, le vide, et le désespoir. En revanche, nous nourrir de la présence et des vérités de Dieu nous procure une grande joie et un objectif de vie.

Le diable a ensuite tenté de stimuler des ambitions égoïstes chez Jésus: s'il se prosternait devant lui, il lui offrait une source illimitée de pouvoir et d'influence. Mais Jésus connaissait la vérité: l'ego nous tue, et l'obscurité nous dévore.

Ces tentations, comme de nombreuses autres, tournent autour du contrôle de nos envies, de nos ambitions et de notre vie. L'ego cherche à diriger nos décisions, mais Dieu veut que nous connaissions la liberté que procure le fait d'être nourris et conduits par le Saint-Esprit.

25. Toujours une issue

Dans chaque tempête, il arrive un moment où nous nous rendons compte que le pire est derrière nous. Le ciel s'éclaircit, les vents se calment, et nous pouvons enfin quitter notre abri et continuer à avancer. Il en va de même pour les tempêtes de la vie: il y a un moment où nous avons besoin de nous lever, d'épousseter nos habits et de nous remettre en chemin.

Après que le diable a essayé, sans y parvenir, de le tenter pour la troisième fois – essayant de le pervertir en lui promettant le pouvoir –, Jésus s'en est allé. Il a quitté le désert et a commencé l'œuvre de sa vie. A-t-il supposé que le pire était derrière lui? Pensait-il qu'il n'avait plus à s'inquiéter à propos des tentations que le diable lui avait présentées?

Non. Même Jésus, pleinement humain, connaissait la puissance de la tentation tous les jours. Après tout, Luc précise que «le diable s'éloigna de lui jusqu'à un moment favorable» (Luc 4.13). C'est pourquoi, une personne sage reste toujours sur ses gardes. Ayons cependant la certitude que Christ est à nos côtés dans ces moments-là: il nous équipe et nous encourage à prendre de bonnes décisions afin de nous éloigner des ténèbres et de nous diriger vers la lumière.

Dieu est fidèle, et il ne permettra pas que vous soyez tentés au-delà de vos forces; mais avec la tentation il préparera aussi le moyen d'en sortir, afin que vous puissiez la supporter.

1 Corinthiens 10.13

26. Les sommets et les vallées

Arriver au sommet d'une montagne est toujours un moment très spécial. Je le sais par expérience. Nous nous épuisons, nous allons au bout de nos limites et, une fois juchés au sommet, nous sommes souvent récompensés par un incroyable panorama.

La vie n'est pas différente d'une ascension. Nous fixons des objectifs, nous faisons de notre mieux, et parfois, nous atteignons des sommets. Mais nous ne pouvons pas y rester éternellement. Nous devons redescendre et, alors, nous retournons aux luttes et disputes des vallées.

Les disciples de Jésus eux-mêmes ont appris cette leçon. Ayant assisté à la plus merveilleuse des rencontres en le rejoignant sur la montagne (Matthieu 17.1-8; Marc 9.2-8; Luc 9.28-36), ils ont ensuite dû redescendre vers la foule et vers les critiques. De plus, Jésus a alors commencé à leur parler de sa mort et des épreuves liées à la condition de disciple.

De nombreuses et difficiles réalités attendaient les disciples: de nombreux échecs, des erreurs de compréhension et des rivalités. Je me demande combien de fois ils ont souhaité pouvoir revenir au moment où ils se trouvaient sur cette montagne, seuls avec Jésus.

La montagne est faite pour nous inspirer, et la vallée est là pour nous endurcir. L'expérience de la montagne peut nous aider à voir les aléas de l'existence d'une manière complètement différente. Les bons moments peuvent nous donner l'énergie nécessaire pour avancer lorsque tout devient difficile et que nous avons à creuser et à nous couvrir de boue.

Je lève mes yeux vers les montagnes:
d'où me viendra le secours?
Le secours me vient de l'Eternel,
qui a fait le ciel et la terre. [...]
L'Eternel gardera ton départ et ton arrivée
dès maintenant et pour toujours.

Psaume 121.1-2, 8

Dieu sait très bien ce qu'il fait dans notre vie. Il a un plan. Il nous donne ce dont nous avons besoin, au moment où nous en avons besoin. Que nous nous trouvions dans la vallée ou au sommet de la montagne, il est avec nous. Et vous ne serez jamais trop loin sur cette terre pour que son amour ne puisse pas vous atteindre.

27. Un retour sur investissement

Il est très tentant d'accorder plus de valeur aux possessions matérielles qu'à la sagesse. Mais la sagesse de Dieu est inestimable et éternelle, et elle nous mènera toujours plus loin dans notre vie et dans la lumière que n'importe quelle richesse.

Avec moi sont la richesse et la gloire, les valeurs élevées et la justice.
Mon fruit est meilleur que l'or, que l'or pur, et le profit qu'on tire de moi est préférable à l'argent.

Proverbes 8.18-19

La sagesse résidant en nous est une sorte d'instinct que Dieu nous donne pour discerner le bien et le mal; parfois, elle se retrouve cachée sous nos souffrances et nos peurs. Cependant, elle est toujours là, et elle grandira en nous si nous la nourrissons convenablement.

Puisque nous sommes faits à l'image de Dieu, la véritable sagesse ne peut se trouver qu'en lui. Si nous voulons grandir dans ce domaine, nous devons aller à la source. Plus nous passerons de temps dans la présence de Dieu, plus notre vie reflétera son amour et sa lumière. Pour être vraiment riche, investissez sagement votre temps et nourrissez votre cœur et votre esprit de sa vérité. Alors vous grandirez en sagesse. Ce sont les sages décisions que nous prenons jour après jour qui nous procurent une vie belle et abondante.

28. La bonne voie vers la vie

Si nous agissons sans amour, beaucoup de choses peuvent être détruites dans notre vie. En ce qui me concerne, je sais que lorsque je suis en colère, lorsque je refuse de pardonner ou que je n'agis pas avec bonté, je finis par perdre de mon énergie. Une attitude négative est un poids difficile à porter.

En revanche, si nous faisons de notre mieux pour agir dans l'amour et pour rechercher les vérités de Dieu dans notre existence, nous progresserons du point de vue du caractère et de la liberté: nous jouirons de tous les bénéfices découlant de notre volonté de nous aligner sur la plus grande source d'amour et de bonté de l'univers. Agir de cette manière demande beaucoup de courage, d'engagement, de ténacité et de persévérance. Toutefois, les choses qui ont le plus de valeur dans cette vie en demandent toujours autant. C'est pourquoi, puiser notre force dans notre source afin de renouveler notre cœur et notre esprit tous les jours est essentiel.

Redoublons donc d'efforts dans notre détermination à rester sur le chemin qui mène à la vie, et restons sur nos gardes pour lutter contre les forces qui tentent de nous éloigner de nos relations et de la vérité.

Mettez mes commandements dans votre cœur et dans votre âme. [...] Vous les enseignerez à vos enfants et vous leur en parlerez quand tu seras chez toi, quand tu seras en voyage, quand tu te coucheras et quand tu te lèveras.

Deutéronome 11.18-19

> Une attitude négative
> est un poids difficile à porter.

29. Stop! Tranquilles, ressourcés

Un ami m'a raconté la fois où il s'est assis à côté d'une dame de 86 ans lors d'un repas à l'église. Elle était en fauteuil roulant, mais il s'est bien vite rendu compte que, si son corps était fatigué, son esprit, lui, ne l'était pas. Elle lui a posé toutes sortes de questions, dont certaines étaient théologiquement problématiques.

Lorsqu'il lui a demandé quelle était la réponse, d'après elle, elle a marqué une pause. Puis, citant la Bible, elle a répondu: «Les choses cachées sont pour l'Eternel, notre Dieu; les choses révélées sont pour nous et nos enfants, à toujours, afin que nous mettions en pratique toutes les paroles de cette loi» (Deutéronome 29.28). Elle a continué en disant que si nous connaissons la réponse à certaines questions, certains mystères demeureront jusqu'à la fin de cette vie.

J'aime énormément une telle honnêteté. Cette femme âgée connaissait parfaitement cette grande vérité: lorsque nous nous tenons tranquillement dans la présence et dans l'amour de Dieu, il est plus facile de lui faire confiance à propos des mystères que notre esprit ne peut pas comprendre.

J'aime le verset ci-dessous parce qu'il nous rappelle que nous avons simplement à nous reposer dans sa présence et à lui remettre toutes nos inquiétudes, nos doutes et nos peurs:

> Arrêtez, et sachez que je suis Dieu.
>
> Psaume 46.11

Nous avons tous besoin de nous arrêter et de passer un moment de tranquillité avec le Seigneur, que nous soyons dans le bus ou dans notre lit. Sa présence nous accompagne, si nous prenons le temps de nous arrêter. Faisons donc de cela une activité quotidienne: nous arrêter. Rester tranquilles. Nous ressourcer. Lorsque nous le faisons, nous lui offrons humblement notre cœur, et nos pieds marchent sur ses voies: nous avançons sur le chemin qui mène à la vie.

30. Paroles de vie

Jésus n'avait pas de diplôme ou de formation particulière. Il ne s'est jamais formé dans une faculté de théologie, mais il connaissait parfaitement les Ecritures. Et lorsqu'il a prêché dans le temple, autour de ses 30 ans, la foule s'est rassemblée autour de lui pour l'écouter: «Pendant la journée, Jésus enseignait dans le temple. [...] Tout le peuple se rendait dès le matin vers lui dans le temple pour l'écouter» (Luc 21.37-38).

Il parlait ainsi:

Je vous le dis en vérité, si vous ne vous convertissez pas et si
vous ne devenez pas comme les petits enfants, vous n'entre-
rez pas dans le royaume des cieux. C'est pourquoi, celui qui
se rendra humble comme ce petit enfant sera le plus grand
dans le royaume des cieux, et celui qui accueille en mon nom
un petit enfant comme celui-ci m'accueille moi-même.

Matthieu 18.2-5

Les paroles de Jésus contiennent plus de vérité que n'importe
lesquelles dans l'histoire. En fait, tout le monde s'accorde à dire,
quelle que soit sa foi, que son enseignement est le plus sage de tous
les temps. Nous avons accompli de belles avancées scientifiques
et technologiques, mais personne n'a jamais pu améliorer l'enseignement rempli d'amour de Christ.

Toute personne qui boit de cette eau-ci aura encore soif. En
revanche, celui qui boira de l'eau que je lui donnerai n'aura
plus jamais soif et l'eau que je lui donnerai deviendra en lui
une source d'eau qui jaillira jusque dans la vie éternelle.

Jean 4.13-14

Ce sont les paroles que l'on aime entendre de Dieu. Et elles sont
mon carburant pour la journée.

LA FIDÉLITÉ

Je suis très reconnaissant que les deux amis qui ont été mes témoins à mon mariage soient ceux que je choisirais aujourd'hui encore, si c'était à refaire. Notre amitié s'est renforcée au fil des années. C'est un constant rappel de la puissance de la fidélité.

La fidélité est un terme qui paraît dépassé. En réalité, c'est l'une des choses les plus importantes de ce monde. Comme une rivière qui érode tout doucement la roche sur laquelle elle vient s'écouler, elle travaille lentement. Mais, si nous décidons quotidiennement d'être loyaux et aimants avec nos enfants, nos partenaires et nos bons amis, nos actions ne vont pas déboucher sur un échec, et elles auront beaucoup d'effet.

Voir la fidélité en action est une chose merveilleuse. Qu'il s'agisse d'un couple marié depuis plus de soixante ans et se tenant toujours la main ou d'une amitié qui dure la vie entière, elle n'a pas de limite temporelle, et l'influence des liens créés durera jusque dans l'éternité. Toutes les relations possèdent leur lot de défis, et parfois, la fidélité ne suffit pas à nous préserver de la souffrance. Elle est encore plus importante dans notre relation avec Dieu. Lui rester fidèle peut parfois être très difficile. Lorsque les doutes, les peurs et l'échec rampent vers nous et menacent de nous étouffer, il est facile de laisser notre cœur s'égarer. C'est alors que la fidélité nous coûte le plus.

Croire que Dieu aime les autres, c'est facile; croire qu'il nous aime, nous, ça l'est moins. Mais être fidèles, cela signifie nous confier dans ses promesses pour notre vie. «O toi, bon et tout-puissant, qui prends soin de chacun d'entre nous comme si tu te souciais de lui seul»[1], écrivait Augustin. Vous auriez pu être le seul être humain sur la terre, Jésus serait mort pour vous.

Dieu est fidèle en toutes circonstances, dans les moments de victoire comme dans les moments de défaite. Recevez cet amour et témoignez de cette fidélité à ceux qui vous entourent. C'est de cette manière que vous devez briller et vous distinguer des autres.

1. L'herbe verte

La fidélité ne concerne pas uniquement notre attitude envers Dieu. Il n'y a pas un seul aspect de notre vie qui ne puisse être amélioré par la loyauté, la constance et l'amour. Qu'il s'agisse de notre travail, de nos amitiés, de notre générosité, de notre soutien à la communauté, tout cela gagne à être pratiqué avec fidélité.

On entend certaines personnes tenter de justifier leur infidélité au nom de «l'amour». Soit elles n'éprouvent plus d'intérêt pour leur ancien amour, soit elles trouvent dans le nouvel amour quelque chose de prometteur et d'excitant. Le problème, c'est que, si l'herbe semble plus verte ailleurs, cela peut être parce qu'elle est synthétique! Contrairement à ce que l'on prétend couramment, l'herbe n'est jamais vraiment plus verte ailleurs. Sinon, vous pouvez toujours arroser la vôtre!

Si nous voulons qu'un projet réussisse, il nous faut agir avec persévérance, loyauté et engagement. Comme la création de pierres précieuses, le processus nécessite du temps et de la constance. La fidélité mérite tout l'effort qu'elle nécessite.

- - - -

1   Augustin, *Confessions*, III, 11

C'est pourquoi, Mère Teresa disait la chose suivante: «Je ne souhaite pas être célèbre, mais fidèle.»[1] C'est précisément la raison pour laquelle Jésus a placé la fidélité au rang de la justice et de la bonté (Matthieu 23.23). Elle fait partie du fruit de l'Esprit (Galates 5.22[2]), et de grands hommes de foi de la Bible tels qu'Abraham, Joseph, Moïse et Daniel en font l'éloge.

Quant à vous, soyez forts et ne baissez pas les bras, car il y aura un salaire pour vos actes.

2 Chroniques 15.7

Soyons fidèles: c'est la marque d'une personne de confiance.

La fidélité mérite tout l'effort qu'elle nécessite.

2. Démesurément riches

Si nous avons un foyer, une éducation, une bonne santé et quelques amis, nous sommes déjà grandement bénis. Ajoutez à cela un travail, de la nourriture, des vêtements, l'accès à la parole de Dieu et la liberté de rencontrer d'autres personnes pour en parler avec elles, et nous faisons alors partie des personnes extraordinairement bénies. Or, ces bénédictions s'accompagnent de la responsabilité de vivre d'une façon qui les honore et d'en faire profiter les autres.

Dieu donne avec abondance, et il aime donner à ses enfants. Si nous faisons usage des dons, des talents et des positions qu'il nous

- - - -

1 «Mother Teresa Quotes», Catholic Online, https://www.catholic.org/clife/teresa/quotes.php
2 Les mots «foi» et «fidélité» traduisent le même mot grec. (nde)

a accordés, dans sa sagesse, il nous bénira plus encore. Si nous vivons honnêtement et sans nous cacher, suivant la vérité et l'amour
de Christ, notre vie deviendra plus riche de ses bénédictions. La
vie avance toujours selon des schémas similaires: nous récoltons
ce que nous semons.

Il est parfois difficile d'être fidèles. Cependant, mesurer la
chance que nous avons nous aide à avoir un cœur reconnaissant.
Développer de la détermination, de la force et le courage de rester
fidèles, cela demande de la pratique; il nous arrivera souvent de
trébucher et de chuter. Mais nous ne voyageons pas seuls: Dieu est
avec nous et nous invite à nous rapprocher de lui, afin d'aller plus
loin avec lui.

Quelle que soit la situation dans laquelle vous vous trouvez aujourd'hui, Dieu n'est pas loin de vous. Tout ce que vous avez à faire,
c'est le rechercher, bras et cœurs ouverts, et lui dire:

Envoie ta lumière et ta vérité!
Qu'elles me guident et me conduisent.

Psaume 43.3

Dieu donne avec abondance,
et il aime donner à ses enfants.

3. Un incroyable héritage!

Avant la venue de Jésus, seule une petite élite de personnes avait
le privilège de rencontrer Dieu. Et même alors, celles-ci devaient se
rendre dans des lieux précis: Moïse, sur la montagne; le roi David,
dans le sanctuaire. Si les gens ordinaires souhaitaient entendre

la parole de Dieu, ils devaient aller interroger les prophètes. En d'autres termes, rencontrer Dieu était d'une complexité extrême, car la noirceur humaine ne peut tout simplement pas se mélanger à la présence de la parfaite sainteté et de la parfaite beauté de Dieu.

Toutes ces choses ont changé en Jésus. Sa naissance, sa mort et sa résurrection (et, de ce fait, le don du Saint-Esprit) nous rappellent que Dieu nous aime, avec un désir d'intimité qui dépasse de loin tout ce que nous pouvons espérer. Il veut que nous ayons une relation proche et personnelle avec lui: une relation d'appartenance, de simplicité et de liberté.

C'est un honneur et un privilège extraordinaire. Moïse, David, Joseph, Daniel et bien d'autres avaient une relation d'intimité avec Dieu, mais elle n'était en rien comparable avec la qualité de celle dont nous jouissons aujourd'hui par l'intermédiaire de Jésus. Une amitié constante et inébranlable avec le Tout-Puissant nous est offerte. Nous n'avons plus besoin de sacrifier des agneaux pour entrer dans le sanctuaire ni de regarder un buisson brûler sur la montagne pour savoir qu'il est présent.

Jésus met fin à tout cela pour nous. Il est l'Agneau. Il est le Sacrifice. Il a pris nos échecs et notre noirceur. C'est son don pour nous, et il nous permet d'entrer dans la présence du Dieu tout-puissant, qui nous donne la liberté, la joie et la force suprêmes.

L'Esprit lui-même rend témoignage à notre esprit que nous sommes enfants de Dieu. Or, si nous sommes enfants, nous sommes aussi héritiers: héritiers de Dieu et cohéritiers de Christ, si toutefois nous souffrons avec lui afin de prendre aussi part à sa gloire.

Romains 8.16-17

Christ a été fidèle dans sa promesse de nous restaurer par sa présence. En retour, nous pouvons nous aussi lui être fidèles dans la manière dont nous aimons les autres, dans notre détermination à marcher avec lui tous les jours et dans notre dépendance envers son amour pour nous soutenir. Nous avons été rachetés à un grand prix.

4. Aucune condamnation

J'ai commencé mon voyage de foi et d'amour à la fin de mon adolescence, et pourtant, je dois tous les jours me rappeler les fondamentaux. En particulier lorsqu'il s'agit de vivre spontanément, librement et dans l'assurance de l'amour de Dieu. C'est la raison pour laquelle j'aime beaucoup cette déclaration de Paul: «Il n'y a donc maintenant aucune condamnation pour ceux qui sont en Jésus-Christ» (Romains 8.1). Nous ne sommes ni jugés ni exclus, simplement aimés au-delà de toute mesure. La grâce de Dieu fait taire nos craintes, notre fierté, notre souffrance, nos gémissements. Nous sommes aimés, pas condamnés.

C'est une perspective très différente de ce que j'entendais, lorsque j'étais enfant, à l'église. Dieu était souvent décrit comme terrifiant, distant et exigeant une soumission à des règles impraticables. Balayer tous ces mensonges m'a pris de nombreuses années.

Paul affirme en conclusion que rien «ne pourra nous séparer de l'amour de Dieu manifesté en Jésus-Christ notre Seigneur» (Romains 8.39). Nous sommes aimés, quelles que soient nos défaillances, et rien ne peut nous arracher à cette force immense et irrésistible. John Stott décrivait la vérité de ce passage comme «un oreiller sur lequel nos nuques lassées peuvent se reposer»[1].

- - - -

1   John Stott, *Reading Romans with John Stott*, IVP Connect, 2016

Lorsque je pense à ce Dieu qui nous aime et nous accepte de manière inconditionnelle, mon cœur et mon attitude changent. La manière dont je veux vivre se trouve redéfinie. La fidélité est si belle, lorsque vous savez que vous avez un Père toujours prêt à vous encourager, à vous appeler à venir à lui! Même lorsque la tempête s'abat sur nous, nous restons fidèles, parce que nous avons un objectif à atteindre, et nous savons qu'il est aux commandes pour nous aider à y parvenir.

> Du reste, nous savons que tout contribue au bien de ceux qui aiment Dieu, de ceux qui sont appelés conformément à son plan.
>
> Romains 8.28

Dans toutes les circonstances de notre vie, quelle que soit la situation dans laquelle nous nous trouvons, nous pouvons compter sur la fidélité de Dieu. Il nous tient dans sa main.

5. Pas définis par nos émotions

Etre fidèles à Dieu, c'est croire qu'il est fidèle et bon envers nous. Croyons-nous que Jésus est réellement la personne qu'il a affirmé être pendant sa vie? Croire en son amour sera-t-il suffisant? C.S. Lewis a écrit: «La foi, c'est l'art de s'accrocher aux certitudes que votre raison a acceptées une fois pour toutes, en dépit de vos variations d'humeur.»[1] Nos émotions comptent, mais elles ne nous définissent pas.

---

1   C.S. Lewis, *Les fondements du christianisme*, LLB France, 2006 (6ᵉ éd.), p. 147

Il peut être difficile de faire confiance à Dieu lorsque tout semble aller de travers. Cependant, la Bible est remplie d'histoires de personnes ayant fait face à toutes sortes de défis, parfois des défis d'une envergure bien supérieure aux nôtres. Comme Job. Malgré le chagrin et la souffrance, malgré de nombreuses raisons de ne plus se confier en Dieu, il a tenu bon et lui est resté fidèle.

> Pour ma part, je sais que celui qui me rachète est vivant et qu'il se lèvera le dernier sur la terre.
>
> Job 19.25

Parfois, être fidèle, c'est tout simplement persévérer et refuser d'abandonner les promesses que Dieu nous a données pour notre vie. Ne vous laissez pas aller au découragement, car Dieu ne vous abandonnera jamais. Nous avons été merveilleusement et magnifiquement créés par Dieu, et il nous a rachetés à un grand prix par la mort de Christ sur la croix. Accrochez-vous à cette vérité, même lorsque cela vous semble impossible. Au milieu de la tempête, croyez au retour au calme.

> Tu m'as accordé la vie et tu as fait preuve de bonté envers moi. Tes soins constants m'ont permis de subsister.
>
> Job 10.12

Je me souviens du rap qu'une personne a écrit lors d'un camp d'été auquel je me suis rendu, peu de temps après ma conversion: «Les sentiments vont et viennent, sentiments imposteurs, ma garantie, c'est la parole du Seigneur, rien d'autre ne vaut la peine!» Je me suis toujours rappelé ces paroles.

Ce qui compte, ce n'est pas ce que nous ressentons, car nos sentiments évoluent. Concentrons-nous plutôt sur la grande, humble et tranquille persévérance à laisser Christ nous sauver à nouveau tous les jours.

6. Pas d'abîme trop profond

L'une des premières questions que l'on pose sur la foi est celle-ci: «S'il existe un Dieu qui nous aime, comment peut-il y avoir tant de souffrance dans le monde?» C'est une question grande et essentielle, et elle n'admet pas de réponse toute faite. Il peut être difficile de faire confiance au Seigneur, lorsque nous savons que des personnes innocentes souffrent; nous ne pouvons pas faire comme si cela n'existait pas. Néanmoins, malgré tout cela, il peut venir nous trouver au milieu de nos souffrances et de nos luttes.

Allongée, mourante, dans le camp de concentration de Ravensbrück, Betsie ten Boom s'est tournée vers sa sœur Corrie et lui a dit: «Il n'existe pas d'abîme si profond que l'amour de Dieu ne puisse pas l'atteindre. Ils nous écouteront, Corrie, parce que nous l'avons déjà vécu.»[1]

De manière tout à fait extraordinaire, ce sont souvent les personnes qui ont le plus souffert qui ont la plus grande foi. Elles peuvent décrire la manière dont elles ont senti Dieu les accompagner, les fortifier et les rassurer au milieu de leur souffrance. Cela m'aide énormément. Si de tels héros savent voir de la beauté au milieu de l'horreur, comment ne pourrais-je pas, moi, tenir bon dans mes petites luttes?

L'une des prières les plus puissantes que je connaisse est toute simple, et je l'ai souvent vue toucher les personnes traversant les pires souffrances et les pires douleurs:

----
1 Corrie ten Boom, *The Hiding Place*, Barbour, 1981, p. 235

Que l'Eternel te bénisse et te garde! Que l'Eternel fasse briller son visage sur toi et t'accorde sa grâce! Que l'Eternel se tourne vers toi et te donne la paix!

Nombres 6.24-26

Priez de cette manière pour les personnes que vous aimez, et vous verrez à quel point cette prière est merveilleuse.

7. Jour après jour

Mon grand-père commençait toutes ses journées de la même manière: il s'agenouillait à côté de son lit et priait. C'était un homme de plus de deux mètres; le spectacle était quelque peu impressionnant. Mais c'était un signe de force: nous agenouiller évoque le fait que nous voulons laisser à Dieu l'autorité sur notre vie et la possibilité d'exprimer son amour à travers nous.

C'est également ainsi que je commence chaque journée. Je me rappelle mon objectif: aimer le Seigneur de tout mon cœur et les autres comme moi-même.

Je me rappelle que j'ai à enfiler l'armure de Dieu.

Je lui demande pardon et je le remercie.

Je demande à Dieu de me venir en aide: de m'aider à être calme, bon, généreux, libre, à être à lui.

Et je me rappelle une vérité toute simple mais qui bouleverse le monde entier:

En effet, le Fils de l'homme est venu chercher et sauver ce qui était perdu.

Luc 19.10

Force spirituelle

Je me rappelle que je ne dois pas me battre moi-même, mais le laisser faire son travail: me ramener vers lui, dans sa présence. Savoir que sans l'amour de Dieu autour de nous, nous sommes perdus, et avoir l'humilité de comprendre cela, cela m'aide à demeurer rattaché à ma source.

C'est d'ailleurs ce qu'exprime la chanson «Sunshine on Leith» de Proclaimers:

> Mon cœur était brisé [...]
> Tu l'as vu,
> Tu l'as voulu,
> Tu l'as touché,
> Tu l'as sauvé [...]
> Tout ce que j'ai, c'est ma présence sur terre,
> Et alors, je serai avec toi
> Alors que le Maître fera lever l'aurore sur Leith
> Je le remercierai pour son œuvre,
> Et pour ta naissance et la mienne.[1]

Voilà une belle prière de salut, de vie et de reconnaissance.

8. Juste pour nous

Il y a beaucoup de choses que j'ignore, mais, s'il y en a une que je sais, c'est que j'échoue et tombe régulièrement. Ajoutez à cela la dimension de notre petitesse, et il n'est pas surprenant que nous nous sentions souvent insignifiants! Cependant, levez les yeux vers le ciel nocturne et étoilé!

- - - -

1   Charles Stobo Reid, Craig Morris Reid, Inc. Utilisé avec permission préalable.

Lorsqu'elle nous compare à Dieu, la Bible dit que face à lui, les êtres humains, même les plus grands, sont «pareils à des sauterelles» (Esaïe 40.22). Il est le Créateur de l'univers tout entier, y compris des milliards et des milliards d'étoiles (v. 26). Comparées à lui, «les nations sont pareilles à une goutte d'eau qui tombe d'un seau» (Esaïe 40.15).

Mais voici la merveilleuse réalité: Dieu a fait tout cela pour nous. L'univers et les étoiles sont pour ses enfants, et il nous aime plus que tout.

Le Dieu tout-puissant est à nos côtés: toujours proche, toujours là pour nous fortifier lorsque nous en avons besoin. Il est rapide pour pardonner et pour sauver. La Bible l'exprime ainsi:

> L'Eternel est lent à la colère et riche en bonté, il pardonne la faute et la révolte.
>
> Nombres 14.18

Tout cela est gratuit. C'est le message brut, bouleversant et encourageant de la Bible. Dieu aime les petits êtres que nous sommes. En dépit de nos émotions changeantes et de nos échecs, Christ est venu pour vous et pour moi. Il est toujours à nos côtés et ne nous laissera jamais nous éloigner de lui.

Désormais, lorsque vous verrez les étoiles dans le ciel, émerveillez-vous: elles sont juste pour vous.

9. La foi à l'œuvre

Lorsqu'Abram a quitté sa terre natale, tout allait bien là-bas. La vie dans sa ville n'avait jamais été plus belle. Mais il a tourné le dos à cette prospérité dans un seul but: être fidèle à Dieu.

Le courage, c'est la foi à l'œuvre. Abram ne s'est pas inquiété de ne pas savoir où il allait. Ce qui lui importait, c'était de savoir avec qui il s'en allait.[1] Il a découvert que la confiance aveugle en Dieu n'est jamais réellement aveugle: Dieu, lui, voit. Notre rôle, c'est de le suivre. Et Abram n'a pas été la seule personne à apprendre cette leçon:

> C'est par la foi que Noé, averti des événements que l'on ne voyait pas encore et rempli d'une crainte respectueuse, a construit une arche pour sauver sa famille. C'est par elle qu'il [...] est devenu héritier de la justice qui s'obtient par la foi.
>
> Hébreux 11.7

Si nous voulons être fidèles au Dieu d'amour – et connaître toutes les bénédictions et l'intimité que l'on peut trouver en lui – nous devons lui faire confiance. Dans n'importe quelle aventure, les premiers pas se font toujours dans le noir et dans la confusion. Mais il faut continuer à avancer.

> La foi, c'est la ferme assurance des choses qu'on espère, la démonstration de celles qu'on ne voit pas.
>
> Hébreux 11.1

Pour nous entraîner à être fidèles, nous devons soumettre notre cœur à Dieu et lui remettre les rênes de notre vie. Ayez confiance et foi en lui: ses promesses ne sont jamais échues.

----

1   Voir Genèse 12.1-4. (nde)

10. Amour toujours

Oui, sa bonté dure éternellement.

Psaume 136.1

J'aime beaucoup le Psaume 136 parce qu'il me rappelle l'une des vérités les plus merveilleuses et les plus empreintes du sceau de l'infini, au cœur de la foi chrétienne: l'amour gagne et dure. Le psalmiste prononce 26 fois la phrase: «Son amour dure toujours.»[1] Il semble impossible, aux derniers versets de ce psaume, de ne pas avoir encore compris le message.

L'amour de Dieu ne vieillira jamais, ne s'évanouira jamais et ne faillira jamais. Nous pouvons dépendre de son amour pour remporter tous les combats que nous rencontrerons. L'amour est toujours la réponse. Toute situation, toute relation, toute tempête, toute crainte, l'amour en est vainqueur, et il persévère. Espérez dans la source même de cet amour! Christ est en notre faveur.

Il est un bouclier pour ceux qui cherchent refuge en lui.

Proverbes 30.5

Chaque jour, des occasions de transmettre sa bonté et son amour à ceux qui nous entourent se présentent. C'est une petite chose, que nous devons faire constamment. Et Christ se chargera de nous fournir l'amour nécessaire. La fontaine ne s'asséchera jamais. C'est le rôle du Saint-Esprit: rester à nos côtés, nous ravitailler, exercer notre volonté, nous tester et nous conduire dans la lumière.

----

1 Selon une autre traduction possible de la phrase «Sa bonté dure éternellement». (nde)

Efforçons-nous de continuer à donner et de continuer à transmettre, de considérer les autres comme plus grands que nous, de les servir: c'est ainsi que Jésus agissait pendant sa vie, et c'est encore ainsi qu'il agit aujourd'hui, car son amour dure toujours.

11. La protection de la fidélité

J'apprécie que l'un des principes fondamentaux du mouvement scout soit la loyauté. C'est une incroyable expression de la fidélité, et c'est un privilège de pouvoir l'encourager au sein de la jeunesse du monde entier.

La loyauté réchauffe les cœurs et renforce les relations. Et nous en avons désespérément besoin dans notre vie. La Bible montre ce qui se produit quand nous n'accordons pas assez de valeur à la fidélité et à la loyauté. C'est un schéma qui revient constamment, et qui a commencé au moment où Dieu a béni son peuple:

> Pourtant, ils se sont soulevés et révoltés contre toi.
>
> Néhémie 9.26

Le même schéma se produit encore aujourd'hui. Lorsque nous manquons de loyauté ou de fidélité, cela nous fait souffrir, nous, et ceux qui nous entourent. Dieu ne nous demande pas de lui être fidèles afin de nous emprisonner. S'il nous demande de lui être fidèles, c'est afin de nous protéger. Il sait que la fidélité mène au véritable épanouissement. Plus nous nous montrons fidèles et accordons de valeur à cette qualité en la protégeant, plus elle devient belle et forte dans notre vie.

Il nous arrivera d'échouer, et même souvent, mais Dieu, lui, ne fait jamais défaut. Il est toujours fidèle. Je suis incapable de dire combien de fois je me suis retrouvé à le remercier pour sa loyauté envers moi, tellement plus grande que ma propre loyauté envers lui! Lorsque je lui exprime ma reconnaissance, je me sens restauré; j'apprends de mes erreurs et j'avance, plus que jamais déterminé à lui rester fidèle et loyal.

L'expérience m'a appris cette simple vérité: si vous voulez mener une vie riche, soyez fidèle.

12. Hattie May Wiatt

La petite Hattie May Wiatt, 6 ans, vivait non loin de la Grace Baptist Church, à Philadelphie, dans l'Etat de Pennsylvanie, aux Etats-Unis. La fréquentation de l'école du dimanche était toujours si forte que parfois, il fallait refuser l'entrée à des enfants.

Le pasteur a promis à Hattie May qu'un jour, ils auraient des locaux assez grands pour que tout le monde puisse venir. «J'espère que oui, a répondu Hattie. Il y a tant de monde que j'ai peur d'y aller toute seule.»

Le pasteur a répondu: «Lorsqu'il y aura assez d'argent, nous construirons une église suffisamment grande pour que tous les enfants puissent venir.»

Deux ans plus tard, en 1886, Hattie May a trouvé la mort de façon tragique. Après des funérailles émouvantes, sa mère, en larmes, a donné au pasteur un petit sac qu'elle avait trouvé sous son oreiller. Il contenait 57 centimes que la fillette avait économisés et un petit mot de sa main: «Pour aider à construire une plus grande pièce pour que plus d'enfants aillent à l'école du dimanche.»

Le pasteur a choisi de mettre à profit ce don: il a changé l'argent en pièces d'un centime, qu'il a mises en vente séparément. De

57 centimes, il a tiré 250 dollars; il a ensuite changé ces 250 dollars en centimes et il les a vendus au nom de la toute nouvelle Wiatt Mite Society, fondée en mémoire de la petite fille. Ainsi, les 57 centimes ont continué à se multiplier.

Vingt-six ans plus tard, dans un discours intitulé «l'histoire des 57 centimes» le pasteur a raconté les fruits du don de 57 centimes de la petite Hattie: une église de plus de 5600 personnes; un hôpital où des dizaines de milliers de personnes ont pu être soignées; 80'000 jeunes ayant pu s'inscrire à l'université; 2000 personnes parcourant le pays pour annoncer l'Evangile: tout cela avait été rendu possible parce qu'Hattie May Wiatt avait investi ses 57 centimes.[1]

Ce qui s'est passé avec l'argent de la petite Hattie n'a rien de nouveau. L'idée de la multiplication apparaît dans toute la Bible, en particulier dans les histoires sur l'Eglise primitive.

> Donnez et on vous donnera: on versera dans le pan de votre vêtement une bonne mesure, tassée, secouée et qui déborde, car on utilisera pour vous la même mesure que celle dont vous vous serez servis.
>
> Luc 6.38

Ce que nous donnons fidèlement au Seigneur, il le multiplie. Ce que nous semons, il le fait grandir. Et ce que nous semons, nous le récoltons. Si nous voulons avoir un effet positif sur les autres dans cette vie, efforçons-nous d'être le plus généreux possible. Car si nous sommes fidèles dans les petites choses, nous serons bénis dans les plus grandes.

- - - -

[1] Russell H. Conwell, «The History of Fifty Seven Cents», 1er décembre 1912, https://library.temple.edu/collections/scrc/hattie

Si vous doutez, ou si les biens semblent vous manquer, trouvez autre chose à donner. Si nous donnons, nous recevons, et les autres s'en trouvent bénis, comme le montre la mignonne Hattie May Wiatt.

13. Faire briller sa lumière

Par six fois, Jésus a dit à ses auditeurs que, s'ils s'efforçaient de rechercher la vérité, Dieu leur répondrait. Pourquoi six fois? Peut-être connaissait-il notre tendance au doute. Trop souvent, nous peinons à croire que Dieu nous aime vraiment, qu'il souhaite de bonnes choses pour notre vie et qu'il nous est vraiment favorable. Mais si nous gardons ces vérités en nous et trouvons le courage de lui demander de nous accorder sa présence, son pardon, sa sagesse et sa force, il ne nous abandonnera jamais. C'est alors que nous commençons à nous détourner de nous-mêmes, dans notre vie, pour regarder aux autres.

Mais que signifie réellement cela? Le conseil de John Wesley pour avoir une vie épanouie en Dieu est le meilleur que l'on puisse trouver: «Fais tout le bien possible, par tous les moyens possibles, de toutes les manières possibles, partout où c'est possible, dès que c'est possible, à toutes les personnes possibles, aussi longtemps que possible.»[1] Si nous vivons de cette manière, nos doutes et nos peurs commencent à perdre de leur emprise. Ce que nous devons faire, c'est lever les yeux pour rechercher l'encouragement dont nous avons besoin et l'assurance de ce que nous sommes (des fils et filles de Dieu); ensuite, nous pouvons regarder autour de nous, afin

---

1   *Bartlett's Familiar Quotations*, Little, Brown, 2012

de faire briller la lumière de Dieu auprès de tous ceux que nous rencontrons. C'est ainsi que nous devons vivre.

Ceux qui l'aiment sont pareils au soleil
quand il paraît dans toute sa force.

Juges 5.31

14. Renouveler notre force

Il donne de la force à celui qui est fatigué et il multiplie les ressources de celui qui est à bout. [...] Ceux qui comptent sur l'Eternel renouvellent leur force.

Esaïe 40.29, 31

Combien de fois je me suis rappelé ces paroles, lorsque j'étais perdu dans la jungle, lorsque je luttais en montagne, ou tout simplement dans les combats de l'existence! La vie peut souvent nous mettre sur les rotules.

Mais dans ce genre de situations, je me rappelle ceci: nous ne sommes jamais aussi grands que lorsque nous sommes à genoux devant Dieu. Une personne qui se tient devant lui tient bon dans n'importe quelle situation. Attendez-vous donc fidèlement et silencieusement à lui. Laissez-le vous restaurer, vous remplir d'énergie et vous fortifier dans tout ce que vous avez à faire.

Il y a d'abondantes joies dans ta présence.

Psaume 16.11

La foi change tout. Elle transforme une situation désespérée en un espoir sans fin.

15. Soldats de première ligne

Etre fidèle implique d'avoir de la foi (c'est dans l'étymologie du mot!), et il y a dans le sens du mot «foi» une certaine dimension de risque. La foi nous amène à marcher vers l'inconnu. Mais ces risques-là sont bons pour nous.

Jésus lui dit: «Ne t'ai-je pas dit que si tu crois, tu verras la gloire de Dieu?»

Jean 11.40

Cela ne peut qu'être bon!

Augustin a écrit: «La foi consiste à croire ce que vous ne voyez pas; la récompense de cette foi consiste à voir ce que vous croyez.»[1] Il est rassurant de savoir que plus nous choisissons de faire confiance à Dieu, plus la vie est palpitante. Le risque fonctionne ainsi. L'ironie de cette situation, cependant, c'est qu'en marchant sans y voir nous pénétrons dans un lieu de sécurité totale.

Heureux tous ceux qui se confient en lui!

Psaume 2.12

Nous pouvons transformer autant de vies que possible en offrant la bonté et le pardon autour de nous, en nous abstenant de juger et en nous montrant encourageants et généreux. De plus, nous ne travaillerons jamais seuls: Dieu sera toujours avec nous, nous donnant tout ce dont nous avons besoin pour tenir jusqu'au soir.

- - - -

1 «Augustine (354–430)», *Lapham's Quarterly*, https://www.laphamsquarterly.org/contributors/augustine

16. Avancer avec humilité

La Bible parle énormément du fait de marcher avec Dieu, afin de nous montrer la voie pour le suivre fidèlement chaque jour. Cette intimité possède des caractéristiques très particulières. Mais les plus importantes sont toujours l'humilité et le courage de courber la tête et de demander à Dieu sa présence. Si nous le faisons, il ne nous la refusera jamais. Il marchera toujours avec nous si nous l'en prions. Cela fait partie des bonnes choses qu'il nous donne. Vos péchés sont pardonnés et vous baignez dans son amour et dans sa lumière, si vous êtes son enfant. Plongez-y!

Mais quelles sont les caractéristiques que nous pouvons, jour après jour, comprendre comme résultant du fait de marcher avec Dieu? Il nous est ordonné de marcher humblement avec lui (Michée 6.8). Mais c'est vague! Et souvent, nous n'y parvenons pas.

Hénoc et Noé ont tous les deux marché avec Dieu (cf. Genèse 5.24; 6.9). Ils ne se sont pas contentés d'attendre passivement que quelque chose se produise. Ils se sont levés et ont agi – pas uniquement physiquement, mais aussi émotionnellement –, permettant au Seigneur de modeler leur vie.

C.S. Lewis a écrit: «Marcher hors de sa volonté, c'est marcher pour aller nulle part.»[1] A l'inverse, lorsque vous marchez avec Dieu, il vous révèle son objectif pour votre vie, et vous êtes sûr(e) d'atteindre votre destination.

Lorsque nous passons du temps avec Dieu, lorsque nous voulons nous rapprocher de lui et faire de lui une priorité dans notre vie, sa lumière brille à travers nous. L'amour rayonne. Parlez-en aux personnes qui ont rencontré des gens véritablement engagés dans la foi! Parlez-en à la charmante vieille dame qui s'assied au

---

1   C.S. Lewis, *The C.S. Lewis Bible*, HarperCollins, 2012

La fidélité   / 283

fond à l'église, qui ne dit jamais grand-chose, mais qui offre toujours son plus radieux sourire aux petits enfants!

Il nous arrivera de chuter, cela nous arrivera même tous les jours. Mais nous sommes déjà presque restaurés avant de tomber. Christ a notre vie et notre cœur entre ses mains. Et un jour, nous marcherons avec lui «en vêtements blancs» (Apocalypse 3.4).

Debout et en avant!

17. Pensées, paroles, actes

Vivre fidèlement dépend beaucoup des petits pas que nous faisons, de nos choix quotidiens. Il y a trois aspects de notre vie dans lesquels nous pouvons nous entraîner à la fidélité.

Ce que nous pensons

Il n'est pas rare que nous ayons des pensées qui nous reviennent constamment; attachons-nous à ce qu'elles soient positives et encourageantes. Au lieu de vous contenter de réagir, faites un choix: choisissez d'agir positivement et ne vous arrêtez pas tant que ce n'est pas devenu naturel.

> Garde ton cœur plus que toute autre chose, car de lui jaillissent les sources de la vie.
>
> Proverbes 4.23

Ce que nous disons

Parler avec honnêteté, respect et bonté, c'est une caractéristique qu'il nous faut nourrir. Moins, c'est mieux. (Rappelez-vous: nous avons une bouche mais deux oreilles. Utilisons-les en conséquence!)

Tu me mets à l'épreuve, et tu ne trouves rien:
ma pensée n'est pas différente de ce qui sort de ma bouche.

Psaume 17.3

Les endroits où nous allons

Eloignez-vous de toute forme de tentation. Pensez avec sagesse aux situations dans lesquelles vous vous placez. Ne ramez pas trop près des chutes d'eau. En d'autres termes, méfiez-vous des endroits et des situations qui mettent à l'épreuve vos faiblesses. Soyez constamment sur vos gardes.

Mes pas sont fermes dans tes sentiers, mes pieds ne trébuchent pas.

Psaume 17.5

Ce conseil nous vient du roi David, un homme qui a appris cette leçon à la dure. Il s'est trouvé confronté à de nombreuses luttes, il a commis beaucoup d'erreurs, et il a été béni par Dieu. Il a finalement été capable de dire: «Il m'a sauvé, parce qu'il m'aime» (Psaume 18.20).

L'amour de Dieu est la seule chose capable de nous restaurer; ce n'est pas le cas de notre sagesse, de notre force ou de nos aptitudes. Nous pouvons néanmoins utiliser tout cela pour nous protéger de ce qui peut nous blesser, blesser les autres ou entraver notre marche avec Dieu. C'est ainsi que la fidélité fonctionne.

18. Le pain de la vie

Lorsqu'un homme a demandé à Jésus ce qu'il devait faire pour plaire à Dieu, Jésus a répondu sans détours:

L'œuvre de Dieu, c'est que vous croyiez en celui qu'il a
envoyé.

Jean 6.29

Nous sommes sur cette terre dans un seul et unique but: laisser
notre Père nous conduire à lui. Nous sommes invités à entretenir
une relation personnelle, honnête et authentique avec Christ. Et
c'est un don qui ne peut pas s'acheter.

Nous sommes cependant nombreux à vivre dans un désespoir
silencieux. Nous tentons de faire taire la souffrance en nous en
achetant des voitures rutilantes et de grandes maisons, mais la
douleur persiste. L'histoire et l'expérience montrent que la seule
chose qui puisse réellement satisfaire notre soif spirituelle, c'est
une relation avec Dieu.

Jésus a dit: «C'est moi qui suis le pain de la vie. Celui qui vient à
moi n'aura jamais faim et celui qui croit en moi n'aura jamais soif»
(Jean 6.35). En Christ, nous avons la liberté, la lumière et l'amour.
Nous sommes appelés à être courageux et bons, humbles et prêts à
pardonner. Ce sont des valeurs universelles que nous pouvons témoigner aux autres, et c'est en Christ que nous les trouvons. C'est
la source de vie et de reconnaissance.

19. Chercher et sauver

Etre loyaux et aimants nous apporte de très bonnes choses.
A l'inverse, il y a toujours des conséquences à nos erreurs et à nos
mauvaises décisions. C'est tout simplement ainsi que le monde
fonctionne. C'est pourquoi, à moins que nous ne soyons en mesure de voir nos faiblesses, il nous est difficile de comprendre
l'importance d'un Dieu mourant sur un instrument de torture

romain. Comment réparer un objet, si l'on ne remarque pas qu'il est cassé?

Lorsque j'agis mal, je le sais immédiatement. Cela m'arrive si souvent que c'est un sentiment que je ne connais malheureusement que trop bien. C'est une espèce de sensation de malaise, au fond de mon cœur. Elle me vient dans les moments d'égoïsme et d'arrogance, dans les moments de mensonge, d'envie et de fierté.

Les manifestations de ces sentiments, nous les voyons dans le monde, et il est difficile de les regarder. Qui reste de marbre en voyant une cruauté extrême, la justice bafouée, une haine amère ou une froide méchanceté? De tels actes sont à l'opposé de l'amour.

Jésus savait depuis le départ comment finirait sa vie: il mourrait à la place du monde, payant le prix de la cruauté dont on y fait preuve et de tous les dégâts qui y sont commis.

Dieu lui-même torturé et tué sur une croix comme un vulgaire criminel, celui qui est sans défaut sanctionné pour ceux qui en sont bourrés, le juste mourant pour nous et triomphant de la mort une fois pour toutes, le secours de Dieu au détriment de Jésus (la grâce) prévu et parfaitement planifié depuis le commencement du monde: lorsque nous voyons la vie de cette manière, que pouvons-nous faire d'autre que nous agenouiller et le remercier pour l'amour qu'il manifeste à ses enfants? Nous le remercions pour son pardon, son secours et sa volonté de nous rechercher là où nous sommes.

> En effet, le Fils de l'homme est venu chercher et sauver ce qui était perdu.
>
> Luc 19.10

Je comprends désormais pour quelle raison Jésus a prononcé ces paroles au sujet de sa venue sur terre. Sa mission n'était pas de juger, de condamner ou d'amener la religion et une liste de nouvelles règles. Son objectif était bien plus simple et plus beau: nous chercher, vous et moi, et nous sauver.

20. L'équipe en coulisses

Moïse devait la vie à cinq femmes courageuses. Premièrement, Shiphra et Pua, les sages-femmes qui l'ont mis au monde, tenant tête au pharaon et sauvant la vie de centaines de garçons israélites. Ensuite, sa sœur Miriam, vive et courageuse, qui s'est arrangée pour que sa nourrice soit sa propre mère. Ensuite, sa mère, qui a transmis sa foi à ses trois enfants: Moïse, Aaron et Miriam. Enfin, et de manière tout à fait surprenante, la fille du pharaon qui a eu compassion de lui, l'a sauvé et l'a élevé comme l'un de ses enfants.[1]

Moïse n'avait aucune idée du travail effectué en coulisses pour sauver sa vie. Cependant, tout se déroulait selon un plan précis. Dieu travaillait, caché derrière la volonté de ceux qui respectaient sa volonté.

Notre vie n'est pas différente. Peut-être n'avons-nous aucune idée de ce qui se passe en coulisses, de la manière dont nos paroles et nos actes entrent dans le plan de Dieu ou bien du but qu'une situation douloureuse maintenant permettra d'atteindre dans un avenir plus heureux. Mais ce que nous savons, ce en quoi nous croyons, c'est ceci:

L'Eternel est celui qui te garde.

Psaume 121.5

----
1   Voir Exode 2. (nde)

Dieu voit le déroulement de tout. Tout ce que nous avons à faire, c'est lui faire confiance et garder notre cœur tranquille, à l'écoute de sa voix, qu'il nous parle par ses promesses ou par l'intermédiaire des autres. Nous pouvons être certains que Christ travaille à travers notre vie pour l'accomplissement de sa belle œuvre.

Soyez fidèle et croyez que sa bonté brillera dans votre vie. Ayez confiance: il travaille en coulisses.

21. Éprouvés et raffinés

Il arrive parfois que la vie nous semble très dure. La simple notion de garder la foi nous semble impossible. Peut-être avons-nous l'impression que les problèmes s'enchaînent, que l'anxiété grandit, et qu'il reste de moins en moins de choses positives dans notre vie pour les contrebalancer.

C'est souvent dans ce genre de situations que Dieu travaille le plus efficacement.

> En effet, tu nous as mis à l'épreuve, ô Dieu,
> tu nous as purifiés au creuset comme l'argent.
> Tu nous as amenés dans un piège,
> tu as mis sur nos reins un fardeau pesant,
> tu as fait monter des hommes sur notre tête;
> nous avons traversé le feu et l'eau,
> mais tu nous en as tirés
> pour nous donner l'abondance.
> Psaume 66.10-12

Si nous nous trouvons au milieu d'une telle situation, peut-être que nous sommes simplement dans une période de test. Pareils à un soldat que l'on chronomètre, nous sommes poussés à bout et inquiets par rapport à ce qui s'annoncera plus tard. Nos luttes nous permettent de développer notre résistance, et la foi n'est pas différente: si nous apprenons à nous accrocher fermement aux promesses de Dieu, en particulier lorsque les ténèbres nous environnent, alors notre foi devient réelle. La fidélité dans la tempête, c'est ce qui nous fait grandir.

Vous pourrez toujours faire confiance à Dieu, non seulement lorsque les choses vont bien, mais également lorsqu'elles vont mal. Dieu, notre Père qui ne change jamais et qui nous aime, sait très exactement ce qu'il fait. Mon ami Nicky Gumbel exprimerait les choses de la manière suivante: «Les regrets regardent derrière. La peur regarde autour. L'inquiétude regarde à l'intérieur. La foi regarde en haut.»

22. Des débuts timides

Tout ce qui est grand doit commencer par quelque chose de petit, et qui sait, de toute façon, ce qui est petit ou insignifiant, selon la perspective de Dieu, hors du temps et de l'espace? Jésus dit qu'une foi aussi petite qu'un grain de moutarde peut déplacer des montagnes.[1]

Si nous nous sentons faibles et fragiles, si nous voyons les autres faire mieux que nous, Dieu, lui, voit les choses différemment. Son regard n'est pas rivé sur la réussite. Il est fixé sur l'amour et sur sa volonté de nous attirer à lui, dans sa présence, toujours plus forts, toujours plus près.

---

1   Matthieu 17.20

Ceux qui méprisaient le jour des petits commencements se réjouiront.

Zacharie 4.10

Rien de ce que vous ferez par amour pour Dieu ne passera inaperçu ou ne restera sans récompense. Vous n'en voyez peut-être pas les fruits aujourd'hui, demain ni même dans cette vie, mais si vous marchez aux côtés de Christ, si vous l'écoutez et si vous l'aimez, vous accomplissez l'objectif de Dieu pour votre vie.

N'abandonnez donc pas les rêves qu'il vous a donnés: ce sont des dons. Poursuivez-les et ne soyez pas découragés par les petits commencements et les nombreux échecs. Très souvent, cela signifie que vous faites ce qu'il faut et que sa main vous guide.

23. L'amour avant la religion

Mère Teresa a déclaré: «Je crois en chaque personne; chaque personne est pour moi le Christ, et comme Jésus est unique, cette personne est alors pour moi unique au monde.»[1] Quel beau conseil pratique! Nous le voyons à l'œuvre dans toute l'histoire, et en particulier dans la vie de Jésus.

A cause de lois très strictes, un rabbin ne pouvait pas saluer une femme en public, encore moins avoir une longue conversation avec elle. Au lieu de s'intéresser au respect formel de ces règles restrictives (en particulier celles qui limitent le salut), Jésus a choisi de s'arrêter et de venir en aide à une femme samaritaine esseulée (voir Jean 4.7-9).

- - - -

1   Bryan Arndt, *Have a Beautiful Day,* Balboa Press, 2014

En agissant ainsi, il ne cherchait pas à mépriser l'ancienne loi mais plutôt à accomplir la nouvelle: une loi de grâce et de bonté, qui s'oppose à une loi faite de règles et de religion. Il a pris le temps de lui parler en public. Il l'a écoutée. Il l'a mise devant son péché. Il l'a traitée avec dignité et respect.

Et cela a eu un effet des plus remarquable: la communauté locale n'en croyait pas ses yeux:

> Ce n'est plus seulement à cause de ce que tu as dit que nous croyons, car nous l'avons entendu nous-mêmes et nous savons qu'il est vraiment le Messie, le Sauveur du monde.
>
> Jean 4.42

L'impact a été encore plus fort: par cette seule conversation, Jésus a bouleversé la vision discriminatoire de la société sur les femmes. John Stott a relevé: «Sans tapage, sans publicité, Jésus a mis fin à la malédiction de la chute et a rétabli la femme dans sa noblesse partiellement perdue; il a réclamé dans la nouvelle communauté de son nouveau royaume le retour de la bénédiction originelle de l'égalité des sexes.»[1]

Lorsque les éléments qui divisent les gens sont abolis, la transformation positive des vies individuelles n'est jamais loin. Et tout cela a commencé par une conversation simple, aimante et risquée avec la personne la plus proche.

C'est tout à fait typique de Jésus: un bouleversement total.

---

1   John Stott, *Issues Facing Christians Today*, Zondervan, 2011

24. A la manière de Dieu

La chanson «My Way» de Frank Sinatra est très populaire et souvent jouée lors des funérailles britanniques. Elle est extrêmement connue, et si vous vous trouvez dans un bar à karaoké aux Philippines et que vous l'entendez, faites attention à vous! «My Way» y a été déclarée responsable d'accidents mortels. En effet, des disputes sur son interprétation ont à plusieurs reprises dégénéré en affrontements violents![1] Ce qui est intéressant, c'est que le message de la chanson est à l'exact opposé de ce que Jésus a enseigné sur la manière de mener une vie riche et bénie. Il existe un contraste frappant entre ce qui s'est produit dans le jardin d'Eden et dans le jardin de Gethsémané. «Je vais faire à ma manière», ont en quelque sorte déclaré Adam et Eve à Dieu dans le premier jardin.

Eux d'abord.

Dans le deuxième jardin, la nuit où il a été trahi, Jésus a choisi le chemin inverse:

Non pas ce que je veux, mais ce que tu veux.

Matthieu 26.39

L'amour d'abord.

En agissant à la manière de Dieu, Jésus a connu la souffrance et la mort. Mais, ce faisant, il a apporté le salut au monde entier.

Si nous voulons vivre de manière fidèle envers Dieu, nous devons nous faire à l'idée que ses voies ne seront pas toujours faciles. Mais c'est le chemin qui mène à une grande joie et à une grande bénédiction:

----

1 Norimitsu Onishi, «Sinatra Song Often Strikes Deadly Chord», New York Times, 6 février 2010, https://www.nytimes.com/2010/02/07/world/asia/07karaoke.html

Le sentier des justes ressemble à la lumière de l'aube: son éclat grandit jusqu'au milieu du jour.

Proverbes 4.18

Les plus beaux moments de l'histoire de l'humanité ont souvent respecté ce principe: une souffrance passagère pour un gain à long terme. Rappelons-nous également à quoi ressemble la route qui mène à la vie: c'est un chemin qui oublie l'ego et qui préfère s'engager fidèlement à aimer les autres d'abord. C'était alors (et c'est toujours) une manière révolutionnaire de vivre, mais c'est le chemin de Christ et le chemin vers la bénédiction.

25. Pouvoir et influence

Jésus nous dit qu'il existe deux secrets pour vivre avec pouvoir et influence. Le premier, c'est la taille:

Tout sarment qui porte du fruit, il le taille afin qu'il porte encore plus de fruit.

Jean 15.2

Tout jardinier sait que s'il taille et émonde bien une plante, elle produira encore plus de fruits. Il en va de même pour nous. La douleur, le chagrin, la maladie, la souffrance, la perte, le deuil, l'échec, la déception et les ambitions frustrées nous font du mal. Néanmoins, ce sont les moyens les plus puissants que Dieu possède pour nous modeler, nous bénir et enrichir notre vie. N'essayez donc pas de fuir le processus de taille; reconnaissez-le et accueillez-le. Faites-lui confiance, restez fidèle dans la tempête et regardez loin!

Le second secret, c'est la proximité avec Christ:

> Je suis le cep, vous êtes les sarments. Celui qui demeure en
> moi et en qui je demeure porte beaucoup de fruit, car sans
> moi vous ne pouvez rien faire.
>
> Jean 15.5

Nous ne pouvons pas, ni vous ni moi, affronter seuls les géants
de notre vie. Mais avec Christ tout près de nous, nous pouvons tout
faire et tout supporter. C'est une manière enrichie et efficace de
vivre.

26. Tenir bon

Nous sommes nombreux à avoir du mal à continuer à avancer.
Vivre fidèlement, nous tenir aux choix que nous avons faits, cela
peut sembler difficile dans des moments tels que ceux-là. Nous
pouvons nous sentir attaqués, comme si des ennemis s'alignaient
en rangs serrés contre nous. Et combien de temps pourrons-nous
tenir?

Si vous êtes en ce moment dans une situation de ce genre, sachez que vous n'êtes pas seul(e); vous n'êtes pas non plus la première personne à vous sentir ainsi. Dans les tempêtes, placez votre
espérance en Dieu: il vous donnera exactement ce dont vous avez
besoin. Il vous protégera, vous délivrera, vous guidera et vous
fortifiera.

> Dieu est celui qui vous protège et vous délivre. Il garde votre
> vie: «Ceux qui l'aiment, il les garde en sécurité» (Psaume
> 97.10).

> Dieu est votre guide. Il vous montrera le chemin à prendre, illuminera son sentier devant vous: «Je t'instruirai et te montrerai la voie que tu dois suivre; je te conseillerai, j'aurai le regard sur toi» (Psaume 32.8).

> Dieu donnera vie et joie à votre cœur, une joie profonde, tranquille et rassurante, ainsi qu'une force tenace et persévérante: «Lorsque je t'ai appelé, tu m'as répondu, tu m'as encouragé, tu m'as fortifié» (Psaume 138.3).

> Vous êtes fatigué(e), blessé(e) et troublé(e), mais vous n'êtes pas seul(e). Continuez à avancer et n'abandonnez jamais, car Dieu est tout près, et il vous tend la main.

27. Jamais seuls

Lorsqu'une autoroute a été construite, éloignant les passagers du restaurant du colonel Sanders, son affaire s'est écroulée. L'avenir semblait sombre. La seule chose qui lui restait, c'était une savoureuse recette de poulet. Peut-être pouvait-il la vendre à d'autres restaurants et gagner une part de chaque plat de poulet vendu? Quoi de plus simple?

En fait, ce n'était pas aussi simple que cela.

Son premier jour de rendez-vous, les refus se sont multipliés. Il en a été de même pour le deuxième jour. Et le troisième. En fait, le colonel Sanders a frappé à plus de 1009 portes avant qu'une personne lui réponde enfin positivement et que l'empire connu sous le nom de Kentucky Fried Chicken aujourd'hui naisse enfin.[1]

----

1 Dennis Nafte, «Colonel Sanders Failed 1009 Times Before Succeeding», *Medium*, 10 septembre 2017, https://medium.com/@dennisnafte/colonelsandersfailed1009 timesbeforesucceedingac5492a5c191

Etre fidèle, ce n'est pas toujours facile. Parfois, les imprévus nous submergent, et nous sommes tentés d'abandonner. Mais lorsque les difficultés sont à leur maximum, levez les yeux et n'abandonnez pas:

> Tout lieu que foulera la plante de votre pied, je vous le donne. [...] Personne ne pourra te résister tant que tu vivras.
>
> Josué 1.3, 5

Quelle promesse! Dans les combats de notre vie, elle nous procure la paisible assurance de savoir que nous sommes fortifiés en nous appuyant sur Dieu. Christ lui-même et des légions d'anges nous encouragent dans les moments les plus difficiles; ils sont à nos côtés, nous apportent réconfort et force lorsque nous le leur demandons pour nous pousser vers l'objectif.

> Courons avec persévérance l'épreuve qui nous est proposée. Faisons-le en gardant les regards sur Jésus, qui fait naître la foi et la mène à la perfection.
>
> Hébreux 12.1-2

Ce voyage n'a rien d'un long fleuve tranquille. La foi et la vie elle-même demandent d'énormes pas de courage et d'engagement. Mais la fidélité est toujours récompensée, et en Christ, nous ne serons jamais seuls.

28. Le chemin difficile vers la vie

Beaucoup de personnes m'ont confié qu'elles feraient tout ce qu'elles peuvent pour remporter une course ou réussir l'ascension des montagnes les plus raides. Mais la rage de vaincre ne suffit pas. En fait, ces émotions ne signifient rien, si nous n'avons pas également la volonté de nous entraîner et la détermination de travailler dur.

J'aime beaucoup l'histoire de Daley Thompson, le décathlonien britannique qui a remporté une médaille d'or aux Jeux olympiques. On dit que son jour favori pour s'entraîner était le jour de Noël. Il savait que ce serait le seul où ses adversaires ne s'entraîneraient pas. Il était déterminé, et cela explique en partie sa réussite: en s'entraînant à Noël, il pouvait être 1/365e plus rapide que ses rivaux![1]

Daley a choisi le chemin le plus difficile vers le succès, et cette voie a fait la différence.

Etre fidèles à Dieu, c'est faire des choix difficiles qui nous rapprochent de la source de lumière, d'amour et de bonté: choisir d'être honnêtes plutôt que de tricher, choisir d'aimer plutôt que d'être jaloux, choisir de faire confiance plutôt que d'avoir peur, choisir la bonté plutôt que l'égoïsme. Il n'est pas toujours facile de faire ces choix, mais cela vaut le coup. Et la présence de Christ à nos côtés nous y aidera toujours.

> La détresse produit la persévérance, la persévérance la victoire dans l'épreuve, et la victoire dans l'épreuve l'espérance.
>
> Romains 5.3-4

---

1 Benjamin Lang, «Christmas Day Training, Daley Thompson and the Path to Glory», *Sports Gazette*, 4 décembre 2018, https://sportsgazette.co.uk/christmas-day-training-daley-thompson-and-the-path-to-glory/

29. Des aveugles qui voient

J'aime beaucoup l'histoire de l'aveugle Bartimée et de sa rencontre avec Jésus (Marc 10.46-52). Cette histoire en dit long sur nos besoins et sur la manière dont Jésus y répond.

Les mendiants aveugles, à l'époque des Romains, étaient dans la pire des situations. (L'Etat ne leur venait pas en aide.) Tout ce qu'une personne en situation de cécité pouvait faire, c'était appeler à l'aide en espérant qu'on lui donnerait un peu d'argent ou de nourriture pour qu'elle puisse survivre; sans cela, sa mort était plus que certaine.

Bartimée était donc là, aveugle et mendiant sur le côté de la route, lorsqu'il a entendu Jésus approcher. Mais, pour une raison étrange, il ne lui a pas demandé en premier de l'argent ou de la nourriture, ni même la guérison. Il a demandé de la compassion. Imaginez à quel point cette scène devait être touchante: il a demandé à Dieu la seule chose qu'il ne refuse jamais. Très vite, Bartimée a ouvert les yeux et regardé ceux de Jésus.

Je suis absolument certain que cette rencontre avec Bartimée avait été prévue depuis bien longtemps dans le royaume céleste. Et je suis certain qu'il est aujourd'hui avec Christ.

Nous ressemblons beaucoup à Bartimée. Nous sommes souvent blessés, meurtris, et nous avons désespérément besoin d'aide. Mais contrairement à lui, nous ne demandons pas toujours ce qu'il convient. Nous recherchons des possessions, une position d'influence ou le pouvoir, alors que tout ce que nous avons à faire, c'est regarder Jésus et accueillir sa grâce. En lui demandant d'avoir pitié de lui, Bartimée a agi avec une honnêteté brute et a clairement exprimé son besoin merveilleux et désespéré du Seigneur. Il n'avait qu'une seule chance, et il l'a saisie. Il a tapé dans le mille! Il a instantanément eu confiance en Jésus, et le résultat a bouleversé son existence:

Jésus lui dit: «Vas-y, ta foi t'a sauvé.»

Marc 10.52

Bartimée possédait beaucoup plus que nous ne l'imaginons: il a été guéri, restauré et libéré. C'est toujours ce qui se produit lorsque nous nous approchons de Christ avec honnêteté.

30. Abandonner nos inquiétudes

Nous avons tous des sujets d'inquiétude. Mais la manière dont nous les considérons détermine leur impact sur notre existence.

D'après le psychologue Oliver James, presque un quart des Britanniques souffre de détresses émotionnelles sérieuses, telles que la dépression et l'anxiété, et un autre quart est sur le point de les développer.[1]

La société mentionne souvent la richesse comme une solution aux problèmes de dépression et de détresse émotionnelle. Peut-être que l'argent aide à calmer l'anxiété? Oliver James continue: «Il a récemment été découvert [...] que ceux qui gagnent plus de 50'000 livres par an sont plus sujets à la dépression et à l'anxiété que ceux qui gagnent moins.»[2]

Outre son incapacité à acheter le bonheur, l'argent n'apporte même pas de réconfort ni d'apaisement de l'anxiété. Vers quoi donc nous tourner? Comment vivre avec liberté, joie et légèreté? Comment abandonner nos inquiétudes?

- - - -

1 Oliver James, *Affluenza: How to Be Successful and Stay Sane* Vermilion, Random House, 2007, p. 52
2 *Ibid.*

D'après David, nous devrions remettre notre sort à l'Eternel, et il nous soutiendra (Psaume 55.23).

Pierre nous appelle à nous décharger sur Dieu de tous nos soucis, puisque lui-même prend soin de nous (1 Pierre 5.7).

Faites-le, non pas un jour, mais tous les jours! Nous pouvons faire un choix quotidien: ou bien tenter de charger sur nos épaules des fardeaux de plus en plus lourds, ou bien abandonner nos peurs, nos inquiétudes et notre anxiété à Christ. Nous pouvons librement les déposer devant lui. Il souhaite enchaîner notre anxiété et notre détresse afin de nous en libérer. Ses bras, sur la croix, sont grand ouverts, et il porte ces fardeaux.

Christ sait tout, voit tout, guérit tout. Notre vie et notre avenir sont assurés. Il veut nous permettre de vivre légers, libres et confiants comme des enfants, profitant de l'instant et sans soucis. Il l'a dit à ses disciples sur la montagne:

> Regardez les oiseaux du ciel: ils ne sèment pas et ne moissonnent pas, ils n'amassent rien dans des greniers, et votre Père céleste les nourrit. Ne valez-vous pas beaucoup plus qu'eux?
>
> Matthieu 6.26

LE COURAGE

La tempête était monstrueuse. Il faisait nuit, et nous nous trouvions à plus de 600 kilomètres des côtes du Groenland, face à des vents de force 8, par une température négative et avec des vagues plus hautes et imposantes qu'une maison. Nous étions cinq et nous tentions péniblement de traverser le nord de l'Atlantique glacé dans un petit canot pneumatique.

Je sentais qu'il ne restait que peu de temps avant que l'un de ces murs d'eau blanche qui s'abattaient régulièrement sur nous ne renverse notre bateau, provoquant sans aucun doute notre mort dans ces eaux arctiques, loin de toute forme de secours.

Nous étions tous les cinq absolument terrifiés. Je n'oublierai jamais l'horrible sentiment d'avoir commis l'irréparable et de savoir la mort inévitable. L'angoisse d'une mort affreuse était une réaction plus que normale dans notre situation.

Nous nous étions tenus à notre rotation, prenant tour à tour le contrôle du bateau et essayant désespérément de traverser la tempête et la nuit. Mais nous étions épuisés, nous n'avions presque plus de carburant, et nous nous trouvions à des centaines de kilomètres de toute forme de civilisation.

Je savais que les moments où nous nous relayions aux commandes étaient les plus vulnérables. C'était dans ces dangereuses minutes que le nouveau commandant recommençait une bataille contre l'océan pour comprendre le rythme de ces immenses vagues dans la nuit noire. Une réaction trop tardive, et tout était fini.

Par deux fois, nous avions failli être renversés à ce moment critique de relais, et quelque chose me disait que nous ne serions pas aussi chanceux la troisième fois. J'ai pris la décision de continuer à diriger, dans un espoir désespéré de traverser la tempête. C'est difficile à expliquer, mais tout ce que je savais, c'était qu'il y avait en moi une voix qui me disait de continuer à naviguer.

Si la peur peut parfois nous briser, elle n'a pas à avoir le dernier mot. Le courage nous donne une armure d'acier; il faut toutefois le trouver. Le courage n'est pas synonyme d'absence de peur. Au contraire, sans cette dernière, nous ne pourrions pas être réellement courageux. Si nous voulons être courageux, il nous faut d'abord avoir peur.

Je me rappelle vivement avoir demandé à Jésus d'être à mes côtés cette nuit-là, dans la tempête, de m'endurcir, de me soutenir, de me fortifier et de me délivrer. Et il était là: Nigel Thompson, un membre de notre équipage qui n'avait jamais connu une forme de foi auparavant, jure même qu'il a vu un ange calmement assis à l'avant de notre bateau dans la tempête.

Pourtant, les vents et les vagues étaient en rage autour de nous, et la situation empirait. Cette nuit a été l'une des plus longues et des plus risquées de ma vie, mais je ne me suis pas senti seul un instant. Christ promet de ne jamais nous abandonner. A l'aube, la tempête s'est calmée, et nous avons aperçu au loin les côtes de l'Islande. Nous avions été fortifiés et délivrés.

Dans les moments où nous avons le plus besoin de lui, si nous le demandons à Dieu, il nous donnera le courage dont nous avons besoin. La crainte et l'anxiété crieront très fort, mais Dieu ne nous répond-il pas toujours dans le calme et la tranquillité? Si nous le lui demandons, Christ sera toujours à nos côtés, et ses anges également, chaque fois que ce sera nécessaire. Je ne m'y connais pas particulièrement en théologie, mais ce que je connais, c'est la présence et le courage que Dieu m'a donnés dans les moments les plus difficiles.

Et cela me va très bien!

1. Regarder droit devant

Henry Ford avait raison de souligner: «Lorsque tout semble aller contre vous, rappelez-vous qu'un avion décolle dans le sens contraire au vent!»[1]

Les luttes font partie de la vie, et nous avons tous besoin de reprendre courage de temps en temps. Quel réconfort, donc, de lire les magnifiques paroles du roi David: «Je suis dans la détresse; j'ai les yeux, l'âme et le corps rongés par le chagrin» (Psaume 31.10). Personne ne peut vivre sans connaître un jour ou l'autre des périodes de ce genre. Mais si nous continuons à lire, nous découvrons une grande vérité: c'est dans les moments de douleur que nous comprenons le mieux où placer notre confiance.

Mais moi, je me confie en toi, Eternel!
Je dis: «Tu es mon Dieu!»

Psaume 31.15

Lorsque les épreuves nous surprennent, il est tentant de regarder en arrière avec regret. Mais nous sommes appelés à continuellement regarder vers l'avant, et non vers l'arrière. C'est là où Dieu nous mène. Levons les yeux, ne les baissons pas, et regardons devant nous, pas par-dessus notre épaule! Alors nous obtiendrons du secours, et notre courage sera renouvelé et restauré.

---

1 United States Army Recruiting Command, *Recruiter Journal*, novembre 1996, p. 6

2. Secoués et modelés

Les pages de notre Bible sont couvertes d'histoires de grandes femmes et de grands hommes qui ont dû lutter dans des situations difficiles et apprendre à leurs dépens (y a-t-il une autre manière d'apprendre?) que Dieu est à leurs côtés. Je suis incapable de dire le nombre de fois où j'ai été terrifié ou à terre. Dans ces moments-là, je murmure, désespéré: «Aide-moi à me sortir de là, je ne sais pas comment, mais aide-moi.» Lorsque nous nous trouvons dans la tempête, rappelons-nous l'encouragement que Paul nous a laissé:

> Du reste, nous savons que tout contribue au bien de ceux qui aiment Dieu, de ceux qui sont appelés conformément à son plan.
>
> Romains 8.28

Dieu utilise tout ce qu'il y a à sa disposition pour nous rapprocher de lui, et il utilise surtout les moments difficiles. Tout comme le feu affine le métal, le danger nous modèle. Si nous voulons grandir en courage, nous aurons à affronter des moments difficiles. Le courage nous amène à ne pas fuir le combat ni esquiver la bataille, mais à y faire face en ayant Christ à nos côtés. Il nous amène à croire que les choses qui nous ébranlent aujourd'hui nous affermiront demain, et que toute tempête est en réalité formatrice. Toute difficulté est un test. Toute expérience est un outil d'éducation. Toute difficulté sert à notre développement.

> Heureux l'homme qui tient bon face à la tentation car, après avoir fait ses preuves, il recevra la couronne de la vie que le Seigneur a promise à ceux qui l'aiment.
>
> Jacques 1.12

3. L'adversité qui submerge

Nous avons tous beaucoup à apprendre de Nelson Mandela, l'ancien prisonnier devenu homme d'Etat: «J'ai appris que le courage n'est pas l'absence de peur, mais la capacité de la vaincre. L'homme courageux n'est pas celui qui ne ressent pas la peur, mais celui qui la vainc.»[1]

Jésus a été l'exemple suprême de courage pendant de nombreuses années et de nombreuses manières, y compris lorsque chacun de ses gestes était observé par les scribes et les pharisiens, ainsi que par le peuple qui se montrait sceptique et négatif au sujet de ses motivations et qui observait tous ses déplacements, prêt à l'assaillir.

Il a dû être tentant, pour lui, de ne passer du temps qu'avec ceux qui l'aimaient. Mais ce n'était pas ce qu'il souhaitait faire. Il n'évitait pas la difficulté. Le courage de Jésus était égal à sa compassion; il agissait avec l'un et l'autre à la fois. Il apportait la guérison à une personne méprisée de la société, puis il faisait face aux critiques que lui valait son acte.

Le courage a toujours un but; qu'il s'agisse de remédier à une situation injuste ou de protéger les plus vulnérables, de parler de la vérité aux autres ou de faire confiance à Dieu lorsque nous nous sentons trop faibles.

Jésus a connu la torture, la haine, les moqueries, l'injustice, la trahison, la séparation d'avec Dieu et la mort. Et il a affronté tout cela en vivant dans l'amour et le pardon. Voilà ce que signifie le courage.

Contrairement à lui, mais grâce à lui, nous n'aurons jamais à souffrir la séparation d'avec Dieu.

- - - -
1   Nelson Mandela, *Un long chemin vers la liberté*, 1994

Fortifiez-vous et prenez courage! N'ayez pas peur et ne soyez pas effrayés devant eux, car l'Eternel, ton Dieu, marchera lui-même avec toi. Il ne te délaissera pas, il ne t'abandonnera pas.

Deutéronome 31.6

La Bible réitère ces instructions un nombre incalculable de fois: le courage, toujours le courage.

Soyez courageux, fortifiez-vous. Que tout ce que vous faites soit fait avec amour.

1 Corinthiens 16.13-14

4. Tempêtes, bateaux et prières

Les tempêtes, les bateaux et les prières sont faits les uns pour les autres.

Souvenez-vous de l'épisode où les disciples se trouvaient sur l'eau avec Jésus. «Ils avaient beaucoup de peine à ramer, car le vent leur était contraire» (Marc 6.48). Et «ils étaient affolés» (v. 50). Alors il s'est révélé à eux et a parlé à l'orage.

Jésus ne répond pas forcément de la même manière aux tempêtes que nous traversons dans la vie. Parfois, il les calme, comme il l'a fait pour les disciples. Parfois, il laisse les vents et les vagues se déchaîner, et il nous calme, nous. C'est une chose que j'ai apprise à mes dépens. Lorsque les défis se multiplient dans notre existence, nous ne sommes pas certains de savoir s'ils seront surmontés en un instant ou si nous aurons à creuser très profondément. Qu'importe! Les instructions que Jésus a données à ses disciples restent valables:

Force spirituelle

Rassurez-vous, c'est moi. N'ayez pas peur!

Marc 6.50

Lorsque nous agissons avec courage, nous obéissons aux commandements de Jésus. Nous vivons de la manière dont nous sommes censés vivre, et il ne nous laissera jamais sombrer.

5. Les prières de Christ

Au 19ᵉ siècle, un pasteur de l'Eglise d'Ecosse nommé Robert Murray M'Cheyne a écrit: «Si je pouvais entendre Christ prier pour moi dans la pièce d'à-côté, je ne craindrais pas même un million d'ennemis. Or, la distance ne fait aucune différence. Il prie pour moi.»[1]

Jésus prie pour vous et moi en cet instant même, et cela a de grandes conséquences. Le Dieu tout-puissant est continuellement à nos côtés, toujours pour nous, nous aimant et priant pour nous. Cette seule assurance devrait nous donner le courage de tout surmonter dans ce monde.

Ceux qui se confient en l'Eternel sont comme le mont Sion:
il est inébranlable, il demeure pour toujours.

Psaume 125.1

Les paroles de ce vieux cantique d'un homme d'Eglise mourant ont résonné dans toutes les époques, et elles sont aussi vraies aujourd'hui qu'elles l'étaient alors:

– – – –
1   Andrew A. Bonar, *The Biography of Robert Murray M'Cheyne*, Tredition, 2012

Reste avec moi!
C'est l'heure où le jour baisse.
L'ombre grandit... Seigneur, attarde-Toi!
Tous les appuis manquent à ma faiblesse:
Force du faible, ô Christ, reste avec moi![...]
Je ne crains rien quand ton bras me protège;
Mes pleurs n'ont plus d'amertume, et l'effroi
Que m'inspiraient la mort et son cortège
A disparu... Seigneur, reste avec moi![1]

Magnifique. Honnête. Puissant.

6. La vie avec Jésus

Cette méditation a été écrite par un jeune homme remarquable, mon ami Jonathan Bryan. Jonathan est l'auteur du superbe ouvrage *Eye Can Write*.[2] Lorsque vous aurez un moment, lisez-en plus sur www.eyecantalk.net. C'est le fils de l'aînée des cousines de ma femme. Il connaît très bien Christ, et c'est réciproque.

Jonathan écrit ce qui suit:

En choisissant de se faire homme, Dieu est devenu en Jésus l'incarnation de la vulnérabilité.
Lui qui est de condition divine,
Il n'a pas regardé son égalité avec Dieu comme un butin à préserver,

----

1   «Reste avec moi» (cantique n° 189 du recueil *Sur les Ailes de la Foi*, strophes 1 et 6; voir aussi n° 190, *ibid.*). L'auteur cite dans l'original Henry F. Lyte, «Abide with Me», dont la version française est inspirée. (ndlt)
2   Jonathan Bryan, *Eye Can Write: A Memoir of a Child's Silent Soul Emerging*, 2018

Mais il s'est dépouillé lui-même
En prenant une condition de serviteur,
En devenant semblable aux êtres humains.
(Philippiens 2.6-7)
Moi qui suis atteint d'un handicap, je sais ce que signifie dépendre des autres et je perçois un peu le sacrifice que la grâce de Dieu a payé pour nous.

On m'a récemment demandé pourquoi, à mon avis, Dieu m'avait infligé une paralysie cérébrale. Cette question est aberrante en soi: pourquoi les gens pensent-ils que Dieu donne des maladies?

Dieu est bon, et la maladie n'a jamais fait partie de son plan. La maladie n'est cependant pas une barrière à son plan pour vous. Par la grâce de Dieu, je suis accepté tel que je suis par un Dieu qui m'aime tel que je suis. Lorsque j'invite Jésus à entrer dans ma vie, non pas à cause de ce que je peux faire, mais à cause de ce qu'il est, je comprends ce que veut réellement dire 2 Corinthiens 12.9: «Ma grâce te suffit, car ma puissance s'accomplit dans la faiblesse.»

Avec Jésus, la vie est plus riche, plus profonde; elle est parfaitement épanouie.

Merci, Jonathan.
Nous t'aimons et nous t'admirons.

7. Ne pas tomber. Ne pas sombrer

Lorsque je suis en pleine nature, je garde toujours un œil sur le ciel. Le temps peut changer très rapidement et se gâter extrêmement vite. Bien sûr, le contraire est aussi vrai: des orages passent parfois aussi vite qu'ils sont arrivés. Ce qui nous semble sombre à un moment peut s'éclaircir très vite.

Lorsque la situation dans laquelle nous nous trouvons semble hors de contrôle et que nous nous sentons incapables de l'influencer, la peur ne tarde pas à s'emparer de nous. Voyez donc la manière dont les disciples ont réagi, sur le point de faire naufrage:

> Ils le réveillèrent et lui dirent: «Maître, cela ne te fait rien que nous soyons en train de mourir?»
>
> Marc 4.38

Mais nous n'avons pas à agir de cette manière, car Christ est un endroit sûr où nous réfugier.

> Il se réveilla, menaça le vent et dit à la mer: «Silence! Tais-toi!» Le vent tomba et il y eut un grand calme.
> Puis il leur dit: «Pourquoi êtes-vous si craintifs? Comment se fait-il que vous n'ayez pas de foi?»
>
> Marc 4.39-40

La peur est une réaction naturelle; le refuge que nous choisissons lorsque nous avons peur importe énormément. La vie avec Christ transforme la manière dont nous réagissons aux moments difficiles. Tournons-nous donc avec foi vers celui qui ne nous abandonnera jamais et qui ne nous laissera jamais couler!

8. Pareils à celui que nous suivons

Les personnes que nous suivons et que nous admirons (que ce soit dans les livres, dans les films ou sur les réseaux sociaux)

Force spirituelle

reflètent souvent le type de personne que nous souhaitons devenir. Les êtres humains grandissent en ressemblant à ceux qu'ils aiment et respectent. Sur qui souhaitez-vous calquer votre caractère et votre vie? Par qui voulez-vous être influencé(e)?

> C'est celui qui se confie en l'Eternel qui sera comblé. [...] Celui qui marche dans la sagesse sera délivré.
>
> Proverbes 28.25-26

Il faut du courage pour confier notre vie et notre avenir à Christ, mais en lui, nous avons l'exemple suprême de courage. Si nous le suivons et que nous nous confions en ses paroles, nous connaîtrons l'épanouissement et la sécurité. Ce sont deux excellentes raisons de marcher dans ses voies et dans sa lumière. Ce faisant, nous proposons aux autres un beau chemin à suivre, qu'il s'agisse de nos amis, de notre famille ou de nos collègues. Albert Schweitzer, théologien, philosophe et médecin français, a déclaré: «L'exemplarité n'est pas une façon d'influencer les autres. C'est la seule.»[1]

Regardons donc toujours à Christ, car il est l'exemple suprême de courage, d'intégrité et d'honnêteté. Ce sont les clés d'une vie enrichie.

9. Le goût de la terreur

La crucifixion a été développée de manière à constituer la mort la plus douloureuse et à provoquer la plus longue agonie; elle est lente, publique, affligeante et sanglante. On commence par

- - - -

1 Eugene Exman, «God's Own Man», *United Nations World Magazine*, vol. 6, n° 1, 1952

enfoncer des clous dans les jointures des poignets et des chevilles; la victime est donc suspendue par les os et les nerfs sur des morceaux de métal. La mort suit de longues heures de déshydratation et de suffocation, tout cela devant une foule en colère, retenue par des soldats romains qui font tout ce qu'ils peuvent pour ajouter à l'humiliation et à la misère de leurs victimes. C'était le moyen de torture et de mise à mort le plus moderne de l'époque, choisi par les nations les plus prospères. Ainsi, les Romains répandaient la peur et la terreur dans les empires voisins et chez leurs ennemis.

Mais ce qui est réellement extraordinaire, c'est que des siècles avant Jésus, ces paroles ont été écrites à son sujet:

> Tous mes os se disloquent. […]
> Ma langue s'attache à mon palais. […]
> Des chiens m'environnent,
> une bande de scélérats rôdent autour de moi;
> ils ont percé mes mains et mes pieds.
> Je pourrais compter tous mes os;
> eux, ils observent, ils me regardent,
> ils se partagent mes vêtements,
> ils tirent au sort mon habit.
>
> Psaume 22.15-19

C'est une prophétie incroyablement précise de la souffrance de Jésus. Mais comme l'écrivain John Stott l'a expliqué, voici la raison pour laquelle elle est importante: «En ce qui me concerne, sans la croix, je ne pourrais jamais croire en Dieu. […] Dans un monde de véritable souffrance, comment pourrait-on adorer un Dieu qui serait immunisé contre elle?»[1]

- - - -
1   John Stott, *The Cross of Christ*, IVP Books, 2006

Lorsque nous avons le plus besoin de courage dans notre vie, Jésus est là, à nos côtés. Il sait très exactement à quoi ressemble la véritable terreur, et il ne nous y abandonnera jamais.

10. La vallée de la mort

Nous voyons tous, un jour ou l'autre, le visage de la mort, qu'il s'agisse du décès d'une personne proche ou que nous nous trouvions face à notre propre mortalité. La dure réalité de la vie, c'est que nous aurons tous à marcher un jour «dans la sombre vallée de la mort» (Psaume 23.4).

Lorsque ce jour arrive, nous n'avons pas à nous laisser submerger par la peur. Nous pouvons emprunter les paroles de David et les laisser inspirer notre prière: «Tu es avec moi. Ta conduite et ton appui: voilà ce qui me réconforte» (v. 4). La confiance décrite dans le Psaume 23 ne sert pas uniquement pour les jours sombres, où nous perdons notre emprise sur la vie. Ce psaume nous montre également comment mener une vie infiniment riche: en étant près de notre source, épanouis par sa présence et son amour.

> Oui, le bonheur et la grâce m'accompagneront
> tous les jours de ma vie,
> et je reviendrai dans la maison de l'Eternel
> jusqu'à la fin de mes jours.
>
> Psaume 23.6

Une vie de foi, c'est une vie qui vit pleinement et qui n'a pas peur de la mort. Ces deux choses vont de pair. Que nous ayons à faire face à l'une ou à l'autre, une vérité reste:

Il me dirige près d'une eau paisible.
Il me redonne des forces. [...]
Et je reviendrai dans la maison de l'Eternel
jusqu'à la fin de mes jours.

Psaume 23.2-3, 6

Placez votre espérance dans ces paroles! Pour ma part, je le fais tous les jours.

11. La corde

Lorsque j'étais enfant et que je faisais de l'alpinisme avec mon père, je levais les yeux vers le flanc d'une falaise abrupte et je pensais qu'il me serait impossible de l'escalader. Je ne sais combien de fois je suis resté immobile et transi de peur. Mais, une fois passée autour de moi la corde qui me reliait à mon père, tout changeait. Tout à coup, ce qui était impossible devenait possible, et la peur tournait à la confiance.

Pour ses enfants, être proches de Dieu a le même effet. Nous nous effrayons souvent de beaucoup de choses. En ce qui me concerne, je suis quelque peu introverti; des océans déchaînés et des sentiers de montagne solitaires me font moins peur qu'une salle remplie de convives qui trinquent. Quelles que soient nos peurs, en tout cas, la solution est toujours la même: «L'Eternel garde les croyants» (Psaume 31.24).

Même lorsque les choses deviennent difficiles, gardez les regards fixés vers le ciel. Demandez de l'aide à votre Père. Ecoutez sa voix calme vous parler: «Fortifie-toi et que ton cœur s'affermisse» (cf. v. 25). Christ est à nos côtés. Il nous protège et il entend nos appels à l'aide. Et les conséquences sont toujours positives:

Force spirituelle

Oh! combien ta bonté est grande!
Tu la tiens en réserve pour ceux qui te craignent.

Psaume 31.20

12. Nous serons vainqueurs

En revenant de leur expédition de repérage en Canaan, les Israélites étaient, dans l'ensemble, pessimistes. La terre était plutôt fertile, mais les villes et leurs soldats étaient déjà bien en place, et ils représentaient un obstacle plus que conséquent. C'était tout simplement un défi trop difficile à surmonter. Effrayés, les espions ont répandu des rumeurs au sein du peuple et ont exagéré les risques, disant au peuple que la terre était peuplée de géants.

C'est ce que fait la peur: elle prend un problème d'envergure ordinaire et le transforme en un géant invincible, invulnérable, imbattable. Joyce Meyer a raison de remarquer: «Malheureusement, nous regardons à nos géants menaçants au lieu de regarder à Dieu.»[1]

Caleb était l'un des seuls à avoir une bonne vision des choses. Il savait que le pays serait un bon foyer pour les Israélites, même quand il leur faudrait beaucoup de courage et beaucoup de discipline pour l'obtenir. Mais par-dessus tout, il savait qu'il pouvait faire confiance à Dieu.

Montons, emparons-nous du pays, nous y serons vainqueurs!

Nombres 13.30

- - - -

1 Meyer, *Everyday Life Bible*. Utilisé avec permission préalable.

Caleb savait que Dieu était plus grand que les problèmes auxquels les Israélites devaient faire face. Et Dieu est plus grand que tout problème qui nous menace et empêche notre vie d'avancer. Avoir de l'audace et de l'ambition est une excellente chose, pourvu qu'elle s'inscrive dans l'amour et dans le service des autres. Tout ce que nous avons à faire pour vaincre, c'est savoir d'où nous pouvons tirer notre force et calmer notre cœur afin d'entendre les murmures de Christ en nous.

> Nous serons vainqueurs. Nous serons vainqueurs. Nous serons vainqueurs.

13. Activement tranquilles

Il est normal d'avoir peur. En fait, c'est même souvent nécessaire. La peur nous met sur nos gardes, elle est là pour aiguiser nos sens et nous garder prêts à combattre. Mais si elle est incontrôlée, elle peut facilement se transformer en panique. Lorsque cela se produit, notre courage peut s'évaporer comme la brume de l'aurore.

Le Psaume 37 est plein de bons conseils. «Ne t'irrite pas», écrit David, non pas une fois, ou deux, mais trois (v. 1, 7, 8). Il nous invite à nous tourner vers l'Eternel, à lui apporter nos peurs et à nous confier en lui (v. 3).

La réponse à la peur et à l'inquiétude consiste donc à nous tourner vers le Seigneur et à lui faire confiance. Au lieu de laisser la crainte nous submerger, nous pouvons faire d'elle le pivot qui nous oriente vers lui pour lui faire confiance. Espérer en Christ est une décision active. Cela implique de choisir de calmer nos pensées, de respirer profondément et de regarder à lui. Lui faire confiance demande beaucoup de courage; l'inverse, c'est la peur et la panique.

«Garde le silence devant l'Eternel et espère en lui», a écrit David (Psaume 37.7).

L'idée d'être activement tranquille est très intéressante. La présence de Dieu nous calme et dissipe la peur. Le bon chasse le mauvais, la lumière fait disparaître les ténèbres, et une confiance tranquille remplace une panique excessive.

C'est ainsi que l'on peut surmonter la peur.

14. Génération de la peur

Si l'on appelle les *millennials* (ou génération Y) la «génération de la peur», ce n'est pas sans raison. Il y a tant de facteurs! Le principal reste cependant l'essor soudain et ravageur des réseaux sociaux. Le monde en ligne peut se révéler vicieux, dangereux et impardonnable; et il peut être la cause d'une immense anxiété.

La Bible est remplie de personnes qui ont connu la peur. Elle décrit clairement cette sensation qui nous dévore, aspire toute vie hors de nous et s'empare de notre paix. Mais elle montre également qu'il existe une manière très claire de réagir: croire aux promesses que Dieu donne pour notre existence. La véritable forme d'encouragement, la véritable force et le véritable réconfort viennent du fait que nous sommes compris, connus et aimés de Dieu.

Si nous recherchons l'approbation et notre identité ailleurs, nous finissons paralysés par la peur, l'anxiété et le syndrome FOMO[1]. C'est le moyen qu'a la nature de vous dire que vous regar-

- - - -

[1] De l'anglais «Fear Of Missing Out». Cette expression indique, dans le domaine sociologique, la crainte de l'occasion manquée ou l'angoisse d'avoir pris une décision que l'on serait susceptible de regretter plus tard. L'essor des réseaux sociaux et d'Internet accentue la peur que d'autres vivent de meilleures expériences que nous ou aient connaissance d'informations importantes avant nous. (ndlt)

dez dans la mauvaise direction. Or, je suis certain de l'efficacité de ma solution: lorsque vous êtes dans l'angoisse, la meilleure des choses à faire, c'est de placer votre confiance dans les promesses de Christ. Nous sommes aimés par lui. Nous sommes au bénéfice de son pardon. Nous sommes gardés, fortifiés et remplis de paix dans les tempêtes de l'existence. Nous sommes en sécurité et attirés dans la présence de Dieu. Et l'amour gagne toujours.

Si nous vivons ainsi, notre vie sera parfaitement épanouie. Nous sommes en lui!

> Or, celui qui nous affermit avec vous en Christ et qui nous a consacrés par son onction, c'est Dieu; il nous a aussi marqués de son empreinte et a mis l'Esprit comme un gage dans notre cœur.
>
> 2 Corinthiens 1.21-22

15. La paire de bottes

Un de mes amis m'a raconté que l'un des meilleurs discours qu'il ait jamais entendu était une simple prédication de 17 minutes donnée par un homme qui s'était engagé dans l'armée. Il n'était pas particulièrement éloquent ni érudit; il s'est simplement tenu devant son auditoire en tenant une paire de bottes. Tous étaient curieux de ce qu'il allait dire.

«Celle-ci s'appelle Confiance, a-t-il dit en lâchant la botte gauche, qui est tombée sur le sol dans un bruit sourd. Et celle-là, a-t-il ajouté alors que l'autre botte tombait sur le sol, elle s'appelle Obéissance. Confiance et Obéissance: elles sont aussi essentielles dans une vie de foi que sont ces bottes dans la vie d'un soldat.»

La peur et l'inquiétude perdent immédiatement de leur pouvoir, lorsque nous choisissons de faire confiance à Dieu et de lui obéir. C'est une vérité grande et éternelle. Nous pouvons nous confier en lui et lui obéir, car il nous protège, et nous connaissons sa merveilleuse nature:

> Je suis moi-même avec toi, je te garderai partout où tu iras et je te ramènerai dans ce pays, car je ne t'abandonnerai pas tant que je n'aurai pas accompli ce que je te dis.
>
> Genèse 28.15

Des paroles puissantes pour une vie de puissance. Faites-en votre soutien!

> La peur et l'inquiétude perdent immédiatement de leur pouvoir, lorsque nous choisissons de faire confiance à Dieu et de lui obéir.

16. Être courageux. Être forts

«J'ai sur ma table une corde de violon, écrivait l'écrivain indien Rabindranath Tagore. Je peux la faire bouger dans la direction qui me plaît. Si je tords un bout, elle réagit; elle est libre. Mais elle n'est pas libre de chanter. Alors, je la prends et je la mets sur mon violon. Je l'attache; et lorsqu'elle est attachée, elle se retrouve libre de chanter pour la première fois.»[1]

- - - -

1 «Bound to Be Free», *Bible In One Year*, https://www.bibleinoneyear.org/bioy/commentary/1422

De même que la corde de violon se met à vivre lorsqu'elle est fermement attachée à un violon, de même nous devenons vivants en Christ.

Jésus a toujours été le grand libérateur. Regardez simplement la manière dont il a interagi avec toutes les personnes qu'il a rencontrées sur terre.

Que nous soyons comme la femme samaritaine, le collecteur d'impôts ou les pêcheurs, lorsque nous sommes fermement attachés à lui, il nous libère.

C'est la raison pour laquelle il a interrogé ses disciples sur ce que les gens disaient de lui. Il n'était absolument pas motivé par la curiosité et le désir de savoir si le peuple l'avait reconnu ou non. Sa question allait directement au véritable cœur du problème: étaient-ils prêts à s'attacher à lui afin de trouver leur liberté en lui?

«Il leur dit: 'Suivez-moi'» (Matthieu 4.19).

Il nous invite encore aujourd'hui à vivre de cette manière: fermement attachés à lui.

Il nous faut beaucoup de courage pour comprendre que notre valeur ne dépend pas de ce que nous faisons, de ce à quoi nous ressemblons ou de ce que les autres pensent de nous. Cependant, c'est le début de la compréhension spirituelle.

Comme le dit Paul, choisir de centrer notre vie sur Jésus représente un risque qui vaut la peine d'être couru:

Restez vigilants, tenez ferme dans la foi, soyez courageux, fortifiez-vous. Que tout ce que vous faites soit fait avec amour.

1 Corinthiens 16.13-14

Depuis toujours, c'est aux côtés de Jésus que la véritable liberté peut être trouvée.

17. Le courage personnifié

Si je devais choisir un moment où la divinité et l'humanité de Jésus se sont toutes les deux le plus manifestement exprimées, ce serait celui où ses disciples, à ses côtés, n'étaient plus capables de rester éveillés et où lui, il se préparait à être torturé et crucifié. La perspective de ce qui l'attendait était si terrible qu'il suait du sang.

Au-delà de l'agonie physique, la véritable souffrance pour lui était de savoir que, pour la première fois dans sa vie humaine, il allait être séparé de Dieu le Père. Il allait connaître l'obscurité et la solitude totales, d'une ampleur que nous ne saurions imaginer.

Malgré l'horreur de ce qui l'attendait, Jésus a fait un choix très clair: il «se mit à genoux et pria en disant: 'Père, si tu voulais éloigner de moi cette coupe! Toutefois, que ce ne soit pas ma volonté qui se fasse, mais la tienne'» (Luc 22.41-42).

Jésus a été humble, fidèle et courageux, jusqu'à la fin.

Nous ne connaîtrons jamais une souffrance aussi grande que celle qui a eu lieu à la croix. Comment pourrions-nous porter sur nos épaules le poids de tout le péché de l'humanité? Il y aura cependant des moments où il nous faudra faire appel à Dieu. Lorsque nous le ferons, Christ sera là pour nous encourager.

18. Protection

Souvent, après une expédition, le repos est la chose dont nous avons le plus besoin. Dans la vie, c'est pareil: lorsque nous nous trouvons dans des moments difficiles (le genre de périodes dans lesquelles nous avons besoin de persévérance et de résistance), nous pouvons facilement nous sentir épuisés et sans force. Et lorsque cela se produit, ce qui arrive ensuite est encore plus difficile.

Le Psaume 121 a été écrit pour tous les inquiets, tous les anxieux, tous ceux qui avancent sur les rotules depuis bien trop longtemps parmi nous. C'est un merveilleux texte qui parle de la protection de Dieu dans notre vie.

> Qu'il ne permette pas à ton pied de trébucher,
> qu'il ne somnole pas, celui qui te garde! [...]
> L'Eternel est celui qui te garde. [...]
> L'Eternel te gardera de tout mal. [...]
> L'Eternel gardera ton départ et ton arrivée
> dès maintenant et pour toujours.
>
> Psaume 121.3-8

Savez-vous ce que j'aime le plus dans ce psaume? Il commence par la recherche de réponses à des questionnements. L'auteur est à court de solutions; il scrute le ciel en se demandant: «D'où me viendra le secours?» (v. 1). Il faut du courage pour admettre que nous avons besoin d'aide, mais c'est absolument essentiel à notre survie.

Une fois qu'il a admis son besoin d'aide, le psalmiste est capable de trouver la force d'avancer et se rappelle la réponse à ses interrogations:

> Le secours me vient de l'Eternel,
> qui a fait le ciel et la terre.
> Qu'il ne permette pas à ton pied de trébucher,
> qu'il ne somnole pas, celui qui te garde!
> Non, il ne somnole pas, il ne dort pas,
> celui qui garde Israël.
>
> Psaume 121.2-4

La prochaine fois que vous vous sentirez épuisé(e) par une tempête trop longue, lisez ce psaume. Il est naturel d'avoir besoin d'aide, il est bon de prendre le temps de réfléchir, et il est courageux d'oser lever les yeux. Christ sera toujours avec nous et nous protégera toujours.

19. Prêt... partez!

Regardez un peu des athlètes de haut niveau tels que Roger Federer ou Usain Bolt. Voyez de quelle manière ils ont été capables d'améliorer leurs performances aux moments les plus importants. Lorsque les enjeux sont élevés, que la pression est à son comble, lorsque tout se joue, les champions font de leur mieux. Mais lorsque l'enjeu est dérisoire, il est plus difficile d'améliorer les performances.

L'aventure de la foi est sans aucun doute la plus grande entreprise qui existe. Si nous restons seuls, elle est absolument hors de notre portée, mais avec l'Esprit de Dieu en nous, rien n'est impossible.

> L'Esprit du Seigneur est sur moi, parce qu'il m'a consacré par onction pour annoncer la bonne nouvelle aux pauvres; il m'a envoyé pour guérir ceux qui ont le cœur brisé, pour proclamer aux prisonniers la délivrance et aux aveugles le recouvrement de la vue, pour renvoyer libres les opprimés, pour proclamer une année de grâce du Seigneur.
>
> Luc 4.18-19

C'est la course suprême, et nous sommes tous participants. Son Esprit nous aidera à faire de meilleurs scores et à libérer tout le potentiel qu'il nous a donné. Tout ce que nous avons à faire, c'est lui demander son aide. Et dans cette aventure, la faiblesse ne représente pas un obstacle: c'est ce qu'il nous faut pour nous permettre de nous reposer sur sa force seule, au lieu de la nôtre.

Alors, à vos marques… prêts… partez!

20. Préparés pour le voyage

Lorsque nous nous lançons dans une nouvelle aventure, nous pouvons nous sentir plus vivants que jamais. Ne vous faites aucune illusion: avec Christ, votre existence sera transformée, améliorée, mais aussi plus difficile. Il nous promet une véritable aventure, à la fois difficile et gratifiante, différente de tout ce que nous pouvons imaginer.

L'un des réformateurs de l'Eglise, Martin Luther, a déclaré: «Je vis comme si Christ avait été crucifié hier, qu'il était ressuscité des morts aujourd'hui et qu'il revenait sur terre demain!»[1] Il vivait dans l'instant, et connaissait la vérité de ces paroles:

L'Eternel est celui qui te garde,
l'Eternel est ton ombre protectrice, il se tient à ta droite. [...]
L'Eternel te gardera de tout mal,
il gardera ta vie.
L'Eternel gardera ton départ et ton arrivée
dès maintenant et pour toujours.

Psaume 121.5-8

----

1 «How to Avoid Backsliding», *Bible In One Year*, https://www.bibleinoneyear.org/bioy/commentary/3056

Dans l'aventure qu'est la foi, la présence de Dieu dans notre cœur, sa force pour nous faire tenir debout et sa paix qui nous inonde nous sont promises. Nous sommes équipés, prêts à avancer.

> Christ nous promet une véritable aventure,
> à la fois difficile et gratifiante, différente
> de tout ce que nous pouvons imaginer.

21. Libres et légers

Entre de mauvaises mains, la religion peut être très toxique. Elle induit la peur, elle exclut et réprime; et ce sont de très mauvaises représentations du caractère de Christ. Lorsqu'une force telle que son amour se retrouve réduite à des règles et à des luttes de pouvoir, elle est au mieux ennuyeuse, au pire abjecte et répugnante. Heureusement, ce n'est pas nouveau. De son temps, Jésus s'adressait à ceux qui ressentaient la même chose, et ce qu'il leur a dit est l'une des paroles que nous devrions toujours garder dans notre cœur:

> Venez à moi, vous tous qui êtes fatigués et courbés sous un fardeau, et je vous donnerai du repos. Acceptez mes exigences et laissez-vous instruire par moi, car je suis doux et humble de cœur, et vous trouverez le repos pour votre âme. En effet, mes exigences sont bonnes et mon fardeau léger.
>
> Matthieu 11.28-30

Il faut beaucoup de courage et une bonne dose d'humilité pour admettre que nous avons besoin de la foi pour tenir bon dans notre vie. Nous devons mettre de côté certaines de nos peurs et de nos souffrances religieuses, et nous devons laisser de côté nos aspirations à vivre de manière épanouie par nous-mêmes.

Nous devons apprendre à marcher au rythme du Tout-Puissant, au lieu de marcher à notre propre cadence. Souvent, nous chuterons. Mais l'important est de nous relever et de ne jamais abandonner. En effet, si nous marchons avec l'amour de Dieu en nous, nous commençons à vivre avec légèreté et liberté: nous menons une vie épanouie.

22. Aucune comparaison

Paul a énormément souffert dans sa vie. Selon une lettre qu'il a écrite aux chrétiens de Corinthe, la liste des difficultés auxquelles il a dû faire face est longue et douloureuse.

Il a été durement fouetté à cinq reprises. Par trois fois, il a été battu de verges. Il a été emprisonné, il a fait naufrage trois fois, et il a dérivé trois jours et trois nuits en pleine mer. Il se déplaçait constamment et il a rencontré un nombre incalculable de dangers sur les eaux; il a croisé des bandits, souffert de la faim et de la soif (2 Corinthiens 11.23-27). Cependant, il dit que ces souffrances ne peuvent pas être comparées à la gloire qu'il verra un jour:

> J'estime que les souffrances du moment présent ne sont pas dignes d'être comparées à la gloire qui va être révélée pour nous.
>
> Romains 8.18

Voilà ce que fait une personne perspicace et courageuse: Paul regarde loin devant lui, fait confiance à Dieu, ne se plaint jamais, et n'abandonne jamais.

23. Sur le champ de bataille

Le duc de Wellington a déclaré, un jour: «Je disais souvent au sujet de Napoléon que sa présence sur le champ de bataille faisait une différence de 40'000 hommes.» Lorsque nous combattons aux côtés d'un grand chef qui nous remplit de détermination, les effets sont incroyables. Or, la connaissance de l'infinie puissance de Dieu est bien plus grande!

Quelle immense différence dans notre vie lorsque nous nous rendons compte ce que signifie se trouver du côté de la parfaite bonté, de l'amour, du pouvoir et de la douceur, c'est-à-dire se trouver du côté de Dieu. La conception que Paul avait du monde en a été bouleversée:

> Je peux tout par celui qui me fortifie.
>
> Philippiens 4.13

La présence de Dieu change notre vie et celle des autres de manière spectaculaire. Ne méprisez jamais cette présence! Elle est le plus grand don que nous puissions recevoir. L'Eternel est avec nous, maintenant et pour toujours. Malgré nos échecs et nos doutes, nous ne pouvons pas mettre un terme à sa présence dans notre vie. Vivez dans la certitude de cela et soyez encouragé(e).

24. La force parfaite de la faiblesse

L'apôtre Paul a écrit: «J'ai été faible, craintif et tout tremblant chez vous» (1 Corinthiens 2.3).

Transmettre aux autres la vérité concernant Jésus le terrifiait, et il ne se sentait pas du tout à la hauteur de cette tâche. Cependant, il avait confiance en Dieu, et le message est tout de même passé, avec l'aide de l'Esprit et de la puissance du Seigneur (v. 4). C'est très souvent de cette manière que les choses fonctionnent: Dieu utilise les personnes les plus faibles, les plus méprisées, les plus imparfaites pour apporter lumière et amour au monde. C'est dans l'ADN de Jésus.

Pensons à la croix sur laquelle il a été mis à mort comme un criminel. Il a été tué sur un instrument de torture romain, réservé aux personnes les plus méprisées et les plus dépravées de la société. Or, finalement, ce symbole de faiblesse, d'humiliation et de défaite est devenu le symbole principal du christianisme.

C'est de cette manière inversée que fonctionne la grâce. Elle brille dans la vie de Jésus: il a voulu faire découvrir son tombeau vide par des femmes (plutôt que par des hommes), montrer le chemin de la vie éternelle à une Samaritaine et avoir un collecteur d'impôts méprisé pour ami.

Si vous prenez des risques et que vous avez peur, prenez courage! Peut-être vous trouvez-vous à l'endroit exact où Dieu veut que vous soyez: il utilise la fragilité plutôt que la confiance en soi. La confiance en soi pense qu'elle n'a pas besoin de Dieu; la fragilité recherche désespérément son aide.

> Ma grâce te suffit, car ma puissance s'accomplit dans la faiblesse.
>
> 2 Corinthiens 12.9

C'est la même puissance qui a ressuscité Jésus, qui a changé l'eau en vin et qui a fait voir les aveugles. C'est la manière dont le Seigneur a toujours agi et dont il agit encore aujourd'hui dans la vie de millions de personnes dans le monde. Les cœurs affaiblis, il les affermit; les cœurs brisés, il les guérit; les cœurs anéantis, il les restaure. Je le sais par expérience.

25. Comme des gagnants

Lorsque vous apprenez à faire de l'alpinisme ou à sauter en parachute, il y a des règles à suivre: vous devez continuer même lorsque cela devient difficile, dérangeant ou porteur d'inconnues, afin de développer des compétences qui vous serviront à long terme.

De même, si quelqu'un souhaite se remettre en forme et gagner en robustesse, il doit d'abord s'entraîner. C'est tout un processus. C'est comme semer et récolter: il y a une cause et un effet.

La Bible est pleine d'histoires de grands chefs dont les débuts difficiles se sont révélés utiles plus tard. A titre d'exemples, Joseph et Daniel, emmenés prisonniers et abandonnés dans un autre pays, ont appris dans ces circonstances-là une leçon dure mais essentielle, qui a forgé leur courage et leur a, à terme, donné une solide confiance en Dieu. Ces caractéristiques leur sont restées pendant toute leur vie et leur ont permis d'agir sagement jusqu'à la fin.

Et maintenant, pensez à Jésus: dès sa naissance, il a dû fuir pour échapper à un massacre; il a grandi dans la brutalité et la corruption de l'oppression romaine, mais il a grandi en faisant confiance à Dieu.

> Par votre persévérance vous sauverez votre âme.
>
> Luc 21.19

Il est parfois difficile de voir au-delà des luttes présentes, mais nous ne sommes pas seuls. Tenez bon, ayez confiance en Dieu et gardez la foi! Prenez courage et rappelez-vous le parcours de vie de ces héros! L'aube viendra, et alors, nous serons forts. Avec la présence de Christ en nous, nous tiendrons bon et nous resterons fidèles dans la tempête.

26. Je suis avec toi

Je me demande si le fait que la foi et le respect de Dieu ont diminué dans notre société alors que nos peurs, elles, augmentent, n'est qu'une simple coïncidence. La foi authentique et paisible est rare et assez peu encouragée; les communautés de foi sont de plus en plus fracturées, et ceux qui plient le genou devant leur Maître dans une puissante humilité ne sont que peu entendus, au milieu des cris désespérés pour obtenir de gros titres et de l'attention.

Or notre monde est plus que jamais dans l'histoire de l'humanité étouffé par l'anxiété et la solitude. L'existence est dure, même avec la foi. Ceux qui vivent sans elle ont de quoi s'écrouler sous le poids du doute et de l'anxiété. Nous ne sommes pas faits pour vivre seuls, sans connaître ni le sens de notre vie ni l'endroit où nous allons.

Le problème n'est pas nouveau:

N'aie pas peur, car je suis avec toi. Je te bénirai.

Genèse 26.24

«N'aie pas peur» est le commandement qui apparaît le plus fréquemment dans la Bible. Lorsque nous voulons suivre les voies de Dieu, nous commençons à comprendre ce que signifie être protégés, être aimés et être guidés dans les défis que nous rencontrons tous les jours. Cela change notre vie et la remplit.

Dieu est aux commandes, et il vous aime profondément, si profondément que nos cheveux sont tous comptés (Matthieu 10.30).

Lorsque nous décidons d'offrir à Christ chacune de nos journées, de trouver le courage de tenir bon dans la foi et de faire confiance à ses promesses pour notre vie, nous n'avons peur de rien ni de personne.

Force spirituelle

27. Marqués à vie

Dans le monde antique, lorsqu'un paquet était transporté, il portait un sceau de cire pour indiquer son origine et son propriétaire. C'est la raison pour laquelle Paul a bien choisi ses mots lorsqu'il a écrit: «En lui vous aussi, après avoir entendu la parole de la vérité, l'Evangile qui vous sauve, en lui vous avez cru et vous avez été marqués de l'empreinte du Saint-Esprit qui avait été promis» (Ephésiens 1.13). Paul souhaitait que nous mesurions l'importance du fait d'avoir le Saint-Esprit en nous. C'est un lien impossible à briser. Nous avons été marqués de l'empreinte de l'Esprit et nous appartenons à Dieu.

Quelles grandes et merveilleuses paroles: elles couvrent tous les aspects de notre vie, du commencement jusqu'à la fin!

> Je n'étais encore qu'une masse informe,
> mais tes yeux me voyaient,
> et sur ton livre étaient inscrits
> tous les jours qui m'étaient destinés
> avant qu'un seul d'entre eux n'existe.
>
> Psaume 139.16

Aux yeux de Dieu, vous êtes d'un grand prix. Il a un plan parfait pour vos jours sur cette terre, un plan qui ne sera pas toujours facile, mais qui sera le vôtre et qui donnera du sens à votre vie. Nous sommes appelés à le connaître et à être connus de lui. Laissez-vous convaincre par cette vérité et laissez-la guider votre journée.

> Nous avons été marqués de l'empreinte de
> l'Esprit et nous appartenons à Dieu.

28. Ce que nous sommes

Lorsque nous pensons à Moïse, nous imaginons souvent ce grand chef fort et audacieux. Or, il était terrifié. Il était le plus réticent à obéir de tous les chefs d'Israël. Il avait de nombreux défauts et faiblesses, et, dans sa colère, il a même tué un homme. Cependant, il était également un ami de Dieu.

Il avait une relation extraordinaire avec lui: «L'Eternel parlait avec Moïse [...] comme un homme parle à son ami» (Exode 33.11). Moïse est comme nous tous: nous avons tous fait beaucoup de choses qui peuvent nous disqualifier par rapport au privilège d'être proches de Dieu; néanmoins, il nous invite auprès de lui. La promesse que Dieu a faite à Moïse («Je marcherai moi-même avec toi et je te donnerai du repos», v. 14), il nous la fait, à nous, aujourd'hui.

Et Jésus étend l'invitation à tous:

Je ne vous appelle plus serviteurs parce que le serviteur ne sait pas ce que fait son seigneur, mais je vous ai appelés amis.

Jean 15.15

Jésus ne veut pas que nous nous considérions comme des personnes qui se contentent de le suivre. Il veut que nous soyons ses plus proches amis, comme des frères et sœurs. Par lui, nous pouvons dire à Dieu: «Abba, Père»; c'était la manière la plus intime dont un enfant pouvait s'adresser à son père, un peu comme si nous l'appelions Papa.

Et vous n'avez pas reçu un esprit d'esclavage pour être encore dans la crainte, mais vous avez reçu un Esprit d'adoption, par lequel nous crions: «Abba! Père!»

Romains 8.15

Christ nous donne un lien impossible à briser qui ne dépend pas de nos actions mais de ce que nous sommes. Et nous sommes en lui.

29. Des moins que rien

Les Eglises ne sont pas censées être remplies de personnes parfaites. Au contraire! Elles doivent être pleines de personnes imparfaites, qu'elles soient vieilles ou jeunes, quels que soient leur origine et leur passé, qu'elles aient des cicatrices ou boitent, qu'elles vivent des luttes ou des échecs.

Dans l'Eglise primitive, il y avait peu de personnes d'importance ou issues de familles de haut rang. C'était plutôt un groupe disparate de personnes quelconques; des personnes ordinaires qui avaient des problèmes ordinaires. «Je ne vois parmi vous personne de particulièrement excellent ou admirable», disait en résumé Paul dans sa première lettre à l'Eglise de Corinthe (1 Corinthiens 1.26-31). (J'aime beaucoup ce texte: il signifie qu'il y a de l'espoir pour nous tous.) Mais l'apôtre savait très exactement pourquoi Dieu choisissait les «moins que rien» plutôt que les personnes importantes:

> Dieu a choisi les choses folles du monde pour couvrir de honte les sages, et Dieu a choisi les choses faibles du monde pour couvrir de honte les fortes.
>
> 1 Corinthiens 1.27

Si vous avez l'impression que le message sur la manière de suivre Dieu est simple, ne vous en étonnez pas: il l'est! Beaucoup de choses, dans l'aventure qu'est la foi, paraissent manquer de bon sens. Le simple principe du pardon, par exemple, peut sembler complètement fou, jusqu'à ce que nous prenions conscience de tout ce qui nous a été pardonné.

Nous n'avons pas besoin de déguiser le message d'amour de Christ, encore moins de prétendre être bons ou religieux. (Etre bons, cela n'existe pas; être religieux, c'est faire le deuil de notre vie.) Au contraire, nous pouvons imiter l'apôtre Paul, qui n'a voulu présenter que Christ, ce qu'il était et ce qu'il a fait:

> J'avais décidé de ne connaître parmi vous rien d'autre que Jésus-Christ, et Jésus-Christ crucifié.
>
> 1 Corinthiens 2.2

Lorsque nous suivons Christ et communiquons sa bonne nouvelle, nous vivons et nous transmettons son amour, sa liberté, son humilité, la libération qu'il apporte et sa douceur.

30. La main invisible

L'avenir de Juda n'avait rien de prometteur. Le roi avait été détrôné et le peuple était en exil à Babylone. Les Israélites étaient à nouveau esclaves, et ils étaient loin de chez eux. Mais ils se sont rassemblés, ont combattu pour survivre et ont commencé à reconstruire ce qui avait été détruit. Comme il l'avait fait auparavant, Dieu a trouvé une personne pour mener son peuple vers la liberté. Et Esdras savait très exactement combien il était important d'avoir pleinement confiance en Dieu.

> La main de l'Eternel, mon Dieu, reposait sur moi.
>
> Esdras 7.28

Force spirituelle

La main invisible et intangible de Dieu est également sur vous. Peut-être n'aurez-vous pas à mener une nation à la liberté, mais vous êtes tout de même investi(e) d'une mission, qui peut avoir un rapport avec le fait de diriger, de guider, d'encourager, de protéger, d'affermir et de communiquer l'amour et la lumière de Christ aux autres.

Lorsque Jésus est venu sur cette terre, il n'a pas simplement libéré une nation de l'esclavage: il a libéré le monde entier. Il nous a libérés de nos chaînes, pour que nous puissions enfin vivre. Il est avec nous en esprit aujourd'hui, et sa main invisible est sur notre vie. Laissez, en premier lieu, sa présence vous encourager, vous restaurer et vous renouveler; ensuite, faites de même avec les autres. En Christ, vous avez un puits de ressources qui ne s'épuisera jamais.

> La main invisible et intangible de Dieu
> est sur vous.

LE PARDON

Lorsque j'y réfléchis bien, il y a une petite poignée de personnes qui, au fil des ans, m'ont fait du mal, à moi et à ma famille, de différentes manières. Nous connaissons tous des personnes qui nous ont arnaqués, qui ont parlé en mal de nous, qui nous ont blessés ou qui nous ont trahis; cela fait simplement partie de la vie.

En fait, plus vous occupez le devant de la scène, plus les critiques pleuvent. Si vous tentez de vivre différemment, d'avoir une influence positive dans le monde, la critique est inévitable. Après tout, les gens n'aiment pas le changement (sauf si l'on parle d'un bébé qui a une couche trempée!)

Or, faire du mal peut aller dans les deux sens, et lorsque je pense aux personnes auxquelles j'ai, intentionnellement ou non, fait du mal, je ressens un profond malaise. Ce sont parfois des choses que j'ai dites ou que j'ai faites. D'autres fois, j'ai nui à des personnes que j'aime sans même le savoir. En tout cas, j'ai blessé des gens, il n'y a aucun doute.

Il peut être tentant d'enterrer la honte et la souffrance que nous ressentons au fond de nous, de faire comme s'il ne s'était jamais rien passé. Mais la vérité que nous ne pouvons pas refuser de voir, c'est que nous avons tous besoin qu'on nous pardonne et tous besoin de pardonner. L'une des meilleures raisons de pardonner à quelqu'un (ou de lui demander pardon) est l'alternative à cela: l'amertume. Si nous refusons de pardonner ou refusons de reconnaître notre culpabilité, cela nous fait beaucoup de mal. C'est nous qui brûlons à l'intérieur. C'est nous qui souffrons.

Même s'il peut être très difficile d'entrer dans une démarche de pardon (je ne sous-estime pas la puissance et l'emprise que certaines souffrances peuvent avoir sur nous), nous devons trouver une solution. Celle-ci consiste à demander l'aide de Dieu, à nous tenir tranquilles, à respirer, à lui demander sa présence afin qu'il soulage nos plaies et à le supplier constamment de nous apporter son aide. Et elle viendra. Rappelez-vous toujours tout ce qu'il nous a pardonné: son pardon nous aide à offrir le nôtre.

Si j'ai appris une chose des personnes qui pardonnent facilement et qui demandent facilement pardon, c'est ceci: elles vivent dans la légèreté. Elles sont libres. Elles savent qu'elles ont commis des erreurs et elles savent que des erreurs ont été commises à leur encontre, mais elles les oublient. Et ce faisant, elles deviennent de meilleures personnes, plus libres.

Le refus de pardonner est comme une rivière: si nous tentons d'y faire barrage, de la retenir ou de l'empêcher de s'écouler, elle stagne. Les eaux commencent à croupir, et elles ressemblent à ce que nous ressentons lorsque nous refusons de laisser place au pardon. La honte, la souffrance, la colère, l'amertume et la vengeance échoueront toujours.

Le pardon, c'est le contraire: il libère, il délivre, il affranchit. C'est la raison pour laquelle Jésus le met en avant et au centre de tout, lorsqu'il veut prendre soin de nous et enrichir notre vie. Faites tomber le barrage et laissez couler la rivière!

Tout commence dans notre cœur. Sans accorder ou recevoir le pardon, nous ne pourrons pas voyager loin.

1. Des soucis immémoriaux

J'aime beaucoup l'histoire d'Ezéchias (voir 2 Rois 18–20). C'était une très bonne personne. En tant que roi, il était fidèle, humble et courageux, et il avait une grande confiance en Dieu. Comme nous tous, il a commis des erreurs. Mais, lorsque cela s'est produit, il s'est immédiatement repenti. Il n'a pas laissé sa fierté lui barrer la route. Même lorsqu'il avait l'impression que Dieu était absent, il est resté fidèle.

Il est intéressant de voir à quel point, malgré le temps qui passe, les soucis de l'existence restent les mêmes. La vie tourne toujours autour de nos luttes, de nos relations, de nos épreuves, de nos tentations, de nos difficultés et de nos batailles. La manière dont nous réagissons à tout cela importe énormément. Une fois encore, il n'existe qu'une seule manière de mener une vie efficace et enrichie: être remplis de compassion, lents à la colère et pleins de bonté (cf. Psaume 145.8).

Et rappelez-vous toujours ce qui suit:

> Avec nous il y a l'Eternel, notre Dieu, qui nous aidera et qui combattra pour nous.
>
> 2 Chroniques 32.8

Accrochez-vous à cette grande vérité lorsque tout est sombre autour de vous et, surtout, n'abandonnez jamais!

2. La vérité sur le pardon

Des familles détruites, des conflits entre différentes communautés et de nombreuses relations en péril ont toujours la même origine: le refus de pardonner. Ce refus détruit les liens qui nous rattachent les uns aux autres et nous mène sur un sentier destructeur.

Le pardon n'est pas facile, et C.S. Lewis avait parfaitement raison d'écrire: «Tout le monde trouve que le pardon est une chose merveilleuse, jusqu'à ce que l'on ait quelque chose à pardonner à quelqu'un.»[1]

Pardonner à quelqu'un ne veut pas dire approuver ce qu'il a fait. Cela ne veut pas dire que nous lui trouvions une excuse, que nous fassions comme si rien ne s'était passé ou que nous prétendions ne pas souffrir. Pardonner signifie être conscients des blessures que l'autre nous a infligées mais choisir de les oublier. Cela signifie laisser de côté toute forme de malveillance ou de vengeance pour offrir à l'autre un pardon qui vient du fond du cœur.

Je suis si reconnaissant que le pardon de Dieu soit sans limites à mon égard! Lorsque quelqu'un me blesse, il m'est facile de me dire que je peux pardonner une fois, voire deux, mais qu'après cela, c'est terminé! Puis je me souviens de Jésus sur la croix: l'illustration parfaite du pardon. Cela lui a tout coûté. Mais cela a aussi ouvert la voie au retour vers Dieu et a complètement mis fin à nos fautes, notre souffrance et notre fierté, pas une seule fois mais pour toujours.

> Que toute amertume, toute fureur, toute colère, tout éclat de voix, toute calomnie et toute forme de méchanceté disparaissent du milieu de vous. Soyez bons et pleins de compassion les uns envers les autres; pardonnez-vous réciproquement comme Dieu nous a pardonné en Christ.
>
> Ephésiens 4.31-32

Cultivons donc dans notre cœur une attitude envers les autres similaire à celle de Dieu envers nous: pratiquons la grâce et la compassion, l'amour et le pardon. Sans cela, nous ne serons jamais réellement libres.

----

1   C.S. Lewis, *Les fondements du christianisme*, LLB France, 2006 (6ᵉ éd.)

3. Lavés tout entiers

J'aime beaucoup ce dicton: «L'homme n'est jamais si grand qu'à genoux devant Dieu; et l'homme à genoux devant Dieu tient fermement debout.» C'est un paradoxe. Non seulement cela va à l'encontre de toute la prétendue sagesse humaine, mais c'est en plus une bonne réflexion sur l'endroit où se trouvent réellement la force et l'humilité. La force résulte du fait de savoir quelle est notre place devant Dieu, de la certitude que nous avons besoin de son pardon et que nous pouvons faire confiance à ses promesses pour notre vie. L'humilité est possible lorsque nous acceptons notre besoin d'être restaurés dans notre relation d'amitié avec Dieu.

J'aime beaucoup la manière dont Pierre interagit avec Jésus au moment de la cène: «Toi, Seigneur, tu me laves les pieds!» (Jean 13.6). Véritable tête brûlée, il était atterré de voir son Maître assumer un rôle d'esclave. Il voulait être celui qui lave les pieds des autres. Mais Dieu voulait que les choses se passent différemment. Le but de Jésus était de montrer à toute l'humanité qu'elle aurait besoin d'être lavée par lui, à l'intérieur comme à l'extérieur. Comme nous tous.

Lorsque Pierre a enfin compris – compris qu'il devait laisser Jésus laver ses pieds sales – il s'est enthousiasmé et lui a demandé de laver non seulement ses pieds mais également d'autres parties du corps (v. 9)! J'aime beaucoup sa réaction. Je pense que j'aurais eu la même. Lorsque nous comprenons que Dieu veut nous restaurer et nous renouveler, nous amener dans sa présence et nous garder près de lui pour toujours, notre caractère sanguin et obstiné s'en trouve transformé.

Je pense que c'est la raison pour laquelle Jésus aimait tant Pierre. Et je pense que c'est la raison pour laquelle il nous aime, vous et moi.

4. Le fils prodigue (1)

Jésus a consterné les chefs religieux de son époque. Sa manière de parler et les choses qu'il a faites les offensaient tant qu'ils ne pouvaient s'empêcher d'enrager et de comploter contre lui. Comment pouvait-il accepter les pécheurs, manger avec eux et les traiter comme de vieux amis, alors qu'il connaissait leur passé?

La réponse de Jésus à ces questionnements est absolument formidable. Sans doute dans la plus belle des paraboles, il a présenté une merveilleuse révélation de Dieu comme un père incroyable, plein d'amour, de compassion et de grâce, qui donne au-delà de tout ce que l'on peut imaginer.

La parabole du fils prodigue (bien que Jésus ne l'ait jamais appelée comme cela; je pense qu'un meilleur titre serait «La parabole du Père qui accourt vers son fils», et nous verrons pourquoi) commence par une démarche que les auditeurs de l'époque ont dû trouver choquante: un fils qui réclame son héritage à son père vivant et en bonne santé est une chose révoltante. Dans la culture traditionnelle du Moyen-Orient, c'est comme s'il disait: «J'aimerais que tu sois déjà mort.» Le père ne peut que chasser un tel fils de la maison.

Pourtant, dans un geste extraordinaire de générosité, le père de cette histoire rompt avec la coutume: il donne à son fils la complète liberté de vendre sa parcelle de terrain, un acte propre à jeter le déshonneur sur toute la famille. Beaucoup diraient que ce père est fou, imprudent et insensé de donner à son fils tant de liberté et de richesses. On pourrait juger inévitable qu'il en abuse. Les poches pleines d'argent, le fils quitte la ville le plus rapidement possible.

La requête du fils est effectivement choquante. Mais le don du père l'est tout autant: c'est un sacrifice total, qu'il fait à ses propres dépens. Jésus savait très exactement ce qu'il disait, lorsqu'il a raconté la première partie de cette histoire. Et il connaissait très bien le parallèle avec ce qui allait se passer dans sa propre vie:

Mais voici comment Dieu prouve son amour envers nous:
alors que nous étions encore des pécheurs, Christ est mort
pour nous.

Romains 5.8

Lorsque j'étais enfant, il était pour moi naturel de penser que
Dieu était un juge accusateur, sévère, sans grâce et exigeant,
comme une espèce de vieil homme grincheux. Mais cette histoire
le montre sous un jour tout différent, et cela envoie indubitablement valser toute conception que j'avais de Dieu le Père.

5. Le fils prodigue (2)

Beaucoup de gens, moi compris, ont connu ce que le fils prodigue trouve loin de son père: la «liberté» de vivre comme il le désire. C'est une liberté apparente, qui laisse ensuite place à la désillusion et enfin au désespoir.

Après avoir dilapidé l'héritage de son père dans de fausses joies,
le fils finit par comprendre qu'il gâche sa vie. Il se retrouve pris
au piège et vide à l'intérieur. Il est seul et ses plans ont échoué. En
proie au désespoir, il se sait dans de sales draps. Sa seule solution
est de rentrer chez lui. Après tout, même les serviteurs de son père
vivent mieux que lui. Il en est réduit à travailler avec des porcs,
sans même avoir droit à une part de leur pâtée.

Il prépare sa confession, même s'il n'est pas certain qu'elle
porte des fruits. Il ne s'attend pas à être accueilli par son père; il
espère plutôt pouvoir travailler dans sa propriété afin de pouvoir
survivre.

A l'époque de Jésus, un jeune Juif qui avait gaspillé l'héritage de
sa famille parmi des non-Juifs ne pouvait qu'être sévèrement puni

par le village entier, qui donnait raison au père floué; et toute la communauté reniait le fils rebelle. Ceux qui écoutaient Jésus devaient bien le savoir. Or, la réaction du père est extraordinaire:

Alors qu'il était encore loin, son père le vit et fut rempli de compassion, il courut se jeter à son cou et l'embrassa.

Luc 15.20

C'est là le cœur de l'histoire: «alors qu'il était encore loin» implique que le père attendait et espérait le retour de son fils, à la porte de sa maison, tous les jours. Jésus montre ici quelle est la véritable nature de Dieu le Père: espérer, rechercher, attendre en retenant son souffle.

Lorsque le père voit son fils, son cœur se met à battre et, ne pouvant plus contenir sa joie, il court hors de la maison, se jette à son cou et l'embrasse. Un père trompé courant vers son fils, cela devait être en soi très choquant pour la foule. La seule idée qu'il embrasse et étreigne ce vaurien devait paraître complètement farfelue; c'était un pardon beaucoup trop facile et dénué de sens.

Mais c'est précisément dans cet objectif que Jésus a raconté cette histoire: il nous laisse entrevoir la manière dont notre Père nous voit du ciel, en dépit de nos fautes et de notre égoïsme. Sa joie, lorsque nous levons les yeux vers lui et que nous cherchons à rentrer à la maison, est une joie inexprimable.

6. Le fils prodigue (3)

Le fils prodigue commence à prononcer le discours qu'il a préparé. Mais il est épuisé, meurtri et désespéré. Le père l'arrête avant qu'il puisse terminer.

Force spirituelle

C'est presque comme si le discours du fils se perdait dans l'immense amour et les abondantes larmes de son père qui le tient enfin dans ses bras, comme si l'étreinte paternelle séchait les larmes de ce précieux enfant.

Du reste, le père n'écoute pas: il est fou de joie! Il s'empresse de crier à ses serviteurs d'apporter des vêtements propres et des cadeaux, et il ordonne aux autres de préparer une grande fête. Après avoir placé l'anneau de la famille autour du doigt de son fils et l'avoir chaussé de nouvelles sandales (c'est un acte de grâce incroyable, que les auditeurs de Jésus doivent avoir compris comme un acte de réhabilitation totale dans la famille), il s'adresse au reste de la famille pendant le banquet en disant:

> Ton frère que voici était mort et il est revenu à la vie, il était perdu et il est retrouvé.
>
> Luc 15.31-32

Cette histoire est celle de beaucoup de vies dans toute l'histoire, de John Newton, le marchand d'esclaves devenu abolitionniste, à Martin Luther, le grand réformateur, ou encore à des millions d'autres. Ils étaient morts et apeurés; ils sont devenus pleins de vie et en sécurité. Ou encore, comme les paroles du chant «Amazing Grace» le disent merveilleusement: «O grâce infinie, qui vint sauver, un pécheur tel que moi! J'étais perdu: il m'a trouvé; j'étais aveugle: je vois.»

Notre histoire est similaire. Jésus a pour tâche de chercher ceux qui sont perdus et de les ramener à la maison. Notre tâche à nous consiste simplement à l'accueillir, à le laisser nous rétablir en tant qu'enfants de Dieu. C'est son cadeau suprême; il ne pourra jamais être gagné.

Les paroles prophétiques d'Esaïe l'expriment merveilleusement bien:

Parce que tu as de la valeur à mes yeux, parce que tu as de l'importance et que je t'aime, je donne des hommes à ta place, des peuples en échange de ta vie.

Esaïe 43.4

7. De notre mieux

Lorsque je fais des erreurs (et cela arrive souvent), je me sens immédiatement loin de Dieu. Ce n'est pas que lui, il se retire; c'est plutôt que mes nuages d'erreurs me cachent sa présence, comme si le bon et le mauvais ne pouvaient pas se mélanger. C'est pourquoi il nous met en garde contre ce qui peut nous faire du mal. Il nous indique la marche à suivre:

> Aimez-vous les uns les autres.
> Pardonnez-vous les uns les autres.
> Faites tout ce que vous pouvez les uns pour les autres.
> Amour, justice et compassion: faites preuve de bonté.

Ces règles nous sont données afin de nous protéger et parce que Dieu veut que nous restions près de lui.

Vivre ainsi amène des bénédictions. Nous le voyons à plusieurs reprises dans la Bible, lorsque les hommes et les femmes vivent avec (puis, sans) Dieu.

Si tu obéis à l'Eternel, ton Dieu, en respectant et en mettant en pratique tous ses commandements que je te prescris aujourd'hui, l'Eternel, ton Dieu, te donnera la supériorité sur toutes les nations de la terre.

Deutéronome 28.1

Force spirituelle

Si je veux obéir au commandement d'aimer malgré mes défauts, c'est parce que je sais que plus tard, Dieu fera pleuvoir ses bénédictions sur les personnes dont la vie est marquée par la fidélité envers lui. Même si nous échouons très souvent, il aime que nous fassions de notre mieux. C'est la raison pour laquelle j'aime énormément ce verset:

Avec Dieu, nous ferons des exploits.

Psaume 60.14

Cela me rappelle certains chants des scouts: «De notre mieux!»
Je suis souvent frappé de voir combien de grandes organisations ont à cœur de vagues reflets des voies d'amour de Dieu. J'aime beaucoup cette idée. Aujourd'hui, choisissons la voie qui mène à la vie et choisissons d'être fidèles aux paroles d'amour de Christ!

8. Le sacrifice

Une petite fille souffrait d'une maladie très rare et très grave. Son frère de cinq ans, qui avait miraculeusement survécu à la même maladie, développait les anticorps dont elle avait à présent besoin. La seule chance de survie de la petite fille était une transfusion sanguine.

Les docteurs ont expliqué la situation au petit garçon et lui ont demandé s'il acceptait de donner son sang à sa sœur. Il a hésité un instant avant de prendre une grande inspiration et de répondre: «Oui, si ça peut la sauver, je le ferai.»

Alors que la transfusion se faisait, le frère et la sœur étaient assis l'un à côté de l'autre dans leur lit. Lorsque la petite fille a commencé à reprendre des couleurs, le petit garçon a commencé à sourire. Puis il a froncé les sourcils. Levant les yeux vers le docteur, la voix tremblante, il a demandé: «Quand est-ce que je vais commencer à mourir?»

N'ayant pas compris le docteur, il pensait qu'il allait devoir donner tout son sang à sa sœur pour la sauver. Il l'aimait tant qu'il était prêt à mourir pour qu'elle vive. Il était prêt à être son substitut.

Dieu nous aime: c'est une vérité radicale et le message bouleversant de la Bible. Jésus-Christ est venu sur la terre pour mourir à notre place.

> En effet, le Fils de l'homme est venu non pour être servi, mais pour servir et donner sa vie en rançon pour beaucoup.
>
> Marc 10.45

Comprendre et vivre cette vérité est l'aventure d'une vie, mais lorsque nous commençons enfin à la comprendre, tout s'en trouve transformé. Et il nous promet qu'il nous guidera dans ce voyage, si nous le laissons faire.

9. Faire les choses dans l'ordre

Le roi David est un héros de la Bible. Il est décrit, non pas une seule fois, mais deux fois, comme «un homme selon le cœur de Dieu» (cf. 1 Samuel 13.14; Actes 13.22). Un chic type, n'est-ce pas? Mais il était également menteur, adultère et meurtrier. Il a commis plusieurs énormes erreurs. Aussi héroïques et bons que les gens semblent être, ils ne le sont pas! Personne ne l'est. Comme David, nous avons tous besoin d'une seule et unique chose: le pardon divin.

Nous pourrions être tentés de considérer les guérisons physiques, les miracles ou la résurrection de Lazare comme les choses les plus impressionnantes des merveilleux actes de Jésus. Ils étaient géniaux (j'aimerais tant pouvoir marcher sur l'eau comme l'a fait Pierre!), mais lui-même a toujours montré que le pardon dépasse de loin tout cela. C'est pourquoi, lorsqu'il a rencontré l'homme paralysé que ses amis avaient fait descendre depuis le toit, il a commencé par dire: «Mon enfant, tes péchés te sont pardonnés» (Marc 2.5). Le pardon divin était la priorité. Une fois ce pardon accordé, la guérison a suivi.

Il en allait de même dans l'Ancien Testament. Josué a encouragé le peuple à se repentir et à faire disparaître les dieux étrangers (Josué 24.23) du milieu de lui. Il voulait qu'il se débarrasse des mauvaises choses pour faire de la place à Dieu.

Qui que nous soyons, quelle que soit la méchanceté de nos agissements, nous avons la chance de tout arranger avec notre Créateur. C'est ce qu'il désire pour nous, et c'est la raison pour laquelle Jésus est venu sur terre. C'était sa plus grande priorité. Grâce à cela, nous pouvons demander pardon pour nos erreurs et nos échecs avec la certitude qu'ils ont déjà été pardonnés. Ainsi, comme de grands hommes et de grandes femmes de foi dans l'histoire, nous pouvons marcher dans la lumière.

10. Un cœur indomptable

Si quelqu'un avait un cœur indomptable, c'était bien Samson. Il avait une force et des capacités extraordinaires. Et il a commis de belles erreurs. Mais dans le Nouveau Testament, il est décrit comme un héros de la foi (Hébreux 11.32). Il est la parfaite illustration de la volonté que Dieu a d'utiliser toutes sortes de personnes. Il nous utilise, nous, malgré nos échecs et nos faiblesses.

La grande force de Samson était un don de Dieu, et il l'utilisait sans limites. Néanmoins, il a connu l'échec quand il a cédé aux pressions de la vie et a succombé aux charmes d'une femme.[1]

Qui, parmi nous, peut lui en vouloir? Personne n'est immunisé contre les charmes et l'attention d'une personne qui nous attire, et Delila, j'en suis certain, devait être une sacrée femme!

Lorsque nous oublions de tirer notre force de Dieu et que nous l'abandonnons ou nous laissons aller, les conséquences sont presque toujours très dommageables pour nous. Cependant, nos échecs ne sont jamais la fin de notre histoire. Ils font simplement partie de notre condition humaine et de notre retour vers Christ, vers notre véritable chez-nous.

Samson a fini attaché, aveuglé et enchaîné. Mais l'histoire ne s'achève pas là. Sa puissance et sa réussite étaient plus grandes lorsque l'Esprit de l'Eternel venait sur lui (cf. Juges 14.6, 19; 15.14). La dernière fois que cela s'est produit, «les cordes qu'il avait aux bras devinrent pareilles à du lin brûlé par le feu et ses liens tombèrent de ses mains» (Juges 15.14).

C'est ainsi que les choses se passent lorsque nous nous soumettons à Christ et que nous recherchons sa présence dans notre vie. Dieu nous aide à laisser nos faiblesses, nos mauvaises habitudes, nos obsessions et nos dépendances derrière nous. Nous en avons tous. Ce qu'il a accompli de manière physique dans l'Ancien Testament, Dieu le fait dans le domaine spirituel dans le Nouveau Testament: les bras de Christ nous sont toujours ouverts, prêts à nous encourager et à nous fortifier contre les flèches de la vie qui cherchent à nous faire du mal. Il dénoue tendrement les liens qui nous retiennent.

- - - -
1   Juges 16.4-21

Recherchez d'abord le royaume et la justice de Dieu, et tout cela vous sera donné en plus.

Matthieu 6.33

11. Définir le pardon

Lorsque Jésus a lavé les pieds de ses disciples, il ne s'est pas contenté de leur montrer ce que signifiait avoir de l'amour pour eux; il leur a également montré ce qu'est le pardon. Alors qu'il se dirigeait vers les pieds de Pierre, ce dernier s'est opposé à ce qu'il allait faire. Mais la réponse de Jésus a été catégorique: «Si je ne te lave pas, tu n'auras pas de part avec moi» (Jean 13.8).

Ces paroles adressées à Pierre sont belles. Et le disciple, fidèle à lui-même, a rapidement changé d'avis pour demander à Jésus de le laver tout entier! Pierre était une personne de nature impulsive et spontanée. Mais qui lui reprocherait cette réponse? «Pardonne-moi tout entier! Lave-moi au-dedans et au-dehors. Je veux tout.»

L'intention du Seigneur était claire: notre besoin le plus essentiel est le pardon. Si nous plaçons notre foi en lui, il nous rend complètement purs. Laissons-le laver nos pieds! Jésus sait ce dont nous avons réellement besoin.

Si nous reconnaissons nos péchés, il est fidèle et juste pour nous les pardonner et pour nous purifier de tout mal.

1 Jean 1.9

Ne vous lassez donc jamais de revenir à Christ chaque jour pour qu'il vous accorde son pardon. Ne laissez pas vos pieds se salir trop longtemps! Dès que nous chutons, nous devrions immédiatement demander à Dieu de nous pardonner, de nous laver et de nous restaurer. C'est précisément l'objectif de la venue de Jésus sur la terre.

12. Qu'est-ce que l'amour?

Les beaux mensonges de la société sur l'amour peuvent être faciles à croire. On nous dit qu'il a un rapport avec le fait d'être connu (je suis célèbre, donc on m'aime) ou avec le sexe (je plais, donc, on m'aime); qu'il est une forme de dépendance (je ne peux pas faire sans, donc ce doit être de l'amour). Rien de cela n'est vrai. Pour savoir ce qu'est réellement l'amour, nous devons le voir en action.

Dans les quelques heures qui ont précédé son arrestation, Jésus mangeait avec ses amis. A un moment donné, il s'est levé, a enlevé sa tunique, et, comme un esclave, a lavé les pieds des autres. Les routes de la région étaient des chemins de terre; dans un foyer assez riche, le deuxième esclave le moins bien considéré avait pour tâche de détacher les sandales des visiteurs. Et le moins bien considéré leur lavait les pieds. C'était donc alors (et c'est encore aujourd'hui) un renversement complet de l'ordre hiérarchique.

Une fois cette tâche accomplie, Jésus leur a posé une question:

Comprenez-vous ce que je vous ai fait?

Jean 13.12

Cette question est lourde de sens.

Comprenons-nous que l'amour n'a rien à voir avec ce que l'on peut obtenir mais concerne ce que l'on peut donner? Comprenons-nous que l'amour consiste à considérer les autres comme méritant mieux que nous-mêmes? Aimer, c'est aller toujours plus loin dans la douceur, dans l'humilité et dans le don de soi.

Force spirituelle

Nous ne pourrons jamais aimer parfaitement. Et lorsque je défi-
nis l'amour de cette manière, je me rends compte que j'en suis bien
loin. Mais la foi et l'amour sont des voyages. Et la main de Jésus est
toujours dans la nôtre, nous guidant toujours dans la douceur et
dans l'amour. Nous ne sommes jamais seuls.

13. Une grâce infinie

Jeune homme, John Newton n'était pas très fan de l'Eglise, ni
même de Dieu. C'était un athée militant violent et blasphémateur.
A 18 ans, il a été forcé de rejoindre l'armée, où il a enfreint tant de
règles qu'il a publiquement été fouetté pour désertion.

Il a ensuite été un marchand d'esclaves de la pire espèce. Il était
haï et détesté de ses pairs. Il travaillait et vivait dans la mort et la
cruauté. C'était un jeune homme indomptable et en colère.

Enfin, alors qu'il avait 23 ans, son bateau a manqué de faire
naufrage dans une sévère tempête non loin des côtes d'Irlande.
Alors que le navire s'enfonçait dans les eaux, Newton sentait la
mort s'approcher. Il a finalement appelé Dieu à l'aide, le suppliant
de lui porter secours. Le Seigneur a répondu à sa prière et l'a sauvé.
Au fond de lui-même, Newton a compris cela.

Sa vie a complètement changé. Il s'est joint à William
Willberforce dans sa campagne d'abolition de l'esclavage, et il est
devenu une influence de premier ordre dans son œuvre. Sa vie a
été transformée et guérie.

Aujourd'hui, on se souvient de Newton comme étant l'auteur de
l'hymne «Amazing Grace»: «A travers labeurs, fardeaux, soucis,
déjà je suis passé. De Dieu, la grâce m'a jusqu'ici soutenu, consolé.»
Dieu nous sauve, nous fait grâce, il nous libère de tout danger et
nous protège de tout mal.

Il m'a mis au large, il m'a sauvé, parce qu'il m'aime.

2 Samuel 22.20

C'est l'histoire de la foi. Jésus a toujours été prêt à nous secourir. C'est sa manière habituelle d'agir.

14. Un pardon abondant

Je sais que je ne comprendrai jamais pleinement Dieu, mais Jésus ne laisse planer aucun mystère quant à la bonne manière de l'approcher: si nous voulons grandir en solidité et en spiritualité, nous devons nous détourner de ce qui nous sépare de sa lumière. «Je suis la lumière du monde. Celui qui me suit ne marchera pas dans les ténèbres, mais il aura au contraire la lumière de la vie» (Jean 8.12), a-t-il déclaré.

Mais nous détourner des ténèbres ne suffit pas: nous devons également nous tourner vers la lumière.

Qu'il retourne à l'Eternel: il aura compassion de lui.
Qu'il retourne à notre Dieu, car il pardonne abondamment.

Esaïe 55.7

Aussi loin de lui que nous soyons allés, aussi fréquemment que nous ayons chuté, Dieu nous pardonnera. C'est dans sa nature. «Il pardonne abondamment» (cf. Esaïe 55.7).

Je ne sais que trop bien à quel point mes fautes sont nombreuses, mais je sais aussi à quel point je suis aimé par Dieu. C'est la grande grâce qu'il déploie envers moi. Et lorsque je doute de cette grâce, je lis les paroles de Paul:

En réalité, c'est lui qui nous a faits; nous avons été créés en Jésus-Christ pour des œuvres bonnes que Dieu a préparées d'avance afin que nous les pratiquions.

Ephésiens 2.10

Notre vie a un sens, notre histoire a de l'importance, nos rêves comptent, et notre voix aussi. Nous sommes nés pour avoir un impact. Nous pouvons croire que Dieu nous aidera à avancer sur le chemin. Il l'a minutieusement planifié. Ayez la certitude qu'il est bon et continuez à avancer, avec le courage et l'assurance qu'il procure!

15. Plier le genou

J'ai entendu un jour que l'arrogance consiste à ne pas voir notre besoin de pardon. C'est vrai: aucun homme, aucune femme, par le passé ou dans le présent, n'a vécu sans commettre une seule erreur, sans dire une mauvaise parole ou sans avoir eu une pensée impure. Nous sommes des personnes imparfaites. Et nous en rendre compte représente le premier pas vers la lumière. C'est la raison pour laquelle j'aime l'honnêteté brute de ce verset: «Jésus-Christ est venu dans le monde pour sauver des pécheurs. Je suis moi-même le premier d'entre eux» (1 Timothée 1.15).

Jésus a toujours été une personne qui transforme les existences. Il change tout: il transforme notre culpabilité et notre honte en liberté et en amour. Nous le voyons continuellement dans sa vie, en particulier avec Pierre. Les erreurs continuelles de ce disciple ne l'ont jamais séparé de lui. Chaque fois que Pierre a reconnu ses erreurs et a demandé pardon, il a été accueilli et a reçu son pardon avec encore plus de joie. C'est ainsi que cela fonctionne.

Longtemps avant sa naissance, Esaïe écrivait une merveilleuse et puissante description de la manière dont notre vie allait être transformée par Jésus:

> Oui, vous sortirez dans la joie et vous serez conduits dans la paix. Les montagnes et les collines éclateront en cris de joie devant vous et tous les arbres de la campagne battront des mains. Au lieu des buissons épineux poussera le cyprès, au lieu de l'ortie poussera le myrte.
>
> Esaïe 55.12-13

L'amour de Jésus est ce qu'il y a de plus puissant sur cette terre. Les ronces deviennent des arbres. La mort se transforme en vie. L'échec tourne au triomphe. Mais tout cela commence par l'humilité de reconnaître notre besoin de sa présence, de son pardon et de son soutien.

Alors, plions le genou ensemble!

16. Des épines au côté

Nous avons tous des sujets de lutte, des échardes. J'en ai tant que cela n'en est même plus drôle. Paul avait, lui aussi, de réels combats à remporter. Voyez donc ce que dit ce grand apôtre:

> Je ne comprends pas ce que je fais: je ne fais pas ce que je veux et je fais ce que je déteste.
>
> Romains 7.15

Et c'est un combat continuel pour lui:

Je découvre donc cette loi: alors que je veux faire le bien, c'est le mal qui est à ma portée. En effet, je prends plaisir à la loi de Dieu, dans mon être intérieur, mais je constate qu'il y a dans mes membres une autre loi; elle lutte contre la loi de mon intelligence et me rend prisonnier de la loi du péché qui est dans mes membres.

Romains 7.21-23

Le fait que Paul a connu de telles luttes me rassure énormément. La Bible nous apprend que dès le jardin d'Eden, les hommes se sont détournés de la bonté et de la lumière. C'est dans notre nature humaine, et nous avons tous chuté.

«Dieu a-t-il vraiment dit...?» demande le serpent en Genèse 3.1. Voilà les doutes et les fausses vérités.

«Vous ne mourrez absolument pas», a-t-il dit à Eve, plantant dans son esprit une nouvelle graine de doute. Et nous ne sommes pas différents d'Adam et d'Eve. Avant d'avaler le fruit défendu, nous avalons un mensonge au sujet de Dieu. Tout en perdant notre paix, nous commençons à douter encore plus. Et cela ne fait que rendre le mensonge encore plus séduisant.

Cependant, il existe toujours un moyen de revenir en arrière. Nous pouvons retrouver notre paix en revenant dans la présence de Christ et en y restant, en nous y accrochant. Concentrez-vous sur la lumière! C'est ainsi que le voyage de la foi se déroule.

17. Au plus bas

Si Jésus était sans péché, pourquoi a-t-il permis à Jean-Baptiste de le baptiser?

Jean s'est posé la même question: «C'est moi qui ai besoin d'être baptisé par toi, et c'est toi qui viens vers moi?» s'est-il étonné (Matthieu 3.14). Il savait que Jésus n'avait aucun péché à laver. Mais ce dernier a insisté.

L'endroit de son baptême n'est pas sans importance. Le Jourdain débouche dans la mer Morte. A plus de 396 mètres au-dessous du niveau de la mer, c'est officiellement le fleuve le plus bas. Lorsque Jésus a été plongé sous la surface, il était donc sous le point le plus bas de la terre, plus bas que n'importe qui d'autre sur cette planète. Tout cela est merveilleusement bien pensé! Le salut impliquait que Jésus descende au plus bas, qu'il porte les pires horreurs de l'humanité, qu'il se trouve sous cette pile de mal, comme un roi serviteur. Le fait qu'il a été baptisé à cet endroit était symbolique. La Bible dit que le ciel s'est ouvert et qu'une voix s'est fait entendre:

> Celui-ci est mon Fils bien-aimé, qui a toute mon approbation.
>
> Matthieu 3.17

Une colombe est descendue. Jésus est sorti de l'eau. Son ministère et sa mission avaient désormais commencé, et tout s'est déroulé à l'endroit exact où Dieu l'avait prévu.

18. Ses ambassadeurs

Paul dit que nous sommes des «ambassadeurs pour Christ» (2 Corinthiens 5.20). C'est un immense privilège: les ambassadeurs représentent leur souverain ou leur pays en terre étrangère. Mais ils n'agissent jamais seuls. Leur autorité et leur pouvoir leur viennent de leur gouvernement. Ils agissent comme des porte-parole de leur nation et de ses volontés.

De même, en tant qu'ambassadeurs pour Christ, nous ne pouvons pas agir en solo. Nous devons puiser chaque jour de l'eau fraîche à notre source. Si nous voulons être efficaces et avoir la force de faire notre devoir, nous devons rester près de Christ.

Ayez recours à l'Eternel et à sa force,
recherchez constamment sa présence!

Psaume 105.4

Jésus nous a donné pleine autorité sur les démons et les nations (cf. Luc 9.1). C'est ce qu'il dit lui-même. Quelle que soit la chose que nous demandons en son nom, il nous la donnera (cf. Jean 14.13): déplacer des montagnes, guérir des vies, réparer des relations brisées... L'amour et le pardon peuvent tout changer, et rien n'est impossible à ceux qui se trouvent en Christ.

Je peux tout par celui qui me fortifie.

Philippiens 4.13

En tant qu'ambassadeurs de Christ, marchons humblement, puisons quotidiennement à notre source dans le ciel et soyons ses représentants sur la terre, transmettant sa bonté, sa douceur et son amour.

19. La prise

D'après le gouverneur qui avait le pouvoir de le relâcher, Jésus était complètement innocent. «Je ne trouve chez cet homme aucun motif de le condamner» (Luc 23.4; cf. v. 14). Or, la foule souhaitait libérer Barabbas, le meurtrier, et mettre Jésus à mort. Impossible de faire changer d'avis l'élite religieuse. Alors, l'innocent a été condamné à la crucifixion, tandis que le coupable a été libéré.

Le symbolisme du procès et de la crucifixion de Jésus est très clair: Jésus l'innocent est mort pour que nous, les pécheurs qui avons fauté plus encore que nous ne sommes en mesure de nous en souvenir, puissions être délivrés.

Les seules fautes qui lui étaient imputées étaient les nôtres: nos péchés.

Alors qu'il était cloué sur une croix en bois, après avoir été battu, fouetté et blessé jusqu'au sang, Jésus a crié:

> Père, pardonne-leur, car ils ne savent pas ce qu'ils font.
>
> Luc 23.34

C'était en votre nom, en mon nom qu'il parlait. Et s'il est bel et bien ce qu'il a affirmé être, c'est-à-dire le Sauveur du monde, ces paroles sont les plus belles et les plus merveilleuses ayant jamais été prononcées.

20. La grâce, pas la religion

A l'époque de Jésus (ainsi que bien trop souvent aujourd'hui), les personnes religieuses pensaient qu'elles devaient rester loin des pécheurs. Il n'est donc guère surprenant qu'elles l'aient tant méprisé: il a passé sa vie à faire tomber les barrières, à aller vers d'autres parties de la société, abattant les frontières liées aux classes, au mode de vie et à la position sociale. Mais par-dessus tout, il a passé la grande majorité de sa vie avec les gens méprisés, marginaux et opprimés, c'est-à-dire précisément les gens que les chefs religieux tentaient d'éloigner d'eux.

C'est pour cette raison que, confronté à une femme au style de vie peu recommandable, Jésus savait qu'elle n'avait pas besoin de leçon de morale; elle avait besoin d'amour, de compassion et de bonté, comme nous tous. Et c'est très exactement ce qu'il lui a donné:

> Celui qui boira de l'eau que je lui donnerai n'aura plus jamais soif.
>
> Jean 4.14

Nous avons tous fait des erreurs ou des choses dont nous avons honte. Cependant, la relation d'acceptation et de pardon qui a été offerte à la femme Samaritaine sous une chaleur cuisante près d'un puits nous est offerte, à nous aussi. Jésus n'est pas venu nous condamner; il est venu pour nous rendre la vie. C'était un message que l'élite religieuse ne pouvait pas accepter. Mais il a déclaré: «Je désire la bonté, et non les sacrifices» (Matthieu 9.13).

> Jésus n'est pas venu nous condamner;
> il est venu pour nous rendre la vie.

21. Volontaires, humbles et courageux

Josué et Rahab ne pouvaient pas être plus à l'opposé l'un de l'autre: l'un était un chef à la tête de la nation d'Israël; l'autre était une prostituée. Mais Dieu ne regarde pas nos titres, nos succès ou nos échecs; il voit notre cœur, et il utilise les personnes qui sont volontaires et humbles.

Lorsqu'un ange lui est apparu, Josué a enlevé ses sandales et est tombé face contre terre (Josué 5.13-15). Et lorsqu'elle a rencontré deux espions envoyés par Josué pour explorer la ville où elle vivait, Rahab les a accueillis avec bonté et bienveillance (cf. Josué 2).

Il y a des moments dans la vie où nous devons nous agenouiller pour contempler Dieu. Et il y a des moments où nous devons prendre un risque et nous tenir debout, prêts à lutter pour le bien. Des siècles après Josué et Rahab, l'auteur de la lettre aux Hébreux souligne leur caractère:

> C'est par la foi que les murailles de Jéricho sont tombées. [...] C'est par la foi que Rahab, la prostituée, n'est pas morte avec les non-croyants, parce qu'elle avait accueilli les espions avec bienveillance.
>
> Hébreux 11.30-31

Ce ne sont pas les capacités militaires de Josué qui lui ont permis de remporter la victoire, et le passé de Rahab n'a pas empêché Dieu de l'utiliser. Ce qui importait à ses yeux, c'était leur volonté, leur humilité de cœur et le fait qu'ils étaient prêts à prendre un risque. Ils ont tous les deux eu le courage de faire confiance à Dieu et de dire oui à tout ce qu'il leur demandait de faire. Ces deux personnes sont de véritables modèles dans notre voyage de la foi.

22. Une question de point de vue

J'ai lu l'histoire d'un critique d'art qui se tenait dans une galerie, observant une peinture de Marie avec l'enfant Jésus sur ses genoux. Dans son ouvrage *The Vision and the Vow*, Pete Greig décrit la manière dont cet homme a admiré les capacités artistiques du peintre, tout en trouvant beaucoup à redire concernant les proportions.

Il n'était d'ailleurs pas le premier à faire un tel reproche à cette peinture. Cependant, alors qu'il l'observait, il a eu une révélation: et si elle n'avait jamais été destinée à être placée dans une galerie mais uniquement dans un lieu de prière? Il s'est alors agenouillé et a vu ce que des générations de critiques avant lui avaient manqué: une fois à genoux, la peinture prenait tout son sens, et les proportions étaient parfaites.

Ce n'était pas la perspective de la peinture qui n'était pas bonne; c'était le point de vue des personnes qui la regardaient. Et ce n'est qu'une fois à genoux qu'il a pu voir la puissance et la beauté que le peintre avait souhaité véhiculer.[1]

Nous traversons la vie comme des critiques: nous nous tenons debout et nous observons ce qui nous entoure, à la recherche de défauts et d'erreurs. Mais nous n'avons pas été créés dans ce but. Nous avons été créés pour aller au-delà, et nous ne le voyons que lorsque nous sommes à genoux devant Dieu et que nous lui faisons confiance pour notre vie.

> Si quelqu'un me sert, le Père l'honorera.
>
> Jean 12.26

Et qui refuserait la bénédiction du Tout-Puissant sur son existence?

----

1 Pete Greig, *The Vision and the Vow*, Kingsway, 2005

23. De la terreur au triomphe

Je m'interroge parfois sur les similitudes entre Pierre et Judas. Ils faisaient tous les deux partie des proches de Jésus. Ils ont tous les deux marché avec lui alors qu'il entrait à Jérusalem, au moment de sa dernière semaine. Et pendant ces derniers jours, ils l'ont tous les deux trahi. Mais ce sont les différences entre les deux qui sont les plus importantes, en particulier dans la manière de réagir face à l'échec.

Judas a pris la fuite et s'est tragiquement pendu. Pierre est resté près de Jésus, même s'il avait peur. Bien qu'il l'ait publiquement renié dans le but de sauver sa propre vie (et pas une seule fois mais trois), il ne s'est pas caché. Lorsque Jésus est ressuscité, Pierre était là. Il était repentant, et il a pu accueillir son pardon et sa restauration. Cela nous donne à tous un immense espoir: comme pour ce disciple, nos erreurs d'hier peuvent devenir le message d'aujourd'hui, nos épreuves peuvent devenir notre témoignage. Et comme lui, nous n'avons plus rien à craindre:

> Par sa mort, il a pu rendre impuissant celui qui exerçait le pouvoir de la mort, c'est-à-dire le diable, et libérer tous ceux que la peur de la mort retenait leur vie durant dans l'esclavage.
>
> Hébreux 2.14-15

Ils sont nombreux, ceux qui battent en retraite, et la crainte que certains ont face à la mort est parfois monumentale. Mais ce n'est pas irrémédiable: l'emprise exercée par ce qui fait notre terreur a été détruite. Tout comme Pierre, nous pouvons nous lever et continuer à avancer, notre main dans celle de Christ, remplis d'une nouvelle énergie.

24. Une vie riche

Si nous tournons notre cœur vers Dieu et que nous lui demandons sa présence, quelque chose se produit: cela peut prendre du temps, mais, tout comme les racines d'un arbre recherchent l'eau qui lui permet de vivre sous la surface, nous sommes graduellement transformés. Les racines s'enfoncent profondément à la recherche d'eau, et les branches s'élèvent vers la lumière.

Nous ne sommes pas différents: l'eau, ce sont les promesses de Christ pour notre avenir; la lumière, c'est sa présence dans notre vie. C'est une manière belle et naturelle de mener une existence positive.

Si nous choisissons de vivre avec Christ, nous n'avons pas besoin de nous évertuer à rechercher l'amour et l'approbation ailleurs. Nous comprenons que notre statut n'a rien à voir avec notre réussite, nos richesses, nos possessions, nos victoires ou notre influence. Nous avons déjà trouvé le véritable sens de notre existence et une vraie relation, lorsque nous avons hérité de la riche présence de Dieu lui-même.

C'est ce que Jésus voulait dire lorsqu'il a prononcé les paroles suivantes:

> Moi, je suis venu afin que les brebis aient la vie et qu'elles l'aient en abondance.
>
> Jean 10.10

La présence de Dieu est la seule chose dont nous ayons réellement besoin dans notre vie.

> La présence de Dieu est la seule chose dont nous ayons réellement besoin.

25. L'eau en vin

Lorsque j'étais enfant et que je devais me rendre à l'église de temps à autre, il m'était facile de supposer que la vie de foi impliquait de devenir quelqu'un de sombre, terne et austère. Lorsque j'ai découvert ce qu'était la véritable foi, j'ai été très surpris de découvrir que les voies de Christ étaient en réalité une aventure radicale et vivifiante, qui transforme l'eau ennuyeuse en vin enivrant.

En réalité, si j'avais mieux observé la vie de Jésus, je l'aurais deviné: il transformait les vies partout où il se rendait. Et nous sommes appelés à tirer nos ressources de lui et à propager l'amour, la lumière et le rire.

Le premier miracle de Jésus a permis de sauver une cérémonie de mariage qui tournait à la catastrophe. Il l'a transformée en en faisant la plus belle fête de tous les temps! Il ne s'est pas contenté de sauver le marié de l'humiliation provoquée par le manque de boisson; il s'est assuré que les invités reçoivent le meilleur vin qu'ils aient jamais bu. Et il n'a pas manqué.

> Tout homme sert d'abord le bon vin, puis le moins bon après qu'on s'est enivré; mais toi, tu as gardé le bon vin jusqu'à présent!
>
> Jean 2.10

Cela ressemble bien à Jésus, n'est-ce pas? Il nous surprend toujours et nous pousse à remettre en question nos idées historiques et préconçues sur la manière dont Dieu agit. N'est-ce pas dans son caractère de transformer une cérémonie de mariage (et, sans aucun doute, toutes les années de mariage qui ont suivi) pour le meilleur?

Jésus transforme l'eau de la vie sans lui en un vin plein de vie avec lui. Il transforme la peur et l'échec en courage et en victoire. Et n'est-il pas fantastique que son premier miracle n'ait pas été quelque chose de terne mais d'extravagant, d'audacieux et d'amusant? Je peux presque me l'imaginer adresser un clin d'œil à sa mère en train de danser avec les autres convives, dans le rire et la joie d'une fête qui bat à nouveau son plein!

26. Planifier, mais pas trop

Lorsque nous sommes très occupés, lorsque nous avons beaucoup de travail, il est naturel de commencer à planifier les choses. Cependant, si nous devons faire des plans pour notre vie, nous devons nous souvenir de les faire avec humilité.

Vous connaissez peut-être l'expression: si vous voulez faire rire le Seigneur, élaborez des projets. La sagesse nous invite à nous concentrer d'abord sur notre cœur et ensuite seulement sur nos idées. Nous devons faire attention à notre relation avec le Père plus qu'à la réussite de nos plans. Certains fonctionneront, d'autres seront déjoués. C'est normal! Ne nous acharnons pas trop à les faire fonctionner: ce qui importe, c'est notre marche avec le Père.

Pour ma part, j'ai énormément à apprendre dans ce domaine. J'ai souvent accordé beaucoup plus d'importance à mes plans qu'au reste, et j'ai laissé mes sentiments évoluer en fonction de leur réussite ou de leur échec. Aujourd'hui, je ne me soucie que peu de l'aboutissement de mes projets. Oui, j'en fais toujours, mais je ne m'inquiète plus à propos de leur réussite. Je sais que Christ navigue bien mieux que je ne saurai un jour le faire.

L'auteur des Proverbes disait déjà:

> Le cœur de l'homme peut méditer sa voie, mais c'est l'Eternel qui dirige ses pas.
>
> Proverbes 16.9

Notre rôle, c'est de rester calmes, courageux et confiants.

27. La paix intérieure

Comment pardonner aux personnes qui nous ont fait du tort, à nous, ou à ceux que nous aimons? La réponse se trouve partout dans la Bible, ainsi que dans de nombreux autres ouvrages ou chansons: le pardon mène à la paix. A l'inverse, le refus de pardonner nous dévore.

L'hymne lyrique écrit par un évêque ayant vécu il y a plus d'un siècle disait: «Paix, douce paix, mes péchés ne sont plus, tous effacés par le sang de Jésus.»[1]

Cette paix fait fondre les cœurs de pierre. Je le sais par expérience.

Les mots que la Bible utilise pour désigner la paix sont bien plus forts qu'une simple absence d'hostilité. Ils portent une dimension de plénitude, de calme, de bien être, d'union avec Dieu et de toute autre forme de bénédiction et de bonté qui en découle. C'est une paix qui dépasse tout ce que l'on peut comprendre (Philippiens 4.7).

La paix véritable dépasse à la fois notre capacité de gérer l'avenir et notre inquiétude à son sujet. C'est en elle que réside notre possibilité de chasser la souffrance, la colère et le ressentiment que nous entretenons contre les personnes qui nous ont fait du mal.

----

1 Edward Henry Bickersteth, «Peace, Perfect Peace, in This Dark World of Sin?», https://hymnary.org/hymn/AM2013/764. Dans l'original, le chant dit littéralement: «Paix, parfaite paix, dans ce monde de ténèbres et de péché. Le sang de Jésus murmure: 'Paix!' dans notre cœur.» (ndlt)

Nous pardonnons car nous avons reçu le pardon divin. Et nous pardonnons parce que, si nous ne le faisons pas, nous n'avons pas de paix. C'est loin d'être facile, en particulier lorsque la souffrance est profonde, mais la douce voix de Christ nous dirige toujours vers la grâce et la bonté, la même grâce et la même bonté que celles qu'il nous a lui-même témoignées:

> Que la paix de Christ, à laquelle vous avez été appelés pour former un seul corps, règne dans votre cœur.
>
> Colossiens 3.15

Il n'existe pas de hiérarchie des blessures, pas plus qu'il n'existe de limites à l'amour de Dieu, aux profondeurs qu'il peut atteindre ou au nombre de fois qu'il nous pardonne.

28. Oui ou non?

Professeur émérite de philosophie de la London University, C.E.M. Joad n'était pas croyant. Cependant, lorsqu'on lui a demandé, lors d'une émission radio, quelle figure historique il aurait le plus aimé rencontrer, il a répondu sans hésiter une seule seconde: «Je voudrais rencontrer Jésus-Christ, et lui poser la question la plus importante au monde: 'Es-tu ressuscité, oui ou non?'»[1]

Si Jésus est bel et bien ressuscité, cela change tout. Cela signifie que toute parole, toute revendication et toute déclaration dont il s'est fait l'auteur étaient vraies: il est venu apporter la vie, sauver ceux qui sont perdus et nous faire connaître le Père. Il est

- - - - -
1 Cité dans Nicky Gumbel, *30 Days: A Practical Introduction to Reading the Bible*, Alpha International, 1999

venu nous libérer de la religion et de ses règles. Il veut que nous vivions dans une forme de tranquillité. Il veut que nous déplacions les montagnes et que nous guérissions les malades. Il veut que nous soyons tous ses enfants. Enfin, il nous protégera de tout.

Mais tout cela dépend de sa résurrection. En effet, s'il n'est pas ressuscité, tout ce qu'il a affirmé à son propre sujet est faux.

C.S. Lewis l'a exprimé ainsi:

> Un homme qui ne serait qu'un homme et qui tiendrait les propos que tenait Jésus ne serait pas un grand professeur de morale. Ce serait soit un fou, tel l'individu affirmant qu'il est un œuf poché, soit le Démon des enfers. Il vous faut choisir: ou bien cet homme était et reste le Fils de Dieu, ou bien il ne fut rien d'autre qu'un aliéné ou pire encore.[1]

Mais s'il est réellement ressuscité, comment cela a-t-il pu se produire?

Il est difficile d'argumenter contre la résurrection. J'ai moi-même essayé. Beaucoup de grands esprits de notre temps ont essayé. Les preuves dont nous disposons sont toutes si nombreuses à aller dans le même sens que de nombreux experts ont trouvé la foi après avoir tenté de les discréditer.

Ainsi, s'il est bien ressuscité, cela veut dire que ce qui suit est également vrai:

> Et moi, je suis avec vous tous les jours, jusqu'à la fin du monde.
>
> Matthieu 28.20

---

1   C.S. Lewis, *Les fondements du christianisme*, LLB France, 2006 (6ᵉ éd.), p. 66

S'il est avec nous en ce moment – à nos côtés, pour nous défendre et en nous – alors notre journée devrait être remplie de joie et d'assurance!

Jésus est avec nous. C'est une vérité. Gardez-la dans votre cœur.

29. Construire sur le rocher

Beaucoup de gens se forgent leur perception de Dieu en fonction des injustices qu'ils voient autour d'eux. Et très franchement, je les comprends. Les maux de ce monde sont tout bonnement horribles à voir: maladie, pauvreté, emprisonnements injustes. La liste est longue et ne fait que continuer à s'allonger. Mais l'une des choses dont je suis absolument certain, c'est que, le jour du jugement, il n'y aura aucun doute quant à la justice des décisions divines. Tout le monde dira: «C'est tout à fait vrai.» Si Dieu est amour et s'il est parfait, comment ses décisions pourraient-elles être imparfaites ou injustes?

Ce jour-là, Dieu rétablira tout. C'est la promesse qu'il a faite. Quelles que soient les épreuves que nous avons à rencontrer dans cette vie, quelle que soit la quantité de nos fautes, quel que soit le nombre de fois où nous avons été blessés ou négligés, Dieu procédera à une restauration totale. Nos mauvaises compréhensions et nos déceptions, nos aspirations non satisfaites, nos doutes et nos contretemps, nos larmes de peine ou de honte: tout sera remis d'aplomb. Agissons donc avec sagesse. Faisons ce que dit Jésus:

> C'est pourquoi, toute personne qui entend ces paroles que je dis et les met en pratique, je la comparerai à un homme prudent qui a construit sa maison sur le rocher.
>
> Matthieu 7.24

Il n'existe pas de plus grande source d'amour, de pouvoir et de force que les paroles de Jésus. Accrochez-vous à ces paroles, vivez par elles et construisez sur ce rocher!

30. Recommencer à zéro

La Bible est une longue invitation à venir à Dieu. Cela commence dès l'appel, plein d'amour et de douleur à la fois, adressé à Adam: «Où es-tu?» (Genèse 3.9). Et cela se termine par l'invitation de l'Esprit et de l'Eglise qui disent: «Viens!» (Apocalypse 22.17).

Jésus a très souvent invité les autres à le rejoindre: «Venez à moi» (Matthieu 11.28); «Venez aux noces» (Matthieu 22.4); «Si quelqu'un a soif, qu'il vienne à moi et qu'il boive» (Jean 7.37).

Et tout est un don, tout est gratuit. Rien ne peut être obtenu par de bonnes actions.

> Vous tous qui avez soif, venez vers l'eau, même celui qui n'a pas d'argent!
> Venez, achetez et mangez, venez, achetez du vin et du lait sans argent, sans rien payer!
>
> Esaïe 55.1

Alors que nous approchons de la fin de ce parcours dans le pardon au travers de ce livre, revenons au début de la Bible et observons la promesse que Dieu a faite à Jacob:

> Je suis moi-même avec toi, je te garderai partout où tu iras.
>
> Genèse 28.15

Ces paroles retentissent à toutes les époques. Elles sont vraies pour tous partout et en tout temps. C'est l'histoire. C'est son histoire.

> Dieu est avec nous. Il ne nous a jamais abandonnés,
> et il ne nous abandonnera jamais.

LA LIBERTÉ

D'après le navigateur Sir Robin Knox-Johnston, il n'y a pas d'athée dans l'océan Austral[1].

Dans les moments où je me suis senti vraiment seul et apeuré, ma foi chrétienne m'a aidé à avoir de l'espoir et du courage. C'est lorsque je suis le plus faible que la foi m'aide à trouver ma véritable force. Et lorsque je me suis senti piégé, la présence de Christ m'a appris à vivre libre et léger. Mais qu'en est-il de la vie de tous les jours? La foi peut-elle nous aider?

La foi en Christ peut être difficile à décrire. C'est comme quand on tente de décrire la crème glacée ou la nage: une explication ne peut qu'apporter de la confusion. Certaines choses doivent être vécues pour être comprises. Néanmoins, ce que je peux dire de ma foi, c'est que je suis connu par Dieu, aimé de lui et bénéficiaire de son pardon, qu'importe le nombre de mes chutes ou de mes fautes.

J'ai déjà tenté de vivre sans. Et j'y suis parvenu... un moment. Mais seuls, nous ne pourrons jamais être pleinement enrichis. Au fil du temps et de mes nombreuses aventures, j'ai appris que, pour être entier et vraiment vivant, j'ai besoin de la présence pleine de vie que seule la foi peut apporter.

C'est presque comme si, avec les années, j'avais trouvé le courage d'admettre que mon besoin d'une vie d'amour et de foi est plus fort que la fierté qui me pousse à vouloir me débrouiller seul. C'est un moment de prise de conscience, qui demande beaucoup

----
1   Bear Grylls, *A Survival Guide for Life*, Bantam Press Corgi Books, p. 136

d'humilité et de volonté de lâcher prise. Mais c'est le point de départ de toute aventure.

Certains disent que la foi est une béquille. Or, que fait une béquille? Elle vous aide à tenir debout, et elle vous procure une arme pour combattre. (J'aime beaucoup cette analogie.) Je comprends, au fil du temps, que j'ai de plus en plus besoin de cette force, chaque jour, pour affronter les batailles de l'existence et pour gravir les montagnes que nous avons tous à gravir.

La foi, cependant, n'a rien à voir avec la religion. J'ai rencontré de nombreuses personnes opposées à la religion, et je les comprends: j'ai toujours ressenti la même chose. Jésus aussi, ironiquement. Il était le moins religieux de tous, le plus libre, et le caractère le plus indomptable que j'aie jamais vu. Il aimait participer à des fêtes et fréquenter ceux qui étaient méprisés par le reste de la société, les gens farouches et les marginaux.

Karl Barth aurait dit: «Jésus-Christ est venu détruire la religion humaine.» J'aime beaucoup cette idée.

Il semble que les seules personnes qui ont provoqué la colère de Jésus, c'étaient les hypocrites religieux.

La foi, en revanche, représente une véritable aventure. Marcher dans la foi chaque jour de notre existence demande beaucoup de courage. Souvent, cela correspond au chemin le plus difficile à suivre. Cependant, la vie et mes aventures en pleine nature m'ont appris que le parcours le plus difficile est généralement le plus enrichissant.

Lorsqu'il faut plier silencieusement le genou et demander à Dieu de nous accompagner de sa présence, de fortifier notre esprit et de nous mener vers la lumière, eh bien, nous n'avons rien à perdre et tout à gagner. C'est la grâce. C'est la liberté.

1. Donner!

J'ai très souvent endurci mon cœur et fermé les mains devant la pauvreté et le besoin. Combien de fois je me suis contenté de baisser la tête et de contourner quelqu'un! J'ai très souvent mal agi, dans ce domaine.

Jésus a toujours encouragé les autres à avoir le cœur sur la main, à donner généreusement, à ne pas juger et à ne pas voir les choses avec cynisme. Nous ne sommes pas appelés à juger; nous sommes appelés à donner.

Jésus a dit: «Lorsque tu organises un festin, invite au contraire des pauvres, des estropiés, des boiteux, des aveugles, et tu seras heureux» (Luc 14.13-14).

C'est toujours une grande source d'inspiration, lorsque nous pouvons voir à l'œuvre des personnes qui consacrent véritablement leur vie au service des autres. Ce sont des héros, ces gens qui sacrifient discrètement leurs propres besoins afin de donner la priorité aux besoins des personnes les plus vulnérables de notre société.

Lorsque nous considérons notre argent comme le puissant outil qu'il peut être (et non comme une récompense), nous sommes libérés de nombreuses inquiétudes qui peuvent démolir les autres.

> Tu lui feras des cadeaux tirés [...] de ce que tu auras grâce à la bénédiction de l'Eternel, ton Dieu.
>
> Deutéronome 15.14

Ne tombons jamais dans le piège très facile de l'amour de l'argent et de l'exploitation des autres; au contraire, tentons d'utiliser notre argent à bon escient et d'aimer les autres. C'est ainsi que nous sommes censés agir.

2. Un guide de conduite

La liberté n'a rien à voir avec les règles; pourtant, sans règles, il est impossible d'être libre.

Tout comme les règles instaurées pour le football n'enlèvent rien à la passion et au plaisir que l'on a de jouer, celles qui ont été instaurées par Dieu permettent au jeu de la vie d'être pleinement vécu. Imaginez votre jeu ou votre sport préféré sans aucune règle: cela ne pourrait pas être amusant. Ce serait le chaos, le carnage, et cela se terminerait sans aucun doute dans la violence et la frustration. Ainsi, dans cette vie d'amour et de foi, comment parler de liberté sans parler de règles bien pensées pour nous protéger et nous rendre plus forts?

Les règles mises en place par Dieu servent tout simplement à nous attirer à lui, à nous attirer vers la vie et le bonheur. Leur obéir ne peut en aucun cas nous procurer le salut. Si nous sommes sauvés par Christ, cela n'a rien à voir avec nos bonnes œuvres ni avec notre respect des règles. Etre considérés comme fils et filles de Dieu est un don, pas une récompense.

Les limites qu'il nous donne sont un guide pour notre vie, et elles nous sont données parce qu'il nous aime. Ces frontières n'ont pas été créées pour restreindre notre liberté. Au contraire, elles existent pour nous donner la liberté de vivre passionnément, avec amour, force, courage et bonté.

Avec Christ, nous ne sommes plus tenus par des traditions et des coutumes. Nous sommes rendus libres d'être ce que Dieu souhaitait que nous soyons: merveilleux et beaux.

C'est pourquoi le conseil qu'il nous donne est très important pour nous:

Retiens mes paroles
et garde mes commandements avec toi!

Retiens mes commandements et tu vivras.
Garde mon enseignement
comme la prunelle de tes yeux!
Attache-les sur tes doigts,
écris-les sur la table de ton cœur!

Proverbes 7.1-3

Pareil à un guide qui est le seul à connaître le bon chemin, Dieu est le seul capable de nous guider dans l'existence. Il est celui qui sait où se trouvent les trous et les dangers, et il est la voix que nous pouvons écouter avec assurance.

3. Comme des enfants

Le poste d'ambassadeur en chef du mouvement scout est le meilleur que j'aie jamais occupé. Je n'ai qu'un rôle: inspirer et encourager les jeunes à vivre à fond et à comprendre le pouvoir de l'amitié, de l'aventure et des valeurs positives de la vie. Toute personne déjà passée par les scouts est au courant de l'incroyable impact que peuvent avoir des enfants qui s'amusent. C'est une réalité incroyablement belle.

Cependant, peu de gens voyaient le monde de cette manière, il y a deux mille ans. Jésus est né dans une société qui ne se souciait que peu des enfants. Cela rend la manière dont il les traitait encore plus remarquable.

«Le royaume de Dieu est pour ceux qui leur ressemblent», a-t-il signalé en les prenant dans ses bras (Marc 10.14).

En fait, d'après Jésus, qui que nous soyons et quel que soit notre âge, si nous voulons vivre dans le royaume de Dieu, nous avons tous à apprendre des enfants.

Je vous le dis en vérité: celui qui n'accueille pas le royaume de Dieu comme un petit enfant n'y entrera pas.

Marc 10.15

Jésus ne dit pas que nous devrions ressembler à des enfants dans tous les domaines. Nous ne sommes pas censés nous laisser aller à des caprices enfantins ou nier la responsabilité de nos actes. Cependant, comme des enfants, nous sommes censés être ouverts, réceptifs et honnêtes sur nos sentiments.

Les enfants sont pour nous de véritables modèles dans le sens où ils expriment librement leurs émotions, ils jouent librement, ils sont librement honnêtes et vulnérables et ils voient librement le monde autour d'eux avec émerveillement et reconnaissance. C'est sans aucun doute ce que Jésus souhaite pour nous.

4. Forts jusqu'à la fin

Nous vivons une époque extraordinaire. Il y a tant de bonté dans le monde, mais aussi tant de méchanceté! S'il y a un moment où les hommes et les femmes de foi devraient faire briller la lumière de l'espoir, de l'amour et de la vérité là où ils se trouvent, c'est bien maintenant.

Jésus savait qu'à l'avenir, les choses allaient s'assombrir. Après avoir été fouetté presque jusqu'à la mort, il a été conduit au lieu de sa crucifixion. Alors qu'il croulait sous le poids de la croix qu'il portait, certaines femmes ont commencé à pleurer pour lui. Il s'est alors tourné vers elles et leur a dit de cesser de pleurer (Luc 23.28). Il ne fallait pas ajouter au drame de ce qu'il vivait. Il savait tout simplement que le pire était à venir. Il savait que des moments difficiles attendaient encore le monde.

Aujourd'hui, un grand défi nous attend, que nous soyons témoins de bonnes ou de mauvaises choses qui se passent dans le monde: parviendrons-nous à garder les yeux fixés sur les promesses de Dieu pour notre vie? Suivrons-nous fidèlement les voies de Christ jusqu'à la fin? Ce ne sera pas sans difficultés, mais nous ne serons jamais seuls. Jésus nous promet qu'il sera toujours présent:

> Le défenseur, l'Esprit saint que le Père enverra en mon nom, vous enseignera toutes choses et vous rappellera tout ce que je vous ai dit.
>
> Jean 14.26

C'est là un grand et simple commandement qui nous enseigne comment vivre: sachez que vous n'êtes pas seul(e), que vous êtes aimé(e) au-delà de toute mesure, et laissez-vous submerger par la générosité de Christ.

5. Pas de pression du groupe

J'aime beaucoup une histoire que j'ai lue récemment au sujet d'une femme de 104 ans à qui l'on a demandé quel était le meilleur avantage d'avoir son âge.

«L'absence de pression du groupe», a-t-elle répondu.

Dans la vie, lorsque les gens prennent peur, cela se manifeste de différentes manières. Parfois, ils ressentent une pression incontrôlable qui les pousse à tenter de s'intégrer, de se conformer aux autres, de ne pas se laisser dépasser par eux ou de projeter une image parfaite d'eux-mêmes. La peur nous pousse à entrer en compétition avec les autres, à nous sentir supérieurs à eux, à les rabaisser, à nous cacher ou à nous mettre trop en avant. Nous devenons inquiets à l'idée de rater quelque chose ou de ne pas assez bien agir. Toutes ces émotions nous rabaissent et nous volent notre liberté. Et tout cela vient du fait que nous nous sentions seuls, abandonnés ou pas à la hauteur.

L'Evangile de Matthieu commence en disant que Jésus est «Dieu avec nous» (Matthieu 1.23). Et dans son dernier verset, Jésus rappelle à tous ceux qui choisissent de le suivre que rien n'a changé: «Je suis avec vous tous les jours, jusqu'à la fin du monde» (Matthieu 28.20).

Si nous voulons mener une vie libre et enrichie, nous n'avons pas à survivre à tous pour nous sentir libres, comme cette femme de 104 ans. Au contraire, nous pouvons puiser dans l'infinie source de liberté et de force qu'est Christ.

Jamais seuls, toujours affermis, sans pression du groupe, juste de l'amour et de la liberté: c'est le type de vie que Christ nous donne.

> La peur nous pousse
> à entrer en compétition avec les autres,
> à nous sentir supérieurs à eux,
> à les rabaisser, à nous cacher
> ou à nous mettre trop en avant.

6. Pas peur de la faiblesse

A cause de mes nombreuses faiblesses, j'ai souvent l'impression de ne pas être à la hauteur. Mais, parfois, Dieu travaille avec nos faiblesses bien mieux qu'avec ce que nous pensons être nos forces.

Nous le voyons bien dans le cas de Gédéon: choisi par Dieu pour prendre la tête d'une armée, il ne s'est pas senti à la hauteur de la tâche: «Ah! mon seigneur, avec quoi délivrerai-je Israël? Mon clan est le plus faible de Manassé et je suis le plus petit dans la famille de mon père» a-t-il répondu.[1]

Souvent, nos doutes et nos peurs ne surviennent que lorsque nous allons être mis à l'épreuve. Mais notre sentiment de faiblesse n'est pas une barrière pour Dieu. «Je serai avec toi», a-t-il répondu à Gédéon. Et il nous le dit, à nous aussi.

Pour ma part, je tire souvent ma force des paroles de l'apôtre Paul:

> Je me montrerai bien plus volontiers fier de mes faiblesses afin que la puissance de Christ repose sur moi. [...] Quand je suis faible, c'est alors que je suis fort.
>
> 2 Corinthiens 12.9-10

Ne cherchez pas à éviter vos faiblesses et ne les cachez pas non plus! Acceptez-les et utilisez-les devant le Tout-Puissant. Il attend de pouvoir entrer dans notre vie afin de la transformer et de l'enrichir. C'est ainsi qu'il agit toujours, mais uniquement si nous le lui demandons et si nous lui laissons assez de place pour travailler.

La mauvaise confiance en soi est un obstacle que nous rencontrons souvent et qui nous empêche d'avancer dans l'existence. La faiblesse, elle, est en réalité puissante, aussi étrange que cela puisse paraître.

Lorsque nous admettons que nous sommes incapables de mener seuls ces immenses batailles, nous apprenons efficacement à nous reposer sur une puissance plus grande encore. La confiance

----
1 Voir Juges 6.1-15.

en Dieu gagnera toujours face à la confiance en soi. Gédéon le savait, comme l'ont également su de nombreux hommes et femmes de foi dans l'histoire.

7. Le voile entre l'être humain et Dieu

C'est incontestablement l'un des plus beaux moments de l'histoire humaine: Pilate s'est retourné et a regardé Jésus. Couvert de sang, une couronne d'épines s'enfonçant dans son crâne, il ne devait pas représenter une grande menace pour le gouverneur romain qu'il était. J'imagine Pilate s'adresser à lui, sur un ton à la fois méprisant et désespéré: «Ne sais-tu pas que j'ai le pouvoir de te relâcher et que j'ai le pouvoir de te crucifier?» (Jean 19.10).

La réponse de Jésus a été calme et claire: «Tu n'aurais aucun pouvoir sur moi s'il ne t'avait pas été donné d'en haut» (Jean 19.11).

Pour beaucoup, c'était la fin pour Jésus; sa vie avait été un échec. La haine, la jalousie et l'ego avaient eu raison de la compassion, du pardon et de l'amour.

En réalité, la plus grande victoire de toute l'histoire était sur le point d'être remportée. L'homme aux poings liés, celui qui semblait avoir échoué, était sur le point de révéler la source d'une nouvelle vie, d'une nouvelle vision de l'humanité, d'une nouvelle route vers la paix et l'unité:

> Et voici que le voile du temple se déchira en deux depuis le haut jusqu'en bas, la terre trembla, les rochers se fendirent.
>
> Matthieu 27.51

Quelles que soient les luttes que nous rencontrons dans notre vie, essayons de voir au-delà de ce que les autres considèrent comme des échecs et regardons plutôt à Dieu, qui œuvre en coulisses. Choisissons de nous rappeler que parfois, les plus grandes victoires sont remportées dans des circonstances où tout semble perdu.

> Lui le juste, il a souffert pour des injustes afin de vous conduire à Dieu. Il a souffert une mort humaine, mais il a été rendu à la vie par l'Esprit.
>
> 1 Pierre 3.18

Lorsque nous pensons que la vie est dure, rappelons-nous que Christ en sait plus que nous. Levons les yeux: la lumière vient.

8. Le prix de la liberté

Nous sommes souvent incités à acheter notre bonheur. Un peu d'anxiété? Peut-être qu'une petite cure de shopping nous remettra sur pied. En fait, c'est rarement le cas. Il en va de même pour la drogue, les richesses ou les louanges. Souvent, plus nous poursuivons ces choses, les accumulons et en remplissons notre cœur, plus nous avons faim, soif et mal.

> Celui qui aime l'argent n'en sera jamais rassasié et celui qui aime les richesses n'en profitera pas.
>
> Ecclésiaste 5.9

Au lieu de nous délivrer de nos inquiétudes, des prétendues sources de satisfaction de ce genre peuvent, en réalité, provoquer de nouvelles. Si nous voulons vraiment nous sentir renouvelés, c'est à la source que nous devons nous rendre: Dieu. Passer du temps avec Christ est un moyen de faire le plein de tout ce dont nous avons le plus besoin: la force, la joie, la paix, l'amour, le pardon et la direction à suivre.

Il peut être parfois difficile d'aller à contre-courant de la société, mais ce verset me rappelle souvent qui sont les véritables héros de ce monde, et il m'aide à garder le contrôle de mes aspirations:

> Mieux vaut être humble avec les gens modestes que de partager un butin avec les orgueilleux.
>
> Proverbes 16.19

L'argent, la gloire et la drogue ne nous apporteront jamais la liberté d'esprit. En revanche, la lumière et la présence de Christ nous procurent une liberté à la fois rare et puissante.

9. Liberté parfaite

Augustin a présenté Dieu comme un maître que nous servons dans la liberté parfaite.[1] Quel merveilleux paradoxe!

Plus jeune, je pensais que si je croyais en Dieu et essayais de le suivre, je perdrais ma liberté: ses règles seraient contraignantes. Je me suis rendu compte que c'est tout le contraire. Vivre pour nous-mêmes est, en réalité, une forme d'esclavage tragique. C'est difficile à expliquer, mais les voies de Dieu libèrent les hommes et les femmes et font brûler le cœur humain. Peut-être ce verset l'expliquera-t-il mieux que moi:

----

1 *Prayers of St Augustine of Hippo*, éd. Barry Ulanov, n. p. Seabury Press, 1983

Il n'y a donc maintenant aucune condamnation pour ceux qui sont en Jésus-Christ, qui ne vivent pas conformément à leur nature propre mais conformément à l'Esprit. En effet, la loi de l'Esprit qui donne la vie en Jésus-Christ m'a libéré de la loi du péché et de la mort.

Romains 8.1-2

Vivre de cette manière change tout. Nous apprenons à nous considérer comme des enfants de Dieu, comme des personnes profondément aimées, acceptées et fortifiées par son amour inconditionnel. Nous apprenons à vivre libérés de toute culpabilité, crainte et solitude, ainsi que des fausses promesses de la société qui nous promettent une liberté trouvée ailleurs, le genre de «promesses» qui nous enchaînent en prétendant que nous devons être riches, beaux ou importants pour avoir de la valeur.

Connaître Dieu selon le régime nouveau de l'Esprit (Romains 7.6) représente le moyen de connaître la liberté parfaite. Et Christ est lui-même au cœur de cette liberté.

> Les voies de Dieu libèrent hommes et femmes
> et font brûler le cœur humain.

10. Un vase brisé

Il existe une superbe forme d'art japonais appelée *kintsugi*. Au lieu de jeter les poteries brisées, on rassemble magnifiquement les pièces à l'aide d'une laque spéciale mélangée à de l'or. Les fêlures ne sont pas dissimulées: elles sont mises en valeur et appréciées.

Ce sont nos nombreuses failles qui nous rendent humains. Nous sommes bourrés de défauts, chacun(e) de nous. Nous sommes défaillants, nous commettons des erreurs, et nous tombons et nous brisons. Les fractures font tout simplement partie de notre histoire; cela fait partie de la vie. Inutile de les dissimuler!

Pourtant, c'est ce que nous faisons très souvent.

Lorsque nous prétendons être parfaits, nous vivons dans le mensonge. Et cela nie l'objectif de Christ: nous racheter, nous secourir et nous libérer. En effet, il faut que la lumière brille par nos fractures. Nos échecs nous rappellent combien nous avons besoin de Christ, et nos fractures sont rendues belles par la lumière.

C'est pourquoi Dieu n'a jamais complètement enlevé la cause de souffrance, quelle qu'elle soit, que l'apôtre Paul appelait une «écharde dans le corps» (2 Corinthiens 12.7). Elle lui permettait de rester humble et de dépendre chaque jour de sa grâce.

> C'est pourquoi je me plais dans les faiblesses, dans les insultes, dans les détresses, dans les persécutions, dans les angoisses pour Christ, car quand je suis faible, c'est alors que je suis fort.
>
> 2 Corinthiens 12.10

L'apogée de la force commence par l'humilité et la reconnaissance de notre besoin de Christ en nous. C'était là la source de toute la puissance et de l'efficacité de Paul.

11. Un trésor de fumier

Qui d'entre nous n'a jamais été pris au piège par des inquiétudes financières? Parfois, nous pensons que l'argent représente la réponse à tous nos problèmes. Et parfois, nous le voyons comme la racine de tous les problèmes du monde. Quelle que soit notre manière d'y penser, nous pouvons facilement nous retrouver asservis par lui.

Le livre des Proverbes peut nous aider à nous libérer de cela. Il nous rappelle que le fait d'avoir des richesses (ou de ne pas en avoir) n'est jamais intrinsèquement bien ou intrinsèquement mal. L'argent, en soi, n'a aucune substance. C'est notre manière de nous en servir, notre manière de le considérer et l'importance que nous lui accordons qui comptent.

L'auteur des Proverbes nous encourage à utiliser tout ce que nous possédons avec sagesse et à savoir que s'il n'y a rien de mal dans la richesse elle-même, il y a des choses bien plus importantes dans la vie. C'est une question de priorité. Si nous apprenons à utiliser sagement et généreusement notre argent, et que nous ne nous y attachons pas particulièrement, nous en aurons plus pour mieux en disposer.

Voici le moyen de bien gérer nos finances:

Celui qui accorde une faveur au pauvre prête à l'Eternel, qui lui rendra son bienfait.

Proverbes 19.17

Soyons donc généreux et donnons largement! Utilisons ce que nous avons pour améliorer l'existence des personnes qui se trouvent autour de nous.

Francis Bacon comparait l'argent au fumier: cela fonctionne seulement lorsqu'il est distribué partout![1]

- - - -

1   Francis Bacon, *Complete Essays,* Dover Publications, 2008

12. Toujours plus proches de la lumière

Une vie d'amour et de foi ne libère pas seulement de certains aspects spécifiques de l'existence: elle a le pouvoir de tout transformer. Vous pouvez être libre face à la culpabilité et la honte. Libre de toute condamnation. Libre face à la crainte de ne pas être à la hauteur ou de ne pas tenir la distance. Libre face à l'égoïsme, à la fierté, au légalisme et à la peur du rejet. Libre face à la pression du groupe, au besoin de vous comparer aux autres, à vos souffrances passées et à vos inquiétudes futures. Libre face à la peur de la mort.

Ce n'est pas un espoir lointain. Vous êtes déjà libre. Vous êtes dès à présent libre d'utiliser votre vie et votre énergie pour aider, aimer et encourager les autres. Vous êtes libre d'être la personne unique que Dieu a voulu que vous soyez et en laquelle il prend plaisir, libre d'être vous-même.

> Lorsque quelqu'un se convertit au Seigneur, le voile est enlevé. Or le Seigneur, c'est l'Esprit, et là où est l'Esprit du Seigneur, là est la liberté. Nous tous qui, sans voile sur le visage, contemplons comme dans un miroir la gloire du Seigneur, nous sommes transformés à son image, de gloire en gloire, par l'Esprit du Seigneur.
>
> 2 Corinthiens 3.16-18

C'est une image merveilleuse, et certaines de ces libertés prennent du temps à venir. Nous entreprenons un voyage qui dure une vie entière; mais, si nous nous concentrons sur Jésus, le changement s'opère, petit à petit. Nous avançons, toujours plus près de la lumière.

13. Qui nous sommes

L'une des plus grandes luttes intérieures qui troublent l'être humain, c'est l'interrogation sur ce qu'il est et sur sa valeur. Une mauvaise image personnelle (que les gens se surestiment ou se sous-estiment) a conduit aux pires tragédies. De même, dans notre vie, l'image que nous avons de nous-mêmes a de lourdes conséquences: si nous pensons trop de bien de nous, nous tomberons de haut; si nous pensons trop de mal, nous n'arriverons jamais à rien.

La manière dont Dieu nous considère est à la fois surprenante et encourageante:

> En réalité, c'est lui qui nous a faits; nous avons été créés en Jésus-Christ pour des œuvres bonnes que Dieu a préparées d'avance afin que nous les pratiquions.
>
> Ephésiens 2.10

C'est une belle promesse, mais en quoi influence-t-elle notre manière de vivre? Elle signifie que nous sommes aimés, et elle signifie que nous avons de la valeur et que notre vie a un sens. Cela signifie aussi que nous sommes forts.

> Toute arme préparée contre toi sera sans effet.
>
> Esaïe 54.17

Notre véritable identité et notre véritable valeur se trouvent dans le fait que nous appartenons à Dieu. L'univers nous est confié, et nous avons le pouvoir de réussir ce que nous entreprenons. Si cela ne suffisait pas, le Seigneur nous a même accordé «l'infinie grandeur de sa puissance, qui se manifeste avec efficacité par le pouvoir de sa force» (Ephésiens 1.19)!

Proclamez donc cette vérité, marchez humblement avec cette puissance en vous et sachez que votre force vous vient toujours de l'amour de Dieu en vous! Prenez courage et ayez confiance par rapport à ce que vous êtes! Nous sommes ses enfants, des enfants de lumière: voilà quelle est notre identité; c'est aussi la source de notre assurance.

14. Notre grande vocation

J'aime énormément l'histoire de Daniel. Il a agi avec beaucoup de persévérance et de courage devant la peur et l'oppression. Il a survécu dans une fosse où se trouvaient des lions[1] et en dépit des complots menés contre lui; il savait d'où venait la source de toute sa puissance. Il n'a jamais dévié de la voie qui lui était destinée. Grâce à son intégrité et à la grâce de Dieu, il a pu atteindre des postes de haut rang.

> Daniel se montrait supérieur aux autres responsables et aux administrateurs parce qu'il y avait en lui un esprit extraordinaire.
>
> Daniel 6.4

Avoir des capacités exceptionnelles n'était pas sa vocation: ce n'était que son travail, et il n'était pas plus important que celui d'un autre. Nos métiers sont tous différents, mais nous avons tous le même appel: aimer le Seigneur notre Dieu de tout notre cœur et aimer les autres comme nous-mêmes. C'est ce qui importe, et c'est quelque chose que nous avons tous en commun. Comme à Daniel,

----
1 Voir Daniel 6.6-24

Dieu nous offre de constants encouragements lorsque nous gardons les yeux fixés sur lui:

> Quant à toi, marche vers ta fin! Tu te reposeras et tu seras debout pour recevoir ton héritage à la fin des jours.
>
> Daniel 12.13

Le travail va et vient, et les réussites, comme les échecs, nous rendront tous une petite visite un jour. Ne vous souciez pas trop de tout cela: notre vocation vient de Christ, et elle ne changera jamais. Elle est belle et simple, et elle est ancrée dans l'humilité, le service et la bonté.

15. Notre véritable identité

Nous connaissons tous des moments où l'image que nous avons de nous-mêmes nous pose problème. Le fossé toujours plus large entre la vie publique étalée en ligne et la vie privée, celle que nous menons lorsque nous sommes réellement seuls, signifie que l'image que nous avons de nous-mêmes est constamment menacée.

Nous nous voyons souvent coller des étiquettes ou des titres dont il est difficile de nous débarrasser. Vous pouvez être réduit(e) à votre profession: comptable, joueur de football, docteur. Vous pouvez être le gros ou la grande, la célibataire avide de sensations fortes ou le papa pantouflard. Peu importe! La société appose une étiquette sur nous et dit d'une voix forte: «Voilà qui tu es.»

Jésus, lui, voit au-delà des étiquettes; il voit directement dans notre cœur.

> Vous, au contraire, vous êtes un peuple choisi, [...] un peuple racheté afin de proclamer les louanges de celui qui vous a appelés des ténèbres à sa merveilleuse lumière.
>
> 1 Pierre 2.9

L'un de mes passages préférés de la Bible est une expression très connue que le disciple Jean utilise de temps en temps pour se décrire lui-même. Au lieu d'utiliser son propre nom, il parle de lui comme «le disciple que Jésus aimait».

C'est absolument brillant. En effet, lorsque nous nous voyons tout simplement comme des enfants de Dieu, profondément aimés et réellement libres, cela change tout. Nous ne sommes plus désignés par une étiquette; nous lui appartenons, et c'est ce que nous avons besoin de savoir. C'est un aspect essentiel de notre identité.

La réponse à l'image que nous avons de nous-mêmes tient dans cette seule phrase:

> En lui nous avons été désignés comme héritiers [...] pour servir à célébrer sa gloire.
>
> Ephésiens 1.11-12

Pour paraphraser: c'est en Christ que nous comprenons qui nous sommes et pour qui nous vivons. Quelle merveilleuse manière de vivre!

16. Je te soutiens

La Bible tout entière raconte le désir exprimé par Dieu de libérer son peuple. Pareil à un père, il souhaite ardemment que ses enfants sachent ce que signifie vivre loin de la peur, de la solitude et de l'inquiétude.

La foi est un voyage, et chaque pas en avant est précédé de nombreuses chutes. Mais la grâce divin nous relève, nous restaure, nous renouvelle et guérit nos blessures. L'histoire entière de la liberté tient dans l'amour de Dieu pour nous. C'est cet amour qui nous libère.

Lorsque nous faisons du mal aux autres ou à nous-mêmes, cela nous tient enchaînés. La culpabilité est porteuse de blessures pour nous.

Comment nous sentons-nous lorsque nous agissons mal? Nous ressentons une sorte de douleur en nous-mêmes, n'est-ce pas?

Cependant, le pardon que Christ nous accorde est entier et complet. Il nous restaure, et il nous restaure tout entiers. Nous pouvons vivre cette liberté, avec une parfaite reconnaissance et une envie débordante de la transmettre aux autres.

> N'aie pas peur, car je suis moi-même avec toi. Ne promène pas des regards inquiets, car je suis ton Dieu. Je te fortifie, je viens à ton secours, je te soutiens par ma main droite, la main de la justice.
>
> Esaïe 41.10

Combien de fois je me suis remémoré ce verset... et combien de fois il m'a aidé!

L'histoire entière de la liberté
tient dans
l'amour de Dieu pour nous.

17. Le voile déchiré

Peut-être marchez-vous dans les voies de Dieu depuis long-temps; ou peut-être que vous venez juste de commencer. Quel que soit l'endroit où vous vous trouvez dans ce voyage, la vérité est la même pour nous tous: le chemin de l'amour est celui de Christ, et il nous mène à la liberté.

La Bible nous raconte l'histoire du désir et de l'objectif de Dieu de libérer son peuple. Mais la liberté prend de nombreuses formes. Parfois, il s'agit de la liberté de faire certaines choses. D'autres fois, c'est la liberté de ne pas avoir à les faire. Nous sommes libres de prendre position, d'agir avec courage et de prendre des risques dans notre vie afin de dire oui à Dieu. Et nous sommes aussi libres de tourner le dos à ce qui nous écarte de lui. Nous sommes libres d'être différents et de défendre de justes causes.

L'une des illustrations les plus évocatrices de la Bible à ce sujet se trouve à la mort de Jésus. D'une hauteur de presque cinq mètres et d'une épaisseur de plus de deux centimètres[1], l'immense et lourd rideau suspendu dans le temple était depuis toujours le symbole physique de la séparation de l'homme d'avec Dieu.

> Cependant, Jésus poussa un grand cri et expira. Le voile du temple se déchira en deux, depuis le haut jusqu'en bas. Quand l'officier romain qui se tenait en face de Jésus entendit son cri et le vit expirer de cette manière, il dit: «Cet homme était vraiment le Fils de Dieu.»
>
> Marc 15.37-39

----

1   Daniel M. Gurtner, «The Veil of the Temple in History and Legend», JETS, vol. 49, n° 1, 2006

Imaginez un peu cet instant: l'immense et lourd rideau qui a toujours été accroché dans le temple, dans la maison de Dieu, à l'endroit qui symbolise la présence du Tout-Puissant sur la terre, se déchire d'un seul coup!

La mort de Jésus a marqué le moment où l'accès à Dieu nous a été accordé. Le voile s'est déchiré, nos péchés ont été pardonnés, et notre liberté nous a été assurée. La vie n'allait plus jamais être la même, désormais; toute l'histoire de l'humanité a pris sens à ce moment-là, en tout temps et dans tout l'univers, pour nous.

18. Le pire des pécheurs, le plus puissant des hommes

L'apôtre Paul a commencé en se décrivant comme étant «le plus petit des apôtres» (1 Corinthiens 15.9) et, plus tard, il s'est présenté comme «le plus petit de tous les saints» (Ephésiens 3.8). Enfin, il s'est qualifié de «premier» des pécheurs (1 Timothée 1.15)!

Le comportement de Paul se serait-il dégradé au fil du temps? Bien sûr que non. Il devenait tout simplement de plus en plus conscient de la beauté et de l'immense amour résidant dans la présence de Dieu.

Il semble que, plus Paul avançait avec Christ, plus il était conscient de son besoin de pardon. Mais une fois atteint ce point de suprême conscience des choses, il a hérité d'une immense puissance, comme s'il avait de l'acier dans les veines.

David a fait, longtemps avant lui, un constat similaire: «C'est Dieu qui me donne de la force» (Psaume 18.33).

Le Dieu qui a rempli David de force a également fortifié Paul. Et c'est lui aussi qui vous tend la main aujourd'hui.

Si nous nous plaçons dans sa présence, nous bénéficions d'une vie et d'une lumière que l'on ne peut pas trouver ailleurs. Elle nous enrichit, nous remplit de force, nous humilie, nous adoucit; elle est bonne et puissante.

Dans sa présence résident une force surhumaine, une humilité renouvelée et une parfaite liberté.

> Si nous nous plaçons dans la présence de Dieu,
> nous bénéficions d'une vie et d'une lumière
> que l'on ne peut pas trouver ailleurs.

19. Le premier et le dernier

La société véhicule souvent l'idée que les personnes riches, puissantes ou célèbres sont celles que nous devons prendre pour modèles. Elles ont réussi leur vie, n'est-ce pas? Les pauvres, souvent, sont tout bonnement ignorés et méprisés. Or, dans le royaume des cieux, c'est l'inverse. Christ est venu sauver les pauvres, qu'ils soient pauvres en possessions matérielles ou en esprit.

Un jour, alors que Jésus tentait d'expliquer cela, ses disciples lui ont posé une question tout à fait logique: si une personne riche et influente ne peut pas gagner l'accès au ciel, «qui peut donc être sauvé?» (Matthieu 19.25).

Jésus les a alors regardés droit dans les yeux pour leur répondre, en résumé: «Personne, si vous pensez que vous pouvez y parvenir par vous-mêmes. N'importe qui, pourvu qu'il se confie en Dieu pour le sauver» (Matthieu 19.26).

C'est ainsi que fonctionne le royaume à l'envers de Dieu: il n'est pas impressionné par nos démonstrations de force, par nos richesses ou par notre influence. En revanche, il se soucie de ceux que la société oublie et marginalise. Si vous voulez connaître le cœur de Dieu, observez la manière dont il considère les pauvres et ceux qui souffrent!

Jésus a dit:

> Bien des premiers seront les derniers et bien des derniers seront les premiers.
>
> Matthieu 19.30

Pour être libres, vivons à contre-courant. Honorons les pauvres et servons les plus vulnérables. En agissant ainsi, nous serons libres, car c'est ainsi que Christ agit.

> Si vous voulez connaître le cœur de Dieu,
> observez la manière dont il considère
> les pauvres et ceux qui souffrent.

20. Donner et recevoir

Mère Teresa a raconté avoir rencontré, un jour, un mendiant qui insistait pour lui donner les quelques pièces qu'il avait en sa possession.

> Je me suis dit: «Si je prends son argent, il ira se coucher sans manger, mais si je ne le prends pas, cela lui fera de la peine.» Alors je l'ai pris. Et je n'ai jamais vu une joie pareille sur le visage de quelqu'un ayant fait don de son argent ou de sa nourriture; jamais comme celle que j'ai vue sur le visage de cet homme, heureux de pouvoir, lui aussi, donner quelque chose à quelqu'un. C'est la joie d'aimer, et je prie pour que

vous connaissiez cette joie d'aimer, pour que vous partagiez cette joie d'aimer, premièrement dans votre famille, puis avec tous ceux que vous rencontrez.[1]

Cela rappelle les paroles de Jésus:

Donnez et on vous donnera: on versera dans le pan de votre vêtement une bonne mesure, tassée, secouée et qui déborde, car on utilisera pour vous la même mesure que celle dont vous vous serez servis.

Luc 6.38

Si nous voulons obtenir une vraie liberté financière, nous serons assez sages pour donner, même plus que nous possédons. Si nous donnons aux pauvres, nous recevrons toujours en retour, et nous nous rappellerons une idée centrale de l'appartenance à Christ:

Il faisait droit au faible et au pauvre, et tout allait bien. N'est-ce pas cela, me connaître? déclare l'Eternel.

Jérémie 22.16

21. La liberté engendre le courage

Lorsque nous savons qui nous sommes, qui nous suivons et à qui nous pouvons faire confiance, cela nous libère, de nos peurs en particulier.

----

1   «Interview with Mother Teresa», *Hello!*, 1er octobre 1994

En 250, l'Eglise grandissait si rapidement qu'il est dit que «tout Rome trouvait la foi en Jésus-Christ». C'est la raison pour laquelle l'empereur Valérien a multiplié ses persécutions envers les chrétiens.

Dans une tentative d'empêcher l'empereur de les voler, les chefs de l'Eglise ont décidé de distribuer le trésor de l'Eglise aux pauvres de la ville. Valérien était fou de rage. Il a ordonné que les chefs soient arrêtés et exécutés, mais il a offert au trésorier, un homme appelé Laurent, de l'épargner s'il lui donnait toutes les richesses.

Laurent a demandé trois jours, le temps de tout rassembler.

Au moment convenu, lorsque l'empereur est venu, Laurent a ouvert grand les portes. Derrière elles se trouvaient tous les pauvres, les infirmes, les malades, les personnes âgées, les veuves et les orphelins. «Voilà quelles sont les richesses de l'Eglise!» a-t-il crié.

Valérien était livide. Il a décidé que la décapitation n'était pas assez cruelle pour un homme comme lui et a plutôt choisi de le brûler vif. Alors que son corps brûlait dans les flammes, Laurent aurait plaisanté avec ses bourreaux en leur disant: «Ce côté est bien rôti; retourne et mange!»[1]

Cet homme connaissait le vrai courage et la vraie liberté. Il avait une profonde compréhension du message de Jésus, rappelé dans les paroles de Paul:

> Exprimez votre reconnaissance en toute circonstance, car c'est la volonté de Dieu pour vous en Jésus-Christ.
>
> 1 Thessaloniciens 5.18

- - - -

1   Francesco Moraglia, «St Lawrence: Proto-Deacon of the Roman Church», Catholic Culture, https://www.catholicculture.org/culture/library/view.cfm?recnum=6098

Laurent avait compris que les pauvres étaient le trésor de l'Eglise et que sa mort (si cruelle et douloureuse qu'elle soit) n'était pas la fin de l'histoire. Comment honorer Dieu? Aimons les pauvres, protégeons-les et donnons-leur généreusement!

22. Un genre de don

Certaines personnes donnent généreusement tout le temps. Et d'autres prennent. D'après le roi David, il existe une différence de taille entre les bons et les méchants:

> Le méchant emprunte, et il ne rend pas;
> le juste est compatissant, et il donne,
> car ceux que l'Eternel bénit possèdent le pays,
> et ceux qu'il maudit sont exterminés.
>
> Psaume 37.21-22

La générosité n'est pas une chose que nous décidons de pratiquer juste pour avoir l'air bons aux yeux des autres. Elle ne consiste pas à avoir de bonnes manières ni à montrer que nous avons un bon cœur. Ce n'est pas juste quelque chose que nous faisons occasionnellement le dimanche. Certainement pas! C'est bien plus profond et fondamental que cela: c'est une manière de vivre. La générosité est au cœur de toute la foi chrétienne, et nous sommes appelés à donner comme Dieu l'a fait: librement, avec joie et sans limites.

C.S. Lewis définissait le christianisme comme une sorte de don. Et il avait raison: Dieu a déversé sur nous une générosité inépuisable en nous donnant la vie, la mort et la résurrection de son Fils Jésus. Nous sommes tous invités à réagir en pratiquant la générosité à notre tour.

L'âme généreuse sera comblée, celui qui arrose sera lui-même arrosé.

Proverbes 11.25

Il y a énormément de manières de donner: nous pouvons donner de notre attention, de nos encouragements. Nous pouvons donner des ressources comme de l'argent ou des cadeaux; nous pouvons donner de l'amour, de l'espérance et de la bonté. Tout cela nous mène à Christ, et plus nous nous attachons à suivre ce chemin, plus notre vie devient riche.

23. Liberté d'échouer

Lorsque j'étais enfant, mon père et moi louions deux chevaux et allions faire une promenade sur la plage non loin de notre maison. Ce sont parmi mes meilleurs souvenirs d'enfance, bien que je me souvienne aussi de mes chutes fréquentes sur le sable dur et mouillé.

Je me souviens d'un jour particulier où, alors que je venais de tomber, les larmes ont commencé à me monter aux yeux. Je me sentais frustré et honteux d'être de nouveau par terre. C'est alors que mon père, un grand sourire aux lèvres, a tapé dans ses mains.

Applaudir ma chute? Mais pourquoi?

Papa voulait que je comprenne qu'à moins de tomber souvent, je ne pouvais pas devenir un bon cavalier. Impossible d'avoir un meilleur niveau sans échouer à plusieurs reprises.

En Christ, nous avons quelque chose de très spécial: nous sommes libérés de la peur de l'échec. Notre identité n'est pas une sorte de façade parfaite; elle se trouve dans le fait que nous sommes proches de Dieu, restaurés, remplis de force et libérés.

Cela signifie que nous sommes libres de chuter, et par conséquent de grandir.

Quelle ironie: une fois envolée notre peur de l'échec, nous devenons plus forts et plus capables dans tous les aspects de notre existence!

En Christ, nous sommes rendus plus forts que la moyenne. Si nous chutons, nous sommes toujours en sécurité.

Nous sommes pressés de toutes parts, mais non écrasés; inquiets, mais non désespérés; persécutés, mais non abandonnés; abattus, mais non anéantis.

2 Corinthiens 4.8-9

Gardez toujours dans votre cœur ce qui suit:

Se confier en l'Eternel procure la sécurité.

Proverbes 29.25

24. Le rythme de l'univers

Saviez-vous que chaque fois que nous exprimons notre amour et notre reconnaissance à Dieu (même lorsqu'il ne s'agit que d'un cri silencieux au fond de nous), l'univers entier s'en délecte? De nombreux textes bibliques décrivent les étoiles et l'univers entier en train de louer Dieu:

Le ciel raconte la gloire de Dieu
et l'étendue révèle l'œuvre de ses mains.

Psaume 19.2

Même Jésus dit que, si nous arrêtons de le louer, les pierres prendront notre place!

Les disciples ont commencé à lancer des cris de joie à cause de tous les miracles qu'ils voyaient:

«Béni soit le roi qui vient au nom du Seigneur!» [...]
Quelques pharisiens dirent à Jésus: «Maître, reprends tes disciples.»
Il répondit: «Je vous le dis, si eux se taisent, les pierres crieront!»

Luc 19.38-40

A plusieurs reprises, dans ma vie, j'ai ressenti ce phénomène. En regardant les étoiles pendant une nuit tranquille, en me tenant au sommet d'une montagne très élevée ou en pagayant à l'aube sur le fleuve d'une jungle reculée, c'était comme si je pouvais ressentir le rythme de l'univers et la manière dont il prend plaisir dans son Créateur.

Lorsque notre cœur chante ainsi d'émerveillement, nous nous joignons aux milliards de cœurs remplis de foi d'hommes et de femmes, passés et présents. Nous ajoutons les chants de notre cœur à cette foule immense, à cette magnifique famille unie dans la joie de savoir que Christ vit et qu'il est avec nous. C'est la plus belle vue, la plus grande aventure, le voyage le plus fou de notre vie.

J'aime beaucoup ce qu'écrit C.S. Lewis à ce sujet: «Bien pauvre celui qui trouve la sainteté ennuyeuse. Lorsqu'on découvre la véritable sainteté [...] elle est irrésistible.»[1] La vie de foi est haute en couleur.

Jésus dit:

- - - -

1 C.S. Lewis, *Narnia, Cambridge and Joy.* Copyright © C.S. Lewis Pte, 2006

C'est l'Esprit qui fait vivre, l'homme n'arrive à rien. Les paroles que je vous dis sont Esprit et vie.

Jean 6.63

Le Saint-Esprit vous témoigne ces choses en ce moment même. Et il vous donne plus d'autorité que n'importe quel chef d'Etat, plus de réconfort que n'importe quel conseiller et plus de guérison que n'importe quel docteur.

Quelle merveilleuse puissance nous tirons de cet univers!

25. La liberté, c'est...

Ce qui caractérise le plus notre vie en tant qu'enfants de Dieu, c'est d'être libérés:

Si donc le Fils vous libère, vous serez réellement libres.

Jean 8.36

Une vie avec Christ, c'est une vie de délivrance: la délivrance vis-à-vis de l'anxiété, des addictions, de la pression ou de la solitude. Nous sommes libres de rire et de pleurer, de danser et de sauter, de nous lamenter et de sangloter, et de donner sans rien demander en retour. Si vous vivez de cette manière, les autres voudront toujours graviter autour de vous.

Une grande liberté, c'est aussi une grande force. La grande liberté est rare, mais elle s'accompagne toujours de force. Vous devenez un ambassadeur de la lumière de Christ. Utilisez-la pour bénir les autres!

Dieu ne s'invite jamais de force dans notre vie, mais si nous plions le genou et que nous lui ouvrons la porte de notre cœur, il répond. Christ désire nous aider à vivre cette liberté; il désire nous enrichir et nous utiliser. Soyons prêts à relever le défi dès aujourd'hui:

> C'est pour la liberté que Christ nous a affranchis. Tenez donc ferme dans cette liberté et ne vous placez pas de nouveau sous la contrainte d'un esclavage.
>
> Galates 5.1

26. Le sens de la vie

Selon l'homme dont la signature apparaissait sur presque tous les billets de banque britanniques pendant les années 1990, l'argent n'apporte pas le bonheur. «Je suis certain que le sens de la vie ne peut être parfaitement compris que dans le contexte de notre relation avec Dieu», a déclaré le caissier général de la Banque d'Angleterre, Graham Kentfield[1]. Son autorité et sa sagesse financière donnent à ses paroles une certaine profondeur. Il savait que la richesse pécuniaire seule n'a aucun moyen de nous satisfaire, et encore moins de nous apporter une liberté quelconque. Quelle que soit la quantité d'argent que nous pourrons amasser, elle ne sera jamais un gage de réussite dans notre vie.

C'est comme le dit Jésus: «Que servira-t-il à un homme de gagner le monde entier, s'il perd son âme?» (Matthieu 16.26).

----

1 Mick Woodhead, «Foundations Daily», *STC Sheffield*, 27 février 2018, https://st-thomascrookes.org/talks/27-february-2018/

La seule voie vers la richesse véritable, c'est celle qui s'attache à Dieu. Parfois, elle nous amène la prospérité matérielle, parfois non. Cependant, ce qui est certain, c'est que suivre Christ nous mène toujours à la richesse spirituelle. Ses plans pour nous sont bons, agréables et parfaits (cf. Romains 12.2).

Faire de l'amour et de la foi l'essentiel de notre vie est fondamental à l'épanouissement et au bonheur.

> L'amour de Dieu est déversé dans notre cœur par le Saint-Esprit qui nous a été donné.
>
> Romains 5.5

Voilà quelle est la vraie richesse.

27. Quatre éléments essentiels

Voici une autre des drôles de vérités inversées que j'ai découvertes: le chemin étroit qui mène à la vie est celui qui nous procure de plus de liberté et de joie.

Il y a quatre éléments qui vous aideront à le trouver:

1. aimer le Seigneur de tout notre être (Matthieu 22.37);
2. nous confier en lui de tout notre cœur, sans nous appuyer sur notre intelligence (Proverbes 3.5);
3. louer Dieu avec tout ce que nous avons (Psaume 111.1);
4. tout faire comme pour le Seigneur et non pour des êtres humains (Colossiens 3.23).

Et quelles en seront les conséquences?

Si quelqu'un garde ma parole, il ne mourra jamais.

Jean 8.51

Ce sont ces éléments qui mènent au sentier de la vie!

28. Une ardoise toute propre

Pour vraiment apprécier le fait d'être bien au sec, au chaud et nourris, nous devons savoir ce qu'est être trempés, frissonnants et affamés. De même, le chemin de la maison est toujours plus doux lorsqu'on s'était perdu.

Il en va de même pour la liberté: si nous voulons réellement savoir ce qu'elle signifie, nous devons d'abord comprendre ce que signifie être enchaînés. Les addictions, l'inquiétude et la pression de nos semblables ou de la société peuvent facilement nous asservir. Nous perdons notre tranquillité, notre paix, toute dimension de perspective, notre amour de la vie et notre joie.

En Christ, nous pouvons redéfinir notre manière de vivre et nous libérer de ces liens. C'est ce que Jésus a toujours fait avec tous ceux qu'il a rencontrés: il les a libérés. Comme l'a souligné le théologien écossais P.T. Forsyth, si nous voulons réellement apprécier «l'émerveillement à couper le souffle du pardon» nous devons tout d'abord connaître le «désespoir de la culpabilité»[1].

J'aime la manière dont le roi David décrit ce qu'il a ressenti après avoir été pardonné:

----

1 «The Breathless Wonder of Forgiveness», *Bible In One Year*, https://www.bibleinoneyear.org/bioy/commentary/816

Heureux celui dont la transgression est enlevée
et dont le péché est pardonné!
Heureux l'homme à qui l'Eternel ne tient pas compte de sa
faute.

Psaume 32.1-2

Dieu peut nous offrir un nouveau départ, une liberté d'esprit dont nous avons tous besoin. Il veut effacer notre ardoise et, comme le dit C.S. Lewis, nous surprendre par la joie.[1]

> Le chemin de la maison
> est toujours plus doux
> lorsqu'on s'était perdu.

29. La bonne nouvelle

La Bible raconte l'histoire de Dieu en train de tendre la main à l'humanité.

Jésus n'était pas différent: il invitait continuellement les gens à manger avec lui, à le suivre, à devenir ses amis et à découvrir le sens véritable de l'existence. Il n'est donc pas étonnant qu'à sa mort sur la croix, ses bras aient été grand ouverts, invitant tout le monde à s'approcher de lui.

Sa mort, comme sa vie, était une belle et puissante illustration des paroles que le prophète Esaïe avait prononcées plusieurs siècles auparavant:

- - - -

1 C.S. Lewis, *Surpris par la joie: le profil de mes jeunes années*, 2000

Vous tous qui avez soif, venez vers l'eau, même celui qui n'a pas d'argent! Venez, achetez et mangez, venez, achetez du vin et du lait sans argent, sans rien payer!

Esaïe 55.1

C'est l'espoir que j'ai par rapport à ce livre: il est une tentative imparfaite et déterminée de transmettre l'amour, la lumière et la bonté de Christ. Il cherche à montrer que cette invitation est universelle et sans restriction:

Venez à moi, vous tous qui êtes fatigués et courbés sous un fardeau, et je vous donnerai du repos.
Acceptez mes exigences et laissez-vous instruire par moi, car je suis doux et humble de cœur, et vous trouverez le repos pour votre âme.

Matthieu 11.28-29

Si l'on qualifie l'histoire de Christ de «bonne nouvelle»[1], ce n'est pas pour rien!

30. Ne jamais abandonner

Nous voici vers la fin de ce mini-voyage dans la liberté. Revenons donc au message qui améliore, enrichit et transforme les existences, le plus merveilleux des messages. Lorsqu'il affrontait le moment le plus terrible de sa vie (quelques heures avant d'être brutalement torturé et mis à mort), Jésus a déclaré ceci:

---

1 C'est le sens du mot «Evangile». (nde)

Maintenant mon âme est troublée. Et que dirai-je? Père, délivre-moi de cette heure? Mais c'est pour cela que je suis venu jusqu'à cette heure. Père, révèle la gloire de ton nom!

Jean 12.27-28

Jésus a choisi de continuer à avancer et non de fuir. Il a choisi de faire confiance à son Père céleste au lieu de céder à la peur et au doute. Lorsqu'il a fait face à la mort imméritée, il a décidé de ne pas abandonner.

C'est ainsi que nous devons mener cette vie d'amour et de foi. L'habit de la foi authentique n'est pas la robe pourpre d'un empereur; c'est la couronne d'épines d'un Sauveur. Nous sommes appelés à porter la croix, pas le trône, quoi qu'il nous en coûte.

N'abandonnez jamais! Ce sont ces paroles qui ont transformé le monde à la mort de Jésus, et elles continuent de le transformer aujourd'hui. Lorsque les personnes qui ont la foi décident de continuer à avancer, de continuer à transmettre l'amour de Christ, le monde qui nous entoure en est transformé. Les cœurs sont transformés. L'amour de Jésus gagne tout.

Ensemble, continuons donc à commencer chaque journée comme celle de la veille: à genoux, les yeux vers le ciel. Repassons dans notre cœur cette bonne nouvelle!

LE RISQUE

Lorsque j'ai vu le sommet de l'Everest pour la deuxième fois, j'étais seul. Au lieu de faire l'ascension, mon ami Gilo et moi volions avec un parapente électrique, une sorte de parachute doté d'un moteur que vous portez sur votre dos. Nous étions plus haut que n'importe qui en parapente jusque-là. La température était de moins 65 degrés, le niveau d'oxygène était dangereusement bas, et nous nous trouvions encore à quelque 1500 mètres du sommet.

Tout à coup, le moteur de Gilo a eu un défaut et a cessé de fonctionner. Il n'a pas eu d'autre choix que de redescendre en glissant manuellement sur les airs. Sans mon copilote, je me suis soudain senti vulnérable et seul. Mais je savais que je pouvais y arriver. Le temps et les vents étaient parfaits. Pour nous deux, j'ai décidé de continuer.

L'expérience me terrifiait et me faisait prendre conscience de la hauteur à laquelle je me trouvais: sous mes pieds, les sommets de l'Himalaya semblaient petits. La peur continuait à vouloir remonter le long de ma gorge, mais je savais que je pouvais y arriver. Je devais simplement continuer, les yeux fixés sur le sommet, en ayant la foi que je pouvais y parvenir. Tant de choses pouvaient mal tourner! C'est toujours le cas dans la vie. Mais parfois, il faut laisser les peurs et les doutes de côté, lever les yeux et continuer.

L'expédition valait le risque pris. Nous avons établi un record, réalisé un rêve, et nous sommes revenus en vie, entretenant une nouvelle amitié. Mission réussie!

La vie comporte tant d'imprévus que, si nous ne nous entraînons jamais à gérer les risques, nous ne serons malheureusement jamais prêts pour l'affronter. Nous prenons des risques dans nos relations, dans notre travail, dans nos loisirs, dans nos aspirations et nos espoirs. La vie de foi comporte des risques. Nous devons être prêts à être tournés en ridicule, persécutés, voire pire. Mais prendre des risques a toujours un côté positif: c'est la récompense que cela procure. Le jeu de la vie consiste à équilibrer les deux côtés, dans la recherche de la récompense.

Mais cela commence toujours par une prise de risque.

C'est comme pour un muscle: plus nous l'utilisons, plus nous parvenons à gérer nos craintes, à évaluer le danger, à lui accorder notre confiance et à suivre notre instinct. Plus nous prenons de risques, plus les risques que nous savons gérer sont importants. Nous savons ce que nous pouvons faire ou non.

Si nous voulons ne jamais avoir d'influence sur qui que ce soit ni sur quoi que ce soit, restons à la maison, en «sécurité», et acceptons l'idée que notre existence ne produira pas de changements autour de nous. Mais si nous voulons vivre pleinement, nous devons être en mesure de gérer les risques comme un guerrier. Parfois, nous irons un peu trop loin, et la vie se chargera de nous rappeler quelles sont nos limites. Une fois encore, il est essentiel que nous prenions le temps d'écouter les leçons enseignées par l'univers: rester en vie, être attentifs et apprendre de nos erreurs.

De manière tout à fait surprenante, le moment le plus dangereux de cette mission sur l'Everest n'a pas été la traversée de la zone de la mort. Il est survenu avant cela, chez moi, en Angleterre, alors que nous nous préparions à partir. Un hélicoptère filmait l'un de nos premiers entraînements de vol; à 1500 mètres, j'ai été touché par l'une de ses hélices. J'ai chuté en spirale, sans pouvoir m'arrêter, tous câbles tendus. Je suis tombé à une vitesse folle, et j'étais certain de mourir. Pour aggraver la situation, j'avais stupidement décidé de voler sans parachute de secours, histoire de gagner en légèreté.

Par la grâce de Dieu, une petite partie de la voile principale était juste assez gonflée pour ralentir ma chute, même si je me suis écrasé sur le sol à pleine vitesse. Mais j'ai survécu. Je sais que j'aurais dû mourir ce jour-là. Les chances pour que les hélices de l'hélicoptère ne sectionnent pas mes câbles ou que le parachute soit juste assez gonflé pour ralentir ma chute étaient en effet très maigres. L'incident aurait pu être fatal.

C'était la seconde fois que je mourais presque en tombant du ciel; la première fois, c'était lors de mon saut en parachute en Afrique, alors que je servais dans les forces spéciales britanniques. Là, j'ai frôlé la mort d'encore plus près. J'y ai beaucoup appris sur le danger de voler trop près d'un hélicoptère et sur l'importance de toujours avoir un parachute de secours, mais cela ne m'a pas découragé de tenter l'aventure de l'Everest.

Ce qui ne nous tue pas nous rend plus sages, et ce que nous vivons n'est jamais que le fruit de nos «presque». Je ne suis pas en train de dire que nous devrions constamment courir de gros risques, mais la vie devrait toujours être une aventure.

En ce qui concerne la foi, les récompenses dépasseront toujours les risques pris. La foi est un combat qui a déjà été remporté pour nous. Christ lui-même a pris tous les risques et a remporté la victoire. Notre voyage consiste à surfer quelque peu sur les houles de ses risques et à dire haut et fort à quel point la récompense de son salut est douce. C'est un cadeau qu'il a hâte de nous transmettre.

Nous ne devrions pas tenter d'éviter les cicatrices qui accompagnent inévitablement les risques que nous prenons dans une vie bien vécue. Je suis couvert de cicatrices et de plaies, et elles racontent toutes une histoire. J'aime beaucoup cette idée. J'ai appris qu'il est inutile, dans la vie, d'être parfait et sans défauts. Quel gâchis, ne trouvez-vous pas, de vivre sans histoires et sans exploits! Nous devons tout simplement continuer à donner le meilleur de nous-mêmes et à nous remettre sur pied chaque fois que nécessaire.

Vivre, ce n'est pas craindre le risque mais l'utiliser. C'est la clé pour une existence faite d'amour, de foi et d'aventure.

1. Racines profondes, feuillage vert

Beaucoup s'accordent à dire que l'enseignement de Jésus est le meilleur de tous les temps. Nous avons accompli énormément de progrès dans le domaine de la science et de la technologie, et pourtant, ces deux mille ans derniers, personne n'a jamais pu surpasser son enseignement. Ses paroles sont les plus belles que personne ait jamais dites.

Quelle que soit la situation dans laquelle nous nous trouvons, quel que soit le risque que nous prenons, et quelque nombreux que soient nos peurs et nos doutes, nous pouvons nous accrocher fermement à cette vérité:

> Béni soit l'homme qui fait confiance à l'Eternel et qui place son espérance en lui! Il ressemble à un arbre planté près de l'eau et qui étend ses racines vers le cours d'eau: il ne s'aperçoit pas de la venue de la chaleur et son feuillage reste vert. Lors d'une année de sécheresse, il ne redoute rien et il ne cesse pas de porter du fruit.
>
> Jérémie 17.7-8

Ces paroles, écrites il y a quelques milliers d'années, sont encore vraies aujourd'hui. Lorsque nous prenons le risque de faire confiance à Dieu, nous commençons la plus belle aventure possible. Nous ne craignons pas la chaleur, nous n'avons pas à nous soucier de la sécheresse, et notre existence porte du fruit. Voilà ce qu'est la vie en Christ.

2. L'arche de l'alliance en chair et en os

Quand j'étais enfant, je voulais être celui qui trouverait l'arche de l'alliance. Je voulais être le nouvel Indiana Jones. Je voulais être un explorateur et un guerrier, et trouver la source de la vie éternelle! (Il faut apprendre à voir grand, n'est-ce pas?)

Ce qui est ironique, c'est que l'arche elle-même ne contient ni joyaux, ni os ni potion magique pour une jeunesse éternelle. Elle contient les vieilles tables en pierre portant les dix commandements. C'est un repère. Elle montre la voie. L'arche de l'alliance était annonciatrice de l'alliance vivante accomplie en Jésus-Christ lui-même. Christ est l'arche vivante qui nous amène vers Dieu.

Ce qui est aussi ironique, c'est que je suis devenu tout ce que je voulais devenir lorsque j'étais enfant. Et j'ai trouvé l'arche! Car nous sommes tous des explorateurs et des guerriers de la foi, et en Christ, nous avons trouvé les clés de la vie éternelle.

Aujourd'hui, lorsque je plie le genou et que je lis ces merveilleuses paroles, je sais quelle est la raison de ma venue au monde: c'est que par la grâce, je puisse marcher main dans la main avec Dieu.

> L'Eternel, ton Dieu, est au milieu de toi un héros qui sauve. Il fera de toi sa plus grande joie.
>
> Sophonie 3.17

3. Ma famille et moi

Un avocat nommé Charles Finney prêchait fréquemment dans les Eglises de New York dans les années 1830. Beaucoup de ses collègues venaient l'écouter, y compris, un soir, le juge en chef de New York.

Alors qu'il écoutait silencieusement, juché dans les galeries, il a décidé que ce que Finney disait au sujet de Christ était vrai. Le juge en chef a ressenti un vif besoin d'intervenir activement, au lieu de se contenter d'attendre passivement. Il a abandonné son siège et s'est placé au fond de l'estrade.

Tandis que Finney priait, il lui a placé la main sur l'épaule et lui a murmuré quelque chose. Finney s'est tourné vers les personnes qui le dévisageaient: «Le juge en chef me dit que si j'appelle des gens à me rejoindre, il viendra lui aussi. Il vous demande de vous avancer dès maintenant si vous voulez recevoir Christ dans votre cœur.»

Le juge en chef s'est avancé, et presque tous les avocats de Rochester ont fait de même. On raconte que près de 100'000 personnes ont trouvé la foi dans les douze mois qui ont suivi.[1]

L'existence est pleine de choix à faire. Ils ont beaucoup d'importance, et parfois, ils ont des conséquences sur celle des autres également.

A 16 ans, j'ai silencieusement demandé à Christ de venir dans ma vie et de m'aider tous les jours. Cela me semblait être un choix audacieux et effrayant à la fois. Les meilleures décisions que nous prenons nous font toujours cet effet-là. Mais cette décision a eu des conséquences sur chaque aspect de ma personne, d'excellentes conséquences. Et je tiens ferme dans ce choix!

- - - -

1 «Charles Finney: Father of American Revivalism», *Christianity Today*, https://www.christianitytoday.com/history/people/evangelistsandapologists/charles-finney.html

Quant à ma famille et moi, nous servirons l'Eternel.

Josué 24.15

4. Le pouvoir de l'authenticité

Il peut être très tentant de ne poster que nos meilleures photos, de présenter au monde des clichés retouchés de notre vie, de cacher la vérité et de polir notre image. Mais l'authenticité a beaucoup de pouvoir. Une expression dit joliment: «Soyez vous-même, les autres sont déjà pris!»

Nous sommes plus efficaces lorsque nous sommes vraiment nous-mêmes. Catherine de Sienne l'exprimait ainsi: «Soyez ce que Dieu veut que vous soyez, et vous mettrez le feu au monde.»[1]

J'aime beaucoup la célèbre histoire du combat contre Goliath. Après avoir peiné à enfiler l'armure que le roi Saül l'obligeait à porter, David s'est rendu compte que le meilleur moyen de remporter la victoire ne consistait pas à se protéger à l'aide du cuir et du métal, mais simplement de marcher sans peur et de combattre au mieux.

Là était sa force. Il s'est engagé dans le combat sans être retenu par ce que les autres pouvaient penser de lui. Il était authentique, il marchait avec pour seule protection la protection de Dieu, et un petit lance-pierre.

Retirer l'amure est le risque que David a choisi de courir. C'est le moment où il a décidé d'être lui-même et rien d'autre. Et cela a suffi.

- - - -

1 Saint Catherine of Siena, «Letter 368 to Stefano Maconi», dans *The Letters of Catherine of Siena*, vol. 4, Letters 231–373, Arizona Center for Medieval and Renaissance Studies, 2008

Ainsi, avec une fronde et une pierre, David fut plus fort que le Philistin; il le frappa et le mit à mort sans avoir d'épée à la main.

1 Samuel 17.50

Béni soit l'homme qui fait confiance à l'Eternel et qui place son espérance en lui.

Jérémie 17.7

Si nous vivons de cette manière, nous vivrons forts. Etre vrai(e) avec vous-même dans des moments où vous êtes vulnérable peut être effrayant, mais c'est attirant et beau à la fois. L'authenticité a beaucoup de pouvoir, parce qu'elle correspond à ce que Dieu a voulu; c'est donc la parfaite manière de vivre!

5. Le grand guide

Pour survivre en pleine montagne, il faut apprendre à gérer le risque et à faire confiance aux bonnes personnes. Lorsque j'étais jeune alpiniste et que je m'entraînais, j'ai connu de très bons guides et d'autres, un petit peu moins bons. Avec eux, j'ai beaucoup appris sur la montagne et sur la survie.

Si nous nous adressons à un guide sans expérience, nous nous retrouverons inutilement en danger, et nous ne progresserons pas. C'est prendre un risque pour prendre un risque; il n'a aucune valeur. Par ailleurs, nous sommes plus que certains de finir dans un ravin ou de nous blesser.

A l'inverse, si nous trouvons un bon guide et que nous sommes prêts à travailler dur et à respecter ses décisions (même lorsqu'elles nous font peur), nous irons loin. Oui, le risque et le danger seront toujours présents, mais nous serons entre de bonnes mains et nous irons dans la bonne direction. Nous finirons par atteindre le sommet ensemble, en sécurité. Et nous y découvrirons un panorama à couper le souffle.

C'est ainsi que la vie et la foi doivent être vécues. Veillez à choisir le bon guide. Christ est le grand guide, et, avec lui, tous les risques valent la peine d'être courus; aucun n'est insurmontable. La sagesse et la confiance ont raison des dangers et des risques.

Le texte ci-après m'a accompagné dans beaucoup d'aventures. Je le gardais écrit sur un petit bout de papier, accroché au-dessus de mon équipement, lorsque j'ai finalement posé le pied au sommet de l'Everest à 23 ans:

> Oui, tu es mon rocher, ma forteresse;
> à cause de ton nom tu me conduiras, tu me dirigeras. [...]
> Je remets mon esprit entre tes mains:
> tu me délivres, Eternel, Dieu de vérité!
>
> Psaume 31.4, 6

6. Le plus grand risque

Il est tentant de chercher à éviter les risques, en particulier lorsque l'existence semble ne tenir qu'à un fil. Lorsque nous n'avons rien d'autre devant nous que des obstacles, il peut être tentant de réduire les risques à prendre, de nous asseoir en silence et de rester immobiles. Or, le danger est toujours là, même lorsque nous ne faisons rien. Le plus grand danger de la vie, en réalité, c'est celui de ne rien faire.

Si nous sommes trop prudents, nous ne parviendrons jamais à rien. «Celui qui observe le vent ne sèmera pas et celui qui regarde les nuages ne moissonnera pas» (Ecclésiaste 11.4). Nous devons faire de notre mieux et ne pas nous laisser décourager par les obstacles que nous rencontrons. Les belles occasions se déguisent parfois en obstacles. Ne laissons pas les nuages et le vent nous effrayer.

Les aventuriers le savent d'ailleurs très bien: qui ne risque rien n'a rien, n'est-ce pas? Et c'est encore plus vrai lorsqu'on parle des ressources que Dieu nous donne:

> Jette ton pain à la surface de l'eau, car avec le temps tu le retrouveras. Donnes-en une part à sept et même à huit personnes, car tu ne sais pas quel malheur peut arriver sur la terre.
>
> Ecclésiaste 11.1-2

Si nous ne sommes pas certains que les risques que nous prenons soient pour Dieu ou avec son accord, étudions la Bible. Plus nous donnons, plus nous recevons. Plus nous donnons, plus nous devenons sages. Nous devons continuer à donner, car, même si nous avons l'impression que nous n'avons rien en retour, ce n'est pas vrai: cela viendra. Il est impossible de semer pour le royaume de Dieu sans récolter plus abondamment encore.

C'est l'une des lois les plus fondamentales de l'univers: nous ne pourrons jamais trop donner à Dieu, car tout ce que nous avons lui a toujours appartenu.

7. Inclure, ne pas exclure

Parmi tous les risques que nous pouvons courir, celui qui consiste à aimer les autres nous paraît le plus dangereux. Nous sommes souvent tentés de nous entourer uniquement de personnes qui sont pareilles à nous. Or, aimer, c'est bien plus grand et bien plus audacieux que cela. Jésus l'a d'ailleurs signalé lorsqu'il a déclaré:

> Si vous aimez ceux qui vous aiment, quelle récompense méritez-vous? Les collecteurs d'impôts n'agissent-ils pas de même? Et si vous saluez seulement vos frères, que faites-vous d'extraordinaire? Les membres des autres peuples n'agissent-ils pas de même?
>
> Matthieu 5.46-47

Au contraire, nous sommes invités à prendre des risques et à accueillir et aimer tout le monde, quelle que soit la différence d'âge, de passé, de statut, de foi ou de regard sur la vie. Nous sommes appelés à inclure et non à exclure.

J'aime beaucoup cette citation de Trent Sheppard: «Jésus nous a montré que la sainteté n'a rien à voir avec la manière dont nous traitons les autres, en particulier ceux qui souffrent et ceux qui sont différents de nous, ceux qui sont en marge de notre manière de vivre, de voter et même, oui, de notre manière de croire.»[1] C'est un bel écho à ce que dit la Bible:

> J'ai eu faim et vous m'avez donné à manger; j'ai eu soif et vous m'avez donné à boire; j'étais étranger et vous m'avez accueilli; j'étais nu et vous m'avez habillé; j'étais malade et vous m'avez rendu visite; j'étais en prison et vous êtes venus vers moi.
>
> Matthieu 25.35-36

----

1 Trent Sheppard, *Jesus Journey: Shattering the Stained Glass Superhero and Discovering the Humanity of God*, Zondervan, 2017

L'amour véritable s'étend à tous.

8. Gérer la crise

J'ai toujours aimé cette observation de John F. Kennedy: écrit en chinois, le mot «crise» est composé de deux caractères. L'un représente le danger, et l'autre, la chance à saisir.

Est-ce vrai? Je n'en ai aucune idée. Ce que je sais, en revanche, c'est que lorsque nous nous trouvons face à la difficulté, il est bon de rester sur nos gardes, mais également essentiel de penser positivement aux possibilités qu'elle nous offre. La Bible ajoute un élément clé à cette équation qui revient fréquemment:

> Ne vous inquiétez de rien.
>
> Philippiens 4.6

C'est un grand commandement qui nous permet de traverser les crises et de saisir les occasions avec courage et assurance. Mais comment faire?

> En toute chose faites connaître vos besoins à Dieu par des prières et des supplications, dans une attitude de reconnaissance.
>
> Philippiens 4.6

Et lorsque vous le ferez, rappelez-vous ceci:

> Et la paix de Dieu, qui dépasse tout ce que l'on peut comprendre, gardera votre cœur et vos pensées en Jésus-Christ.
>
> Philippiens 4.7

Une crise, c'est un danger et une chance réunis. Pour la gérer, il suffit de la placer devant Dieu, de laisser l'inquiétude derrière nous et de continuer à avancer dans la paix et la présence de Christ. C'est la recette d'une vie sage.

9. Deux côtés d'une même pièce

Il ne fait aucun doute que 2 + 2 = 4. Et il n'y a pas non plus besoin de foi pour le croire.

Mais si une personne vous dit qu'elle vous aime, c'est une tout autre histoire. Vous aime-t-elle vraiment? Que veut-elle dire par aimer? Pouvez-vous lui faire confiance? Croire la personne qui dit: «Je t'aime» exige, il est vrai, un petit peu de foi. Mais cela ne veut pas dire que l'amour n'existe pas.

Placer notre foi en Dieu a beaucoup plus en commun avec le fait de croire qu'une personne nous aime qu'avec un simple problème de maths. Nous ne serons jamais totalement libérés du doute, parce que la foi et le doute sont deux côtés d'une même pièce. Sans le doute, la foi ne serait pas de la foi.

Il n'est pas mal de remettre Dieu en question, et la Bible est remplie d'exemples de personnes qui se mettent en colère, sont frustrées et s'en prennent à lui.

Habakuk a regardé autour de lui, et il a détesté ce qu'il avait sous les yeux. Il était environné de violence, d'injustice et de conflits, et cela a provoqué en lui troubles et craintes. Pire encore, il avait le sentiment que Dieu ne faisait rien.

Jusqu'à quand, Eternel, vais-je crier à toi?
Tu n'écoutes pas.

Habakuk 1.2

Combien de fois avons-nous ressenti cela? Mais ce n'est jamais la fin de l'histoire. Certes, Habakuk a exprimé ses doutes, mais il a également choisi de voir plus loin et de se rappeler à lui-même l'objet de sa foi:

En effet, le figuier ne fleurira pas,
la vigne ne produira rien. [...]
Mais moi, je veux me réjouir en l'Eternel.

Habakuk 3.17-18

Avoir la foi ne signifie pas ignorer nos doutes, nos frustrations et nos peurs. Les exprimer ne veut pas non plus dire que nous renions notre foi. Ce qui compte, c'est la manière dont nous réagissons ensuite. Continuer d'avoir confiance en Dieu malgré les doutes demande du courage et un esprit prêt à prendre des risques. C'est la raison pour laquelle la fidélité constitue un si bel aspect de notre voyage.

L'amour correspond effectivement à un risque, et la foi aussi, mais la Bible montre continuellement que ce sont deux risques richement récompensés.

10. Une ironie tragique

Près de 60 millions de personnes ont été horriblement assassinées en Russie au 20ᵉ siècle. Lorsque l'écrivain Alexandre Soljenitsyne s'est demandé pourquoi son pays avait tant souffert, il est arrivé à cette conclusion: «Ils ont oublié Dieu, voilà pourquoi.»[1]

----

1 Traduit d'Aleksandr Solzhenitsyn, «Godlessness: The First Step to the Gulag», Prix Templeton, 10 mai 1983

Les promesses et les paroles de vérité de Christ sont ancrées dans le service, la douceur, la compassion et l'humilité. Au-dessus de tout cela, il y a l'amour. Lorsque nous nous rapprochons de Dieu, nous trouvons l'amour; lorsque nous aimons les autres, notre amour brille dans un service, une douceur, une compassion et une humilité similaires aux siennes.

Par le biais de la religion, du légalisme et de l'extrémisme, des millions de personnes ont tragiquement perdu la vie. Mais grâce aux paroles de vérité et aux promesses de Jésus, de nombreuses personnes trouvent la vie. C'est la plus profonde et la plus tragique des ironies: de prime abord, Christ et la religion semblent similaires; pourtant, il n'y a rien de plus opposé.

> Aimez-vous les uns les autres comme je vous ai aimés. [...] Je ne vous appelle plus serviteurs parce que le serviteur ne sait pas ce que fait son seigneur, mais je vous ai appelés amis. [...] C'est moi qui vous ai choisis, et je vous ai établis afin que vous alliez, que vous portiez du fruit et que votre fruit demeure. [...] Ce que je vous commande, c'est de vous aimer les uns les autres.
>
> Jean 15.12-17

Jésus l'a clairement dit: tout commence et se termine par l'amour. Veillons à ce que notre vie reflète cet amour et cette bonté à tout moment. Plus de jugement, plus de religion, mais de la bonté!

11. Une douce voix

Les décisions risquées sont de toutes sortes et de toute taille – émotionnelles, physiques, sociales – mais une chose qu'elles ont toutes en commun, c'est ceci: elles impliquent de faire un pas dans l'inconnu. J'aime beaucoup ce verset dans le livre d'Esaïe:

> Tes oreilles entendront dire derrière toi: «Voici le chemin à prendre, marchez-y!» quand vous irez à droite ou quand vous irez à gauche.
>
> Esaïe 30.21

J'aime l'idée que cette voix soit derrière nous. Pas devant ni à côté. Elle est hors de notre vue, nous laissant devant le pas de foi à faire. Nous nous sentons en danger et nous avons besoin de courage, mais après tout, la foi, c'est tout à fait cela!

Si nous courons les risques que Dieu nous invite à prendre, si nous commençons une vie d'aventure avec lui, nous devons accepter de ne pas toujours savoir où nous nous rendons exactement. La destination ultime, elle, est très claire mais les étapes nous sont inconnues.

Cependant, même si nous marchons dans l'inconnu, nous ne sommes pas seuls. Il y a toujours cette voix, derrière nous, qui nous guide et nous encourage dans un murmure. Nous trouvons conseils et encouragement dans les promesses de la Bible, dans les impulsions du Saint-Esprit, dans la sagesse des autres et, parfois même, par une intervention divine. Restons donc spirituellement attentifs à la douce voix derrière nous et soyons audacieux dans notre réaction!

12. La terre m'appartient

L'histoire est remplie de gens influents qui ont fait des choses inimaginables pour gagner plus de terrains ou de possessions.

Et ce n'est pas différent aujourd'hui. Si nous lisons la Bible, nous voyons cependant que personne, à long terme, ne possède quoi que ce soit:

> Les terres ne se vendront pas de façon définitive, car c'est à moi que le pays appartient et vous êtes chez moi comme des étrangers et des immigrés.
>
> Lévitique 25.23

Dieu enseignait à son peuple que les richesses de ce monde ne sont en aucun cas permanentes. Nous ne sommes ici que de passage. C'est ainsi que nous devrions considérer tout ce que nous possédons: tout appartient à Dieu et nous est prêté. Nous avons ce que nous avons, mais seulement pour un temps.

Lorsque nous considérerons la richesse et les possessions ainsi, nous montrer généreux ne nous semblera plus aussi risqué. Si Dieu possède tout, n'est-il pas agréable d'offrir des choses qui ne nous appartenaient de toute façon pas?

L'ironie de la situation, c'est que, lorsque nous apprendrons à lâcher prise par rapport à notre poursuite acharnée de l'argent et des biens matériels pour un usage égocentrique, Dieu nous bénira en nous prêtant plus encore en retour:

> Tout lieu que foulera la plante de votre pied, je vous le donne, comme je l'ai dit à Moïse. Votre territoire ira depuis le désert et le Liban jusqu'au grand fleuve, jusqu'à l'Euphrate, tout le pays des Hittites et jusqu'à la mer Méditerranée vers le soleil couchant. Personne ne pourra te résister tant que tu vivras. Je serai avec toi comme j'ai été avec Moïse. Je ne te délaisserai pas et je ne t'abandonnerai pas.
>
> Josué 1.3-5

Ne vous attachez donc pas trop aux réalités matérielles et ayez conscience qu'elles sont passagères! Puisque tout appartient à Dieu, utilisez-les comme il faut!

13. Quoi de plus important que l'argent?

Selon une citation populaire de Jim Carrey, plus d'argent signifie plus de soucis: «J'aimerais que tous les gens deviennent riches et célèbres et puissent faire tout ce dont ils ont toujours rêvé; ils verront que ce n'est pas la réponse.»

Nous savons tous, au fond de nous, que l'argent n'apporte pas le bonheur, et encore moins la vie après la mort. Néanmoins, beaucoup de gens semblent juger très risqué de ne pas dédier tous leurs efforts à la poursuite de gros revenus, de belles possessions ou d'un statut social élevé. Que pourrait-il bien y avoir de plus important?

Paul était le plus grand cynique ayant jamais vécu, une personne haineuse et un persécuteur de ceux qui confessaient leur foi en Jésus, le charpentier de Nazareth. Cependant, sa vie a été transformée, et il a cessé de vivre pour lui-même afin de vivre pour Christ. Il a découvert que cela valait tous les efforts du monde.

Comme il était en chemin et qu'il approchait de Damas, tout à coup, une lumière qui venait du ciel resplendit autour de lui.
Il tomba par terre et entendit une voix lui dire: «Saul, Saul, pourquoi me persécutes-tu?»
Il répondit: «Qui es-tu, Seigneur?»

Et le Seigneur dit: «Moi, je suis Jésus, celui que tu persécutes. Lève-toi, entre dans la ville et on te dira ce que tu dois faire.»

Actes 9.3-6

Cette rencontre sur le chemin de Damas semble correspondre à l'un des rares moments, dans l'histoire et dans la Bible, où Dieu n'a pas vraiment laissé le choix à un être humain de décider s'il existait ou non. Paul a été frappé de cécité, et Jésus lui-même lui a parlé. (Difficile d'émettre une contestation, après cela! Je suppose que Dieu souhaitait que l'humanité en sache davantage sur son Fils par l'intermédiaire de cet apôtre.)

Cet homme plein de haine et prêt à la persécution est devenu le plus grand proclamateur de la vérité et de l'amour. Il en est venu à découvrir la source suprême de la force. Il est devenu l'un des défenseurs les plus humbles et les plus puissants de l'amour qui ait annoncé l'Evangile.

Ne vous y trompez pas, mes frères et sœurs bien-aimés: tout bienfait et tout don parfait viennent d'en haut; ils descendent du Père des lumières, en qui il n'y a ni changement ni l'ombre d'une variation.

Jacques 1.16-17

Dieu nous invite à entrer dans cette vie de véritable abondance. Elle ne peut être trouvée ni dans un statut, ni dans la richesse, ni dans des possessions ni dans n'importe quoi d'autre qui soit aussi insignifiant et contraignant. La vie se trouve dans l'abondance de l'amour de Christ, et c'est là que se trouve le plus grand trésor sur la terre.

> La vie se trouve dans l'abondance de l'amour de Christ, et c'est là que se trouve le plus grand trésor sur la terre.

14. Lâcher l'ancien pour le nouveau

Jésus a déclaré, en résumé: «Abandonnez votre vie, et vous verrez qu'elle vous sera rendue» (cf. Luc 6.37-38). Qu'est-ce que cela signifie? Si nous voulons mener la meilleure existence possible, c'est-à-dire pleine de sens, de force et des sortes d'aventures pour lesquelles nous sommes prêts à tout abandonner, voici comment nous y prendre: nous devons échanger notre ancienne vie d'esclavage contre une nouvelle vie, meilleure, plus forte et plus libre.

Abandonnons notre désir de devenir riches, puissants, célèbres, ou influents. Choisissons une route plus courageuse et plus épanouissante. En effet, si nous voulons trouver une vraie satisfaction, nous devons lâcher le volant et laisser Jésus conduire.

«Lâcher le volant», cela semble incroyablement risqué, mais quand le conducteur est expérimenté, cela ne pose aucun problème.

> Donnez et on vous donnera: on versera dans le pan de votre vêtement une bonne mesure, tassée, secouée et qui déborde, car on utilisera pour vous la même mesure que celle dont vous vous serez servis.
>
> Luc 6.38

Laissons Christ conduire notre vie et faisons-lui confiance, quand il nous dit qu'il vaut mieux donner que prendre pour être bénis.

15. La productivité à grande échelle

Jésus a raconté plusieurs paraboles sur des graines qui se multiplient et sur des investissements qui rapportent beaucoup. Il veut que nous menions une vie hautement productive. Cependant, la productivité dont il parle n'a pas pour but de faire de nous de riches entrepreneurs. Après tout, lui-même est mort pauvre d'un point de vue financier.

Pendant toute sa vie, il a béni, guéri, restauré et sauvé les autres. Il a parlé avec vérité de l'abondance et de la productivité éternelles, et plus nous alignons notre vie sur ses exigences, plus elle produira de fruits. Elle ne cesse de produire des fruits, si nous lui restons fidèles dans l'amour.

Tout investissement est une sorte de pari sur l'avenir. Nous devons simplement le faire avec ambition.

> A Dieu tout est possible.
>
> Matthieu 19.26

Ce verset a bien plus de pouvoir que la pensée positive: c'est la puissance de Dieu qui rend possible ce qui semble impossible. De telles paroles reviennent continuellement dans la Bible:

> Rien n'est impossible à Dieu.
>
> Luc 1.37

Ainsi, si nous souhaitons avoir l'existence la plus remplie et la plus productive possible, nous devons nous accrocher aux paroles de Christ et à la manière de mener une vie sage. Ses paroles nous encouragent à avoir confiance en lui, à passer du temps avec lui et à utiliser sa force pour servir les autres.

> C'est la puissance de Dieu qui rend possible
> ce qui semble impossible.

16. Grands chefs, grands serviteurs

Toute organisation décolle ou s'effondre en fonction de la manière dont elle est dirigée. Si une entreprise est bien dirigée, elle est prospère. Si une communauté est bien gouvernée, elle s'épanouit. Si une nation a de bons chefs d'Etat, elle sera le plus souvent florissante.

Quel est le secret d'un bon dirigeant?

Il ne s'agit pas de nous contenter d'être au-dessus des autres; il s'agit de nous occuper de ceux que nous avons en dessous de nous. On dit souvent que les gens ne se soucient pas de ce que vous savez jusqu'à ce qu'ils sachent que vous vous souciez d'eux.

Les bons dirigeants ne se considèrent pas comme la personne la plus importante de leur communauté. Ils se considèrent plutôt comme des bergers s'occupant de leur troupeau. Ils comprennent qu'il est vital de construire de bonnes relations. Les bons dirigeants se soucient des autres; ils les servent.

Certains considèrent cela comme un risque à prendre. Les gens continueront-ils d'avoir confiance en un chef qu'ils ne «craignent» plus? Un dirigeant peut-il réellement montrer sa vulnérabilité ou ses faiblesses et continuer à se faire respecter? La Bible répond simplement à ces questions:

> La bonté et la vérité protègent le roi, et il soutient son trône par la bonté.
>
> Proverbes 20.28

Cela signifie que l'amour et l'intégrité sont la clé. Ils vaincront toujours la puissance et la peur.

Il n'existe pas de plus grand modèle que celui de Jésus, le Roi né dans la pauvreté, qui a lavé les pieds de ses disciples et qui a donné sa vie pour nous tous.

Vous savez que les chefs des nations dominent sur elles. [...]
Ce ne sera pas le cas au milieu de vous, mais si quelqu'un
veut être grand parmi vous, il sera votre serviteur. [...] C'est
ainsi que le Fils de l'homme est venu, non pour être servi,
mais pour servir.

Matthieu 20.25-28

Que vous soyez un personnage public dont de nombreuses
autres dépendent ou un(e) jeune ayant à veiller sur des frères et
sœurs, les paroles de Jésus sont celles du plus beau modèle que
l'humanité ait jamais connu. C'est pourquoi des milliards de personnes dans le monde, dont énormément de bons dirigeants, reconnaissent en Christ leur roi.

Les bons dirigeants sont, en tout premier lieu, de bons
serviteurs.

17. Les deux malfaiteurs

Aux côtés de Jésus se trouvaient deux malfaiteurs, battus, roués
de coups, en sang, dont la vie ne tenait qu'à un fil ténu. Ils ne se
doutaient sans doute pas qu'ils deviendraient les deux malfaiteurs
les plus connus de toute l'histoire.

L'un d'eux se moquait de Jésus: «Quel Messie es-tu donc?
Sauve-toi! Sauve-nous!»

L'autre malfaiteur, lui, savait reconnaître la vraie innocence
lorsqu'il la voyait: «Nous avons mérité cela, mais pas lui. Il n'a rien
fait pour mériter ça» (cf. Luc 23.39-41).

Ces malfaiteurs nous ressemblent: nous avons tous fauté.
Certains, comme le premier, se moqueront de l'amour que Jésus
nous a témoigné, le dénigreront ou l'ignoreront. D'autres, comme le

second, ouvriront humblement et honnêtement leur cœur à Jésus et lui demanderont son aide.

> Et il dit à Jésus: «Seigneur, souviens-toi de moi quand tu viendras régner.» Jésus lui répondit: «Je te le dis en vérité, aujourd'hui tu seras avec moi dans le paradis.»
>
> Luc 23.42-43

C'est probablement la rencontre la plus extraordinaire de toute l'histoire. Et cela a été la dernière rencontre de Jésus en tant qu'être humain sur terre. Elle a été ancrée dans la grâce, le pardon et l'amour. Pour ma part, je sais quel malfaiteur j'ai envie d'être.

18. Tout ce qu'il fait lui réussit

L'évangéliste du 19ᵉ siècle George Müller a pris un risque. Le genre de risques qui bouleverse totalement une société. Conduit par sa foi, il a témoigné tant d'amour et d'attention aux pauvres qu'il a été accusé de faire des enfants pauvres des personnes trop importantes par rapport à leur statut.

Sa consécration était tout aussi forte dans son foyer. Au cours de sa vie, il a lu la Bible près de 400 fois. Il gardait une trace de ce qu'il demandait à Dieu et de la réponse reçue; d'après lui, il a vu 50'000 prières être exaucées.

Vivre de cette manière a forgé son caractère et lui a beaucoup appris par rapport à ce que signifie être avec Christ. Plus il priait, plus il était convaincu que la prière est absolument essentielle pour une vie de foi.

La vie lui a appris une belle leçon: Dieu sait mieux que nous répondre à nos besoins. Comme il l'a dit un jour: «Quatre heures de travail après une heure de prière seront plus productives que cinq heures de travail sans prière.»[1]

Et mon Dieu pourvoira à tous vos besoins, conformément à sa richesse, avec gloire, en Jésus-Christ.

Philippiens 4.19

Tout abandonner à Dieu peut paraître risqué de l'extérieur, mais ceux qui, comme Müller, placent leur foi, leur confiance et leur espoir en Christ héritent de richesses qui dépassent de loin leurs attentes les plus folles.

Heureux l'homme [...]
qui trouve son plaisir dans la loi de l'Eternel
et la médite jour et nuit!
Il ressemble à un arbre planté près d'un cours d'eau:
il donne son fruit en sa saison,
et son feuillage ne se flétrit pas.
Tout ce qu'il fait lui réussit.

Psaume 1.1-3

19. S'en servir ou laisser tomber

Jésus a raconté l'histoire de trois hommes à qui l'on a confié de l'argent à investir. Les deux premiers ont doublé l'investissement, mais le dernier, inquiet de ce qui pourrait se passer s'il le perdait, l'a enterré dans le sol. Or, cela n'a pas fonctionné: Jésus le qualifie

---

1   Basil Miller, *George Müller: The Man of Faith*, Bethany House, 1941, p. 49

de serviteur mauvais et paresseux (Matthieu 25.26). Il avait aban-donné ses rêves et cédé à la peur.

Nous devons être sages et ne pas nous laisser à aller à la peur de l'échec. Nous devons nous accrocher à ce que Dieu nous a donné, nous en servir ou laisser tomber. Peut-être nous trouvons-nous trop vieux? Faux! Il n'existe pas d'âge magique où nous devenons soudainement excellents ni où le succès décide de frapper subite-ment à notre porte. Thomas Jefferson avait 23 ans lorsqu'il a écrit la Déclaration d'indépendance des Etats-Unis[1], et Michel-Ange a accompli son œuvre la plus impressionnante à 87 ans.

Saisissez les occasions. Vivez pleinement chaque instant: c'est un don qui vous est fait; ce n'est pas pour rien qu'on parle du «pré-sent». L'occasion que vous attendez n'arrivera peut-être jamais, alors vivez le moment présent – sans vous laisser arrêter par la peur ni par l'échec – et continuez à avancer:

> Rejetons tout fardeau et le péché qui nous enveloppe si faci-lement, et courons avec persévérance l'épreuve qui nous est proposée.
>
> Hébreux 12.1

Cette course est la nôtre. Dieu l'a placée devant nous; à nous de la courir et de la vivre avec joie, en dépit de nos échecs et des obs-tacles cachés sur la route de la réussite et de la lumière.

> Jésus les regarda et leur dit: «Aux hommes cela est impos-sible, mais à Dieu tout est possible.»
>
> Matthieu 19.26

----

1 Le texte par lequel treize colonies faisant partie de l'Empire britannique ont dé-claré leur souveraineté vis-à-vis de la Grande-Bretagne, le 4 juillet 1776.

20. Agrandir les tentes

Nous voulons tous faire en sorte que notre vie ait une influence positive, n'est-ce pas? Nous espérons tous quitter un monde légèrement meilleur que celui dans lequel nous sommes entrés. Mais, s'il est plutôt facile de rêvasser sur la destination que nous aimerions atteindre, faire les premiers pas est souvent difficile. Alors contentez-vous de les faire! Faites un pas de foi. Elaborez un plan et faites en sorte qu'il puisse se développer. Si nous ne prenons pas quelques risques, nous ne verrons jamais le véritable potentiel des occasions qui nous sont offertes.

Lorsque le Seigneur nous donne de grands objectifs, ils naissent généralement d'une petite idée. Alors protégez et respectez ces rêves; souvent, ils vous viennent de lui. Et souvenez-vous: un chêne majestueux pousse à partir d'un petit gland planté dans le sol. Dieu aime lorsque nous voyons GRAND.

> Agrandis l'espace de ta tente! Qu'on déplie les toiles qui te servent d'habitation: n'en retiens rien! Allonge tes cordages et renforce tes piquets! En effet, tu déborderas à droite et à gauche, ta descendance envahira des nations et peuplera des villes désertes.
>
> Esaïe 54.2-3

Comme beaucoup de choses dans ce voyage de la foi et de l'amour, tout se résume à une seule et unique question: sommes-nous prêts à placer notre confiance en Dieu et à avancer avec courage?

> Confie-toi en l'Eternel de tout ton cœur et ne t'appuie pas sur ton intelligence! Reconnais-le dans toutes tes voies et il rendra tes sentiers droits.
>
> Proverbes 3.5-6

Sachez sur qui vous pouvez vous appuyer et de qui vous pouvez tirer votre force et vos ressources. Et continuez à avancer dans la tempête! N'abandonnez jamais, puisque vous avez été créé(e) avec une grande beauté et une grande puissance.

21. Contact et paroles

L'existence est tout bonnement un long risque permanent. Nous ne pouvons pas éviter le risque ou le danger, mais nous pouvons être sages et entraînés à y réagir ou à l'aborder. Lorsqu'un orage approche en montagne, l'attente et l'anticipation peuvent être les moments les plus difficiles. Il en va de même dans la vie: attendre une opération à l'hôpital, regarder ceux que nous aimons vieillir et s'affaiblir, être aux côtés de nos enfants lorsqu'ils souffrent ou redouter un entretien d'évaluation au travail.

J'ai appris que nous tourner vers Dieu dans ces moments-là n'est pas une marque de faiblesse mais au contraire de force. Cela montre de l'humilité et du courage. Nous voulons entrer dans la bataille parfaitement équipés. Aucun soldat ne voudrait s'attaquer à l'ennemi sans ressources lui assurant la victoire. Il en est de même avec le voyage de la foi.

L'une de mes histoires préférées dans la Bible est celle de la femme atteinte d'une hémorragie depuis de nombreuses années. Lorsqu'elle a vu Jésus, son besoin, son désespoir et sa foi lui ont tout simplement fait comprendre qu'elle avait besoin de le toucher. Appelez cela comme vous voudrez: besoin, courage, foi, désespoir, cela n'a pas d'importance. Ce qui compte, c'est le résultat, les conséquences de ses actes. Pour elle, cela signifiait prendre le risque de tendre la main et de toucher le manteau de Jésus alors qu'il marchait dans la foule.

Force spirituelle

Jésus se retourna et dit en la voyant: «Prends courage, ma fille, ta foi t'a sauvée.» Et cette femme fut guérie dès ce moment.

Matthieu 9.22

Son interaction avec Jésus l'a guérie. Son contact et ses paroles lui ont apporté la vie, et ils nous apportent la vie, à nous aussi.

22. De meilleures décisions

Avoir une décision importante à prendre et ne pas savoir comment trancher est très difficile. Lorsque Jésus s'est préparé à choisir douze de ses disciples pour qu'ils soient ses amis et ses confidents les plus proches dans le ministère qui l'attendait, il a suivi un plan très simple:

A cette époque-là, Jésus se retira sur la montagne pour prier; il passa toute la nuit à prier Dieu. Quand le jour fut levé, il appela ses disciples et il en choisit parmi eux douze auxquels il donna le nom d'apôtres.

Luc 6.12-13

Jésus se retirait souvent dans un endroit calme pour prier. Cela faisait partie de la manière dont il fonctionnait afin de s'assurer qu'il faisait les bons choix. Mais cela va plus loin encore: il ne s'est pas retiré toute la nuit pour tourner plusieurs fois ses décisions dans sa tête ni pour répéter continuellement les mêmes prières; il l'a fait parce que c'était le temps qu'il lui fallait pour être en présence de son Père. Il restait éveillé parce qu'il aimait être avec lui. Il trouvait sécurité, réconfort et force dans sa présence.

Rester éveillés toute la nuit pour élaborer des plans est le genre de choses que nous faisons lorsque nous sommes sur le point d'embarquer pour l'aventure de toute une vie avec une personne que nous aimons. Lorsque nous entendons les paroles de Dieu résonner en nous, nous devenons plus forts et prêts pour toutes les situations inattendues et tous les risques de l'aventure qui nous attend.

> N'aie pas peur, car je suis moi-même avec toi. Ne promène pas des regards inquiets, car je suis ton Dieu. Je te fortifie, je viens à ton secours, je te soutiens par ma main droite, la main de la justice.
>
> Esaïe 41.10

Nous voulons tous être moins craintifs et plus forts. Quelles que soient les difficultés que nous avons en face de nous, il n'y a pas de meilleur moyen de nous y préparer que de passer du temps seuls avec Dieu. Restez avec lui, tout simplement, sans prière formelle. Plongez-vous dans sa présence. Elle nous transforme, au-dehors et au-dedans.

23. Des ennemis qui s'enchaînent

Si vous rencontrez de l'opposition ou que l'on vous critique parce que vous faites ce qui est bien, ne vous inquiétez pas: vous êtes en bonne compagnie. Gustave Flaubert a écrit: «On peut calculer la valeur d'un homme d'après le nombre de ses ennemis et l'importance d'une œuvre d'après le mal que l'on en dit.»[1]

---

1   Gustave Flaubert, *Lettres à Louise Colet*, 1853

Si l'on suit la logique de cette réflexion de Flaubert, l'apôtre Paul avait beaucoup de valeur: tout le monde en voulait à sa vie! Elle n'était qu'une somme de persécutions et d'ennuis, d'oppositions et de contretemps. Des années de service fidèle envers Christ et envers les autres lui ont valu une foule de problèmes et même le martyre.

Lors de sa cinquième et dernière visite à Jérusalem, Dieu lui est apparu et lui a dit:

> Prends courage, Paul: de même que tu as rendu témoignage de ce qui me concerne à Jérusalem, il faut aussi que tu rendes témoignage à Rome.
>
> Actes 23.11

J'aime beaucoup cette idée. Parfois, nous nous battons à Jérusalem; puis, nous sommes appelés à nous rendre à Rome. Ce n'est pas grave: nous ne sommes pas le général, nous sommes les soldats. Notre rôle est de placer notre main dans celle du Tout-Puissant et de lui faire confiance pour continuer à marcher.

Quelles que soient les difficultés que nous rencontrons dans notre vie, quelle que soit l'opposition que nous rencontrons, Dieu peut les transformer en chances à saisir. Continuez à lui faire confiance et à avancer!

Si vous rencontrez de l'opposition
ou que l'on vous critique
parce que vous faites ce qui est bien,
ne vous inquiétez pas:
vous êtes en bonne compagnie.

24. Des ténèbres à la lumière

Après qu'il a vu énormément d'horreur et de brutalité, on a demandé au lieutenant-général Roméo Dallaire, chargé d'une mission pour les Nations Unies au Rwanda en lien avec le génocide, s'il pouvait toujours croire en Dieu. Il a répondu: «Je sais qu'il y a un Dieu, parce qu'au Rwanda j'ai serré la main du diable. Je l'ai vu, j'ai senti son odeur, je l'ai touché. Je sais que le diable existe, et donc je sais qu'il y a un Dieu.»[1]

Terrorisme, trafic d'êtres humains, torture, violence institutionnalisée, esclavage moderne: il y a énormément de choses épouvantables dans ce monde. Mais le cœur de la foi chrétienne consiste à croire que la lumière triomphera finalement des ténèbres.

Partout où Jésus s'est rendu, il a sorti son peuple des ténèbres pour le mener vers la lumière, il l'a sorti de la haine pour le mener dans l'amour. C'est ce qu'il est venu faire:

> Je suis la lumière du monde. Celui qui me suit ne marchera pas dans les ténèbres, mais il aura au contraire la lumière de la vie.
>
> Jean 8.12

Nous pouvons avoir une influence dans le monde qui nous entoure. Nous prendrons des risques, mais rappelons-nous: Christ est en nous. Vous ne rêverez jamais plus grand que Dieu. Il nous donnera toujours des ressources suffisantes pour la réalisation de nos aspirations. Il nous guidera, nous protégera, nous bénira et nous encouragera.

Cela peut commencer dès aujourd'hui!

----

1 Roméo Dallaire, *Shake Hands with the Devil: The Failure of Humanity in Rwanda*, Vintage Canada, 2004

25. L'arbre de vie

La connaissance est une chose essentielle, en particulier la connaissance de Dieu. Mais elle n'est pas une fin en soi. Elle ne suffit pas à nous sauver ni à nous apporter le bonheur. Nous devons également avoir l'amour. Mais l'amour est risqué, alors que la connaissance est sûre. C'est binaire: il y a toujours quelque chose qui ne va pas. La connaissance seule peut souvent mener à la fierté et à l'arrogance. (C'est la raison pour laquelle certains disent que la connaissance, c'est comme les sous-vêtements: elle est utile, mais inutile de la montrer à tout le monde!)

L'amour sera toujours plus important que la connaissance. Lorsque Dieu évalue quelqu'un, il place son mètre autour de son cœur, pas autour de son crâne. C'est pourquoi il n'est pas bon de nous contenter de savoir, d'entendre ou de lire des choses le concernant. La véritable aventure de la vie commence lorsque nous lui donnons notre cœur, pas uniquement notre cerveau. Comme l'a relevé Lord Byron, «l'arbre de la connaissance n'est pas l'arbre de vie»[1]. La vie commence lorsque nous laissons Christ nous remplir de son amour pour lui et pour les autres. En d'autres termes, cela n'a rien à voir avec *ce que* nous connaissons, mais avec *qui* nous connaissons.

> Si quelqu'un croit savoir quelque chose, il ne connaît encore rien comme il faudrait connaître.
>
> 1 Corinthiens 8.2

Combien de fois les gens se sont-ils rendus coupables de cela? Ils recherchent une grande connaissance et ne se rendent pas compte qu'ils passent à côté du trésor qu'ils ont devant eux. C'est

---

1 Lord Byron, *Manfred*, 1.1

l'humilité de notre cœur qui nous amène au pied de la croix. Et cela nous conduit dans une vie pleine de joie et de liberté.

26. Des fardeaux à ne pas porter

Winston Churchill a déclaré: «Lorsque je repense à mes vieilles inquiétudes, je me souviens de l'histoire du vieil homme qui a raconté sur son lit de mort tous les soucis qu'il a eus dans sa vie et dont la plupart ne sont jamais devenus réalité!»[1]

Nous connaissons tous des moments où nous nous inquiétons pour rien. La plupart du temps, les éléments pour lesquels nous nous inquiétons ne se réalisent même pas. Parfois, oui. Parfois, nos inquiétudes sont réelles, et nous les portons pendant des années. Dans tous les cas, les paroles de Jésus sont importantes pour nous tous:

> Venez à moi, vous tous qui êtes fatigués et courbés sous un fardeau, et je vous donnerai du repos. Acceptez mes exigences et laissez-vous instruire par moi […] et vous trouverez le repos pour votre âme. En effet, mes exigences sont bonnes et mon fardeau léger.
>
> Matthieu 11.28-30

Jésus avait sans doute construit des jougs[2] lorsqu'il travaillait comme charpentier. Ce sont des cadres en bois que l'on utilisait pour rapprocher deux bœufs par le cou afin qu'ils fassent ensemble une tâche difficile ou qu'ils traînent un chariot lourd. Les

- - - -

1   Winston Churchill, «Plugstreet», *Pall Mall Magazine*, 1924
2   C'est le premier sens du terme traduit par «exigences» dans Matthieu 11.29. (nde)

jougs rendent le fardeau plus léger et donnent un partenaire pour le travail.

Il est parfois gênant de demander de l'aide. Nous avons peur de paraître faibles et vulnérables. Mais nous confier dans les promesses que Jésus nous a données et rechercher son aide, ce sont les décisions les plus courageuses et les plus sages que nous puissions prendre chaque jour. Quels que soient la taille et le poids du fardeau, laissons Christ nous aider à le porter! Il sait ce que c'est, de porter des fardeaux sur ses épaules. Il nous fait à tous cette grande et puissante promesse: il se charge de tous nos soucis.

27. Regarder vers les étoiles

Il y a beaucoup de gens, aujourd'hui, qui adulent les stars. Certains admirent les célébrités, d'autres, les gourous qui promettent une vie meilleure. Certains placent leur foi dans l'astrologie. Ils espèrent y trouver de bons conseils, une certaine vision de l'avenir et de l'espoir. Or, emprunter des culs-de-sac est souvent non seulement futile, énergivore et chronophage mais parfois dangereux. Il est fortement déconseillé de jouer avec des choses que nous ne comprenons pas vraiment. L'occultisme et l'idolâtrie peuvent prendre énormément de formes. Il est bon de réfléchir avec sagesse à ces sujets et de nous méfier des ténèbres qui se font passer pour la lumière.

En ce qui concerne notre avenir, Christ a montré qu'il est lui-même notre source de bonté, de compassion et de pouvoir. Il est le seul guide dont nous avons besoin, le seul dont la nature est pleine d'amour et prête à pardonner.

Il est bon de faire de cette déclaration de Paul la pierre angulaire de notre vie:

J'ai l'assurance que ni la mort ni la vie, ni les anges ni les dominations, ni le présent ni l'avenir, ni les puissances, ni la
hauteur, ni la profondeur, ni aucune autre créature ne pourra
nous séparer de l'amour de Dieu manifesté en Jésus-Christ
notre Seigneur.

Romains 8.38-39

Pas besoin d'adorer les étoiles, lorsque nous pouvons tenir la
main de celui qui les a toutes créées!

28. Quand tout va bien

Le succès a des conséquences très étranges sur les individus.
Il peut si facilement monter à la tête et conduire une personne à
penser qu'elle est spéciale, unique, en quelque sorte au-dessus des
autres. Les personnes célèbres ont tendance à se centrer sur elles-
mêmes, et lorsqu'elles perdent leur notoriété, elles se sentent mal-
heureuses et isolées.

Je l'ai observé à de nombreuses reprises, et je tente de me rappeler cette grande vérité: si vous avez la chance d'être quelqu'un de
connu sur cette terre, vous devez lutter de toutes vos forces pour
rester humble. C'est le seul moyen de contrecarrer l'importance
démesurée que le monde accorde à la célébrité.

Cela dit, la notoriété n'est pas nécessairement une mauvaise
chose. Toute réussite – qu'il s'agisse d'argent, de célébrité ou de
pouvoir – vient amplifier les traits de caractère que nous possédons déjà, qu'ils soient positifs ou négatifs.

En d'autres termes, si nous nous efforçons de faire preuve de
bonté, les richesses, la célébrité et l'influence peuvent nous aider
à le faire. Tout dépend de nos choix, comme celui d'être intègres.

Cela ne signifie pas être parfaits. Cela signifie être honnêtes, garder les pieds sur terre et être vrais.

Ce verset est d'un très bon conseil:

> Ainsi donc, en tant qu'êtres choisis par Dieu, saints et bien-aimés, revêtez-vous de sentiments de compassion, de bonté, d'humilité, de douceur, de patience.
>
> Colossiens 3.12

Il suffit d'écouter au lieu de parler, d'être généreux avec ce que nous possédons et de faire en sorte qu'améliorer la vie des autres soit notre priorité.

29. L'amour, la réponse

Il est bon de nous poser des questions et de chercher des réponses, en particulier au sujet de Dieu. Il n'y a aucune raison de nous empêcher de lui exprimer nos doutes.

Nous trouvons beaucoup de réponses à nos questions dans la Bible, mais il est parfois difficile de voir plus loin que le bout de notre nez, en particulier lorsque nous souffrons et que nous lui en demandons la raison.

«La Bible entière ne fait rien d'autre que nous raconter l'amour de Dieu»[1], disait Augustin.

L'amour de Dieu est la réponse à tous les «pourquoi» que nous rencontrons. Pourquoi le libre arbitre? Pourquoi la création? Pourquoi la naissance de Jésus? Pourquoi la croix? Comme l'a écrit

----

1 «Feel God's Love», *Bible In One Year*, http://www.bibleinoneyear.org/bioy/commentary/1316

Raniero Cantalamessa, «c'est le message qui porte et explique tous les autres messages»[1].

Si la Bible pouvait être transformée en une seule phrase prononcée par une seule voix, cette voix, plus puissante encore que le rugissement de la mer, dirait: «Le Père lui-même vous aime» (Jean 16.27)!

Quelle que soit la question que nous posons à Dieu, que nous nous demandions pourquoi une chose se produit ou, au contraire, ne se produit pas, ayons confiance dans son amour: la foi dans son amour aura toujours raison du reste. Sur la terre, nous recevrons des égratignures, et beaucoup de personnes continueront de souffrir énormément, mais l'amour finira toujours par gagner.

Jésus le voyait sur la croix: l'amour gagne; l'amour guérit; l'amour est la réponse.

30. A vos marques... prêts...

Dieu vous équipe et vous donne de plus en plus d'autorité pour réussir ce qu'il vous appelle à faire. Ce n'est pas une hypothèse ni une phrase bateau, c'est la vérité. Dieu n'envoie jamais quelqu'un en mission sans lui donner les bons outils, et plus nous avançons dans cette vie de foi, plus il nous remplit de force.

> Voici, je vous ai donné le pouvoir de marcher sur les serpents et les scorpions et sur toute la puissance de l'ennemi, et rien ne pourra vous nuire.
>
> Luc 10.19

- - - -
1   Cantalamessa, *Life in Christ*, 1997

Nous atteignons la fin de notre parcours dans cet ouvrage, et j'espère que vous aurez au moins retenu ceci: nous pouvons avoir la conviction que Dieu seul nous donnera la force dont nous avons besoin chaque jour. Revenez sans cesse à la source! Demandez au Seigneur de vous donner sa force! Rappelez-vous sans cesse qu'il vous regarde avec amour, fierté et plaisir!

L'Eternel, ton Dieu, [...] se réjouira à grands cris à ton sujet.
Sophonie 3.17

Dépenser du temps et de l'énergie à travailler notre relation avec le Tout-Puissant est le choix le plus sage, le plus efficace et le plus fort que nous puissions faire pour notre vie et notre famille. Laissez sa vérité et sa présence vous rassurer, laissez-les vous apaiser, vous affermir dans la foi, vous calmer et vous remplir de sa force tous les jours!

C'est un don, un cadeau qui vous est fait. Prenez-le!

> Nous pouvons avoir la conviction que
> Dieu seul nous donnera la force
> dont nous avons besoin chaque jour.

CONCLUSION

Rappelez-vous ceci:

> Vous avez en vous une lumière, le Saint-Esprit, et
> partout où vous irez, vous brillerez de cette lumière
> qui dissipera les ténèbres autour de vous.

La lumière de la vie a brillé dans l'obscurité, et les ténèbres
n'ont pas pu l'éteindre.[1]

----

1   Jean 1.5, d'après la paraphrase anglaise *The Message*, paraphrase anglaise de la
Bible éditée par Eugene H. Peterson, 1993

CONCERNANT L'AUTEUR

Bear Grylls est devenu l'un des visages les plus connus du monde de la survie et de l'aventure en pleine nature.

Entraîné dès le plus jeune âge aux arts martiaux, il a servi durant trois ans comme soldat dans les forces spéciales britanniques, dans le régiment 21 SAS. C'est pendant son service qu'il a appris l'art de la survie dont jouissent tous les fans qui, dans le monde, le regardent affronter les pires fléaux de la nature.

Malgré un accident de parachute en Afrique, au cours duquel il s'est brisé la colonne à trois endroits et à la suite duquel il a dû faire de nombreux allers et retours en réhabilitation militaire, Grylls s'est complètement rétabli et est devenu le plus jeune alpiniste à réussir l'ascension du mont Everest.

Il a ensuite animé durant plusieurs saisons l'émission *Seul face à la nature*, nominée aux Emmy Awards et devenue l'un des programmes les plus suivis au monde, avec environ 1,2 milliard de téléspectateurs.

Depuis, il a participé à des émissions d'aventure encore plus extrêmes dans le monde entier, plus que n'importe qui d'autre dans le monde, notamment cinq saisons du succès mondial *Running Wild with Bear Grylls*.

Running Wild l'a présenté entraînant de nombreuses stars dans d'incroyables aventures, notamment le président Obama, Julia Roberts, Roger Federer, Will Ferrel, Zac Efron, Channing Tatum, Kate Winslet et bien d'autres.

Son autobiographie intitulée *De la boue, de la sueur et des larmes* est restée durant quinze semaines le numéro un des ventes au *Sunday Times*, et il a écrit plus de 90 autres livres, vendant plus de 15 millions d'exemplaires dans le monde.

Colonel honorifique au commando des Royal Marines, il a été le plus jeune chef scout et est le premier ambassadeur en chef du mouvement scout international, représentant donc une famille de plus de 60 millions de membres.

Il est marié à Shara, et ils ont ensemble trois jeunes garçons qui aiment également l'aventure. Ils vivent sur un bateau, sur la Tamise, à Londres, et sur une île privée de la côte du Pays de Galles.

Le leitmotiv de la vie de Bear est simple: courage, bonté... et pas d'abandon!

RÉFLEXIONS PERSONNELLES